U0514633

银行业竞争对企业绿色发展的影响及作用机制的实证研究

夏誉凤　著

中国财经出版传媒集团

经济科学出版社

Economic Science Press

图书在版编目（CIP）数据

银行业竞争对企业绿色发展的影响及作用机制的实证
研究/夏誉凤著 . ‐‐北京：经济科学出版社，2023.7
ISBN 978‐7‐5218‐4897‐7

Ⅰ.①银… Ⅱ.①夏… Ⅲ.①银行业‐市场竞争‐影
响‐企业发展‐绿色经济‐研究‐中国 Ⅳ.①F279.23

中国国家版本馆 CIP 数据核字（2023）第 121029 号

责任编辑：汪武静
责任校对：易　超
责任印制：邱　天

银行业竞争对企业绿色发展的影响及作用机制的实证研究
夏誉凤　著
经济科学出版社出版、发行　新华书店经销
社址：北京市海淀区阜成路甲 28 号　邮编：100142
总编部电话：010‐88191217　发行部电话：010‐88191522
网址：www.esp.com.cn
电子邮箱：esp@esp.com.cn
天猫网店：经济科学出版社旗舰店
网址：http://jjkxcbs.tmall.com
固安华明印业有限公司印装
710×1000　16 开　16.5 印张　250000 字
2023 年 7 月第 1 版　2023 年 7 月第 1 次印刷
ISBN 978‐7‐5218‐4897‐7　定价：68.00 元
（图书出现印装问题，本社负责调换。电话：010‐88191545）
（版权所有　侵权必究　打击盗版　举报热线：010‐88191661
QQ：2242791300　营销中心电话：010‐88191537
电子邮箱：dbts@esp.com.cn）

前 言

PREFACE

改革开放四十多年以来，银行体系从增量改革到存量改革再到分支机构的大量扩张，银行业市场结构从单一国有产权垄断到多种类型银行并存，银行业的变迁适应了我国经济发展阶段的需要、满足了微观企业发展的金融需求。在促进经济高质量发展的背景下，国家和人民越来越重视对环境的保护，这对企业的环保意识和环保行动提出了新的要求。银行业竞争能否促进企业向绿色发展转型？目前还鲜有研究对这一问题进行探索。而近年来新兴的绿色金融政策已经明确了银行业金融机构在促进环境保护方面的责任。作为衡量银行业改革的关键指标，银行业竞争这种市场化手段在绿色可持续发展中所发挥的作用亟待研究。

基于以上背景，本书从企业污染物排放、绿色创新和绿色全要素生产率三个方面实证检验银行业竞争对企业绿色发展的影响。第一，阐释本书研究背景、研究意义、研究内容及创新之处；第二，从金融结构理论、市场结构理论、地理经济学理论、信息假说与市场势力假说、信息不对称理论、优序融资理论、环境污染的负外部性和波特假说介绍与本书相关的基本理论，并从银行业竞争、企业绿色发展和银行业竞争影响企业绿色发展三个方面进行了文献综述；第三，梳理我国银行业的发展历程，介绍已有文献和本书对银行业竞争的测度方法，展示银行业竞争在银行业各个发展阶段的变化；第四，实证分析银行业竞争对企业绿色发展的影响，并探讨环境规制和绿色信贷政策在银行业竞争影响企业绿色发展中的作用；第五，总结本书的研究结论，提出研究结论的政策含义，指出本书的不足及未来研究的思路和方向。本书的实证研究部分围绕以下四个方面展开。

第一，银行业竞争对企业污染物排放的影响研究。基于中国工业企业数据库和工业企业污染数据库的合并数据，实证检验银行业竞争对企业污染减排的总效应、治理效应和规模效应，分析银行业竞争影响企业污染物排放的机制以及不同类型银行对企业污染减排的异质性影响。实证结果发现银行业竞争的加剧减少了企业污染物排放总量和单位产出污染物排放量，但对企业总产出没有显著影响，即银行业竞争具有显著的污染减排总效应和治理效应，但不具有规模效应。银行业竞争主要通过信息机制、融资机制、购置污染治理设施机制和信贷资源配置机制影响企业污染减排。地方性商业银行分支机构占比强化了银行业竞争对企业污染物排放的抑制效应，地方性商业银行和股份制商业银行的分支机构数量对企业污染物排放具有显著的负向影响。

第二，银行业竞争对企业绿色创新的影响研究。通过将工业企业数据库、专利数据库和世界知识产权组织公布的绿色专利分类号清单进行匹配，对银行业竞争与企业绿色创新之间的关系进行实证研究，并讨论两者关系背后的影响路径及不同类型银行的异质性影响。实证结果表明银行业竞争加剧显著促进了企业绿色专利的申请数量，银行业竞争主要通过融资机制、信贷资源配置机制和资产组合机制影响企业绿色创新。股份制商业银行占比显著增强了银行业竞争对企业绿色创新的促进效应，股份制商业银行分支机构数量对企业绿色创新具有显著的正向影响。

第三，银行业竞争对企业绿色全要素生产率的影响研究。以工业企业数据库和工业企业污染数据库为基础，在传统全要素生产率的基础上考虑能源投入和非期望产出计算出绿色全要素生产率，实证分析银行业竞争对企业绿色全要素生产率的影响，并进行了机制分析和银行类型的异质性分析。实证结果发现银行业竞争显著推动了企业绿色全要素生产率的提升，银行业竞争主要通过融资机制和信贷资源配置机制影响企业绿色全要素生产率。股份制商业银行分支机构占比和外资银行分支机构占比显著加强了银行业竞争对企业绿色全要素生产率的促进作用，外资银行分支机构数量与企业绿色全要素生产率显著正相关。

第四，银行业竞争与企业绿色发展，考虑环境规制与绿色信贷政策的影响研究。环境规制和绿色信贷政策是我国目前引导企业迈向绿色发展之路的两种主要手段，因此，本书进一步探讨环境规制强度和绿色信贷政策对银行业竞争与企业绿色发展关系的影响。实证结果发现了环境规制强度在银行业竞争与企业绿色发展关系中的门槛效应，以及绿色信贷政策的混合效应。总的来说，一定的环境规制强度可以加强银行业竞争对企业绿色发展的促进效应，而绿色信贷政策对银行业竞争促进企业污染物减排有显著强化作用，对银行业竞争与企业绿色全要素生产率之间的关系没有影响，但对银行业竞争促进企业绿色创新有阻碍作用。

基于银行分支机构和企业的地理坐标经纬度，本书构建了企业层面银行业竞争的面板数据，将银行业竞争的度量拓展到了企业层面。本书从企业绿色发展视角补充了银行业竞争的经济后果，为促进企业绿色发展提供了银行业竞争的解决方案。本书将企业绿色发展分解为三个方面，即污染物减排、绿色创新和绿色全要素生产率，分别对应着污染治理、绿色技术升级和绿色效率提升，本书的实证研究发现银行业竞争对这三个方面均有显著的促进作用。对银行类型加以区分后发现地方性商业银行在促进银行业竞争对企业污染减排的影响上具有显著作用，股份制商业银行则在促进银行业竞争对企业绿色创新和绿色全要素生产率的影响上具有显著作用，而外资银行能显著增强银行业竞争对企业绿色全要素生产率的促进作用。此外，本书还考虑了环境规制和绿色信贷政策代表的政府"有形之手"对银行业竞争代表的市场"无形之手"资源配置作用的影响。

本书所用的主要数据库——中国工业企业数据库在笔者完成本书时，公开的数据获取截止时间是 2012 年。虽然本书所用数据大都基于 1998～2012 年的微观企业数据库，但本书的研究结论仍然对现阶段金融发展促进企业绿色转型具有重要启示。主要体现在以下几个方面：首先，我国幅员辽阔，地区之间发展差异大，虽然目前银行业总体上竞争性越来越强，但仍有一些地区银行业发展滞后，行业内竞争性不足，本书的数据虽然是十几年前的数据，但对于这些银行业发展滞后的地区来说，本书的研究结论依然具有一定启示；其次，自 2012 年以后，国家将生态环境保护提高到了前所未有的战略高度，本书的数据采用 2012 年以前的数据，可以在一定程度上规避严格的环境规制政策等相关的混淆因素干扰，使得金融市场发展作用于企业绿色发展的因果识别更为准确；最后，虽然近年来在严格环境规制下，我国的生态环境有了极大的改善，但严格的环境规制在执行过程中需要耗费政府大量的人力和财力，而通过金融系统作用于企业的环境行为是近年来国家倡导的方式，本书的研究结论也为当下绿色金融政策在环境保护上的作用提供了经验证据支撑。

目 录
CONTENTS

第 1 章

绪　　论

1.1　研究背景与研究问题的提出

1.1.1　研究背景

随着我国经济的发展，国家越来越重视对生态环境的保护，公众对环境保护的呼声也越来越高。在国家要求和公众呼吁下，企业也开始关注其经营行为背后带来的环境污染问题，并力图实现绿色发展。企业绿色发展可以从治理污染物、以绿色创新变革生产过程、提升绿色全要素生产率三方面入手。治理污染物和投入绿色创新均需要充足的资金支持，否则企业在绿色发展道路上只会有心无力。银行业的资金支持是目前我国企业外部融资的主要来源。银行业结构的变迁必然会影响到企业外部融资环境，进而影响企业环境保护行为。

环境污染严重损害了人类福祉，给人们带来了许多疾病。全球疾病负担研究和世界卫生组织都披露了相关研究数据，强调环境污染造成了大量的过早死亡（Cohen et al.，2017）。基于中国 272 个城市的数据，研究人员发现这些城市的年平均 PM2.5 浓度为 $56\mu g/m^3$，该值远远超过了世界卫生组织空气指南中规定的标准①（Chen et al.，2017）。美国2015年PM2.5暴露导致的死亡人数为88 400人（Cohen et al.，2017）。此外，环境污染通过诱发疾病使劳动力受到损害，加重家庭经济负担并影响就业和劳动收入，最终导致人们陷入"环境健康贫困"的恶性循环之中，甚至会增加国家面临"中等收入陷阱"的风险（祁毓和卢洪友，2015）。鉴于环境污染严重的现状和巨大的风险，对于我国而言，治理环境问题已经到了迫在眉睫的时候。

美国环境保护署认为工业排放了22%的温室气体，30%的有毒气体，以及土地和水中的大量污染物（Levine et al.，2019）。对于我国环境污染的主要源头，由中央财经大学中国发展和改革研究院发布的《中国企业公民报告（2009）》蓝皮书认为，工业企业仍是环境污染的主要来源，约占总污染的70%。表1.1展示了1999~2015年各种工业污染物排放量占污染物总排放量的比例②。1999~2015年，工业排放的二氧化硫占比一直居高不下，年平均占比将近85%；工业排放的烟尘占比也高达80%；只有工业废水排放量占比逐年下降，年平均占比为40%。可见，防控环境污染的关键在于控制工业企业的污染物排放，实现经济可持续发展必须先使得企业实现绿色发展。为了促进企业绿色发展，政府从"进"和"出"两方面出台了政策。在"进"方面，政府颁布了绿色信贷政策严格限制银行向污染企业提供资金支持，从资金进入的源头上切断污染企业的发展；在"出"方面，政府通过制定环境规制制度，如排放标准、排污收费，减少企业污染排放，促进企业绿色发展。

表1.1　　　　　　　工业污染物排放量占污染物总排放量的比例

年份	工业二氧化硫排放量占二氧化硫排放总量的比例（%）	工业烟尘排放量占烟尘排放总量的比例（%）	工业废水排放量占废水排放总量的比例（%）
1999	78.62	82.22	49.13
2000	80.80	81.80	46.75
2001	80.45	79.63	46.88

① 即PM2.5年均浓度$10\mu g/m^3$。

② 由于数据的限制，只能计算到二氧化硫、烟尘和废水的占比。

年份	工业二氧化硫排放量占二氧化硫排放总量的比例（%）	工业烟尘排放量占烟尘排放总量的比例（%）	工业废水排放量占废水排放总量的比例（%）
2002	81.08	79.45	47.15
2003	83.02	80.73	46.19
2004	83.88	81.00	45.84
2005	85.04	80.22	46.29
2006	86.33	79.39	44.69
2007	86.71	78.15	44.29
2008	85.79	74.39	42.27
2009	84.26	71.30	39.79
2010	85.32	72.76	38.47
2011	90.95	86.09	35.03
2012	90.28	83.29	32.36
2013	89.79	85.64	30.17
2014	88.15	83.65	28.67
2015	83.74	80.14	27.13

资料来源：工业污染物排放量占比数据根据《中国环境统计年鉴》整理而得。

注：由于《中国环境统计年鉴》中工业烟尘排放量和工业废水排放量的数据只更新了 2015 年，因此，本表数据只到 2015 年。

改革开放以后，在计划经济体系向市场经济体系的转变中，我国逐步建立起市场化的金融体系。以银行为主的我国金融体系迎来了全新的发展。银行业在改革开放后，特别是中国加入世界贸易组织（WTO）以后，得到了充分的发展。从最初的中国人民银行同时肩负中央银行和商业银行的角色发展到现在的政策性银行和商业银行各有分工，多种产权类型的银行共存，银行业结构发生了深刻的变化，银行业竞争从无到有。国有商业银行的资产占比从 1995 年的 63%下降到了 2019 年的 36%（Liu and Li，2020）。银行是企业外部融资的主要来源。根据中国人民银行的统计，2010 年银行融资占企业融资总额的 72.46%，这一比例在 2019 年变为 60.31%。银行的数量增加以及银行结构的变化会直接影响企业的贷款活动和贷款成本（姜付秀等，2019），从而影响企业在污染控制和环境保护上的投资水平。银行业竞争提高有利于企业获取融资。企业获得资金后，一方面可能会扩大污染生产规模，使得污染物排放量增加；另一方面，可能会将资金投入污染控制（如购买污染治理设施）从而减少污染物排放量。

绿色信贷政策诞生于 2007 年 7 月，国家环境保护总局①、中国人民银行、中国银行业监督管理委员会联合发布了《关于落实环保政策法规防范信贷风险的意见》。该文件强调金融信贷对环保的重要性，明确指出金融机构有责任支持环保，要求银行等金融机构严格控制对不符合环保标准企业的贷款，已经贷了的要采取措施及早收回。2012 年 1 月，银监会②印发了《绿色信贷指引》再次强调银行业金融机构在做出贷款决策时必须重点考查企业在耗能、污染、健康、气候变化等有关环境方面的表现。绿色信贷政策通过切断污染企业的资金来源，从源头上遏制其发展，促使企业改变浪费资源、污染环境的粗放经营模式，以解决环境问题，并通过信贷发放进行产业结构调整。

环境规制作为政府促进企业绿色发展的重要手段，旨在矫正因环境污染负外部性引起的市场失灵。从改革开放初期的"污染防治"到党的十八大以来的"生态优先"，我国环境规制强度不断增加。环保指标也被纳入了官员政绩考核体系。2003 年开始政府在各地建立了水质监测点，水质指标成为官员晋升的考核指标之一；2006 年开始化学需氧量减排指标也与官员政治晋升挂钩（He et al.，2020）；2014 年制定的《大气污染防治行动计划实施情况考核办法（试行）》规定空气质量改善指标在干部考核指标中享有"一票否决"权。

1.1.2　研究问题的提出

基于以上研究背景，本书提出如下六个研究问题。

第一，工业企业是污染物排放的源头，要彻底解决环境问题，实现绿色可持续发展，企业必须对污染物进行处理后再排放。这就需要企业投入

---

① 此部门 2008 年改为国家环境保护部，2018 年改为生态环境部。
② 此部门是中国银行业监督管理委员会的简称，2018 年改为中国银行保险监督管理委员会，2023 年改为国家金融监督管理总局。

更多的资金到污染治理当中，而银行业结构会直接影响企业获得贷款的可能性、金额以及成本。围绕银行业结构与企业融资的研究形成了两种对立的观点。信息假说认为较高的银行业集中度（即较低的银行业竞争）有利于企业和借款人之间形成稳定可靠的借贷关系，从而有利于企业信贷融资（Petersen and Rajan，1995）。市场势力假说则提出竞争的信贷市场可以打破资金供给方的垄断格局，提升企业的信贷可得性，降低企业的信贷成本（Beck et al.，2004）。因此银行业竞争是否可以通过缓解企业面临的融资约束，使企业有更多的资金投入污染治理之中，以促进企业绿色发展，解决环境问题亟待进一步研究。

第二，若银行业竞争通过改变企业的外部融资环境，缓解了企业面临的融资约束，银行业竞争增加对企业污染物减排的作用方向也存在不确定性。一方面，企业可能将融资款项投入扩大生产规模中，导致污染物排放总量增加（规模效应）；另一方面，企业也可能将融资款项投入污染治理之中，从而减少污染物排放（治理效应）。如果规模效应和治理效应同时存在，那么总效应的方向和强度又是如何？

第三，企业要想实现绿色发展，一个重要的手段是通过绿色技术革新建立起减少污染、降低消耗和改善生态的技术体系和生产方式。银行业竞争通过影响企业外部融资环境改变企业的投资方式（宋凯艺和卞元超，2020）。由于创新的高风险和其回报的不确定性，创新项目往往难以获取外部资金资助（Hall and Lerner，2010）。绿色创新不同于传统创新，绿色创新具有知识溢出和环境公共产品溢出的双重正外部性特征，绿色创新背后的技术更复杂，其回报也比传统创新更具不确定性。外部资金的获取对于企业的绿色创新而言尤为重要。那么银行业竞争又是如何影响企业绿色创新行为的呢？

第四，全要素生产率是衡量技术进步和经济发展质量的关键指标，绿色全要素生产率在全要素生产率的基础上进一步考虑了能源投入和非期望产出（污染物排放）用以度量经济绿色发展的质量。以上提出了银行业竞争如何影响企业污染物排放和绿色创新的研究问题，绿色全要素生产率作为度量企业绿色发展的重要指标，银行业竞争对企业绿色全要素生产率的影响又如何呢？

第五，近年来，环境问题得到了政府的高度重视。从"九五"开始，我国环境规制力度不断加大。到"十一五"末，我国实质性地控制了污染物的排放总量。相比于2005年，2010年化学需氧量和二氧化硫排放量分别下降12.45%和14.29%。此后，"十二五""十三五"和"十四五"都相继提出了新的环境规制工作方案，如碳排放权交易试点、"双碳"目标等。银行业竞争对企业绿色发展的影响会不会受到环境规制强度的影响呢？其方向和强度又如何呢？

第六，除了环境规制以外，绿色信贷政策也是政府用于解决环境问题的重要手段。与其他环境政策相比，绿色信贷政策主要通过信贷供给路径对企业环境行为产生影响（陆菁等，2021）。银行业竞争同样也是通过信贷供给改变企业融资环境，对企业产生影响。绿色信贷政策是在政府"有形之手"推动下进行的，而银行业竞争是在市场"无形之手"的作用下进行的。那么，绿色信贷政策这个"有形之手"是如何影响银行业竞争这个"无形之手"在推动企业绿色发展中的资源配置呢？

1.2　研究目的与研究意义

1.2.1　研究目的

本书的总目标是探究银行业竞争对企业绿色发展的影响及机制，从银行业竞争视角提供促进企业绿色发展的理论依据和实证支持。围绕这一总目标，本书设定如下分目标。

第一，通过梳理与本书研究相关的理论①以及对前人的研究进行文献综述，探索现有研究缺口，为本书的研究框架和研究结论提供依据。

第二，通过回顾改革开放以来中国银行业的改革发展进程、整理已颁

---

① 包括金融结构理论、市场结构理论、地理经济学理论、市场势力假说与信息假说、信息不对称理论、优序融资理论、环境污染的负外部性和环境监管的波特假说。

布的银行业放松管制政策并展示各阶段银行业的竞争程度为研究银行业竞争对实体经济的影响提供现实背景。

第三，通过实证分析银行业竞争对企业污染物减排的影响及机制，从银行业竞争视角提供企业污染减排的决定因素，为促进企业污染减排提供银行业竞争方面的解决方案。

第四，通过实证分析银行业竞争对企业绿色创新的影响及机制，为促进企业绿色创新产出提供银行业竞争方面的政策参考。

第五，通过实证分析银行业竞争对企业绿色全要素生产率的影响及机制，从绿色全要素生产率方面提供银行业竞争影响企业绿色发展的相关经验证据。

第六，通过分析环境规制强度和绿色信贷政策对银行业竞争绿色发展效应的影响，探讨政府"有形之手"在市场"无形之手"影响企业绿色发展方面发挥的作用。

1.2.2　研究意义

本书通过银行分支机构和工业企业的地理位置编码找出企业周边一定范围内的银行分支机构，并根据银行分支机构的种类和数量计算出银行业结构，以此作为每个企业单独面临的银行业竞争；然后，实证检验企业所处的银行业竞争程度对于企业污染物排放、绿色创新和绿色全要素生产率的影响。本书的研究具有如下理论意义和现实意义。

①理论意义

第一，本书将银行业竞争的度量拓展到了微观企业个体层面。本书的银行业竞争度量基于地理经济学理论和市场竞争理论，在以往仅考虑竞争效应的度量方式上进一步考虑了地理距离的影响。将企业面临的银行业竞争限定在一定地理距离范围内，根据银行进入和退出日期计算得到每个企业在不同年份感受到的银行业竞争程度，从而构建出不同企业不同年份银行业竞争的面板数据。这种度量方式更符合实际情况，更能准确衡量每个企业个体不同年份面临的银行业竞争情况。

第二，本书拓展了银行业竞争经济后果的研究边界，以企业绿色发展为契机，探讨了银行业竞争在环境方面的影响。本书从污染物排放、绿色创新和绿色全要素生产率三个方面探讨了银行业竞争对企业绿色发展的影响，为金融参与绿色治理提供了理论支撑。本书将银行业竞争对企业污染物排放的影响划分为规模效应和治理效应，并进一步探索了银行业竞争对企业绿色创新及绿色全要素生产率的影响，为企业绿色发展的决定因素提供了银行业结构的力量。

第三，本书对不同类型银行对企业绿色发展影响的讨论，打开了银行业竞争的"黑箱"。具体而言，分别检验了国有大型商业银行、股份制商业银行、地方性商业银行和外资银行对企业污染减排、绿色创新和绿色全要素生产率的影响。通过将商业银行进行分类后检验，明确了不同银行的优势和劣势，为银行业以后的改革方向提供了理论建议。

②现实意义

第一，本书从银行业竞争角度探究银行业结构对于企业污染物排放、绿色创新和绿色全要素生产率的影响，为绿色可持续发展提供了银行业结构的解决方案。本书对于制定促进企业绿色发展的金融政策具有现实意义。本书对不同类型银行影响企业绿色发展的检验结果对未来银行业的改革方向具有现实指导意义。

第二，通过检验环境规制和绿色信贷政策对银行业竞争与企业绿色发展关系的影响，本书的研究有助于理解政府与市场的关系，为有为政府和有效市场结合推动绿色发展提供了经验证据，对于政府政策的制定具有参考意义。

1.3 研究思路与研究方法

1.3.1 研究思路

银行业放松管制使得银行业的竞争不断增加，这改变了企业的外部融资环境，银行业竞争使得市场得以更好地发挥金融资源配置的功能。在这样的背景下，本书将银行业竞争与企业的绿色发展联系起来，探讨银行业竞争是否促进了企业绿色发展，如果是，又是如何促进企业绿色发展的。首先，为了更准确地度量每个企业不同年份面临的银行业竞争情况，本书基于企业一定范围内的银行分支机构种类和数量构建出度量单个企业个体所处的银行业竞争程度；其次，探索企业面临的银行业竞争程度是否并如何影响企业污染物排放，得出了银行业竞争污染减排的总效应、规模效应和治理效应；再次，从企业绿色专利申请数量角度检验银行业竞争程度对企业绿色创新的影响；最后，从企业绿色全要素生产率的角度检验银行业竞争对企业绿色发展的影响；此外，还分析了环境规制和绿色信贷政策等政府有形之手如何影响银行业竞争这只市场无形之手的金融资源配置，并最终促使企业实现绿色发展。本书总的行文思路遵循"问题提出—理论借鉴—现实背景—实证分析—结论与政策建议"。实证章节的行文思路遵循"引出问题—研究假设—研究设计—实证分析—进一步研究—小结"。

1.3.2　研究方法

第一，文献分析法。通过对文献的梳理，第 2 章"理论借鉴与文献综述"总结出了与本书相关的理论，并对相关文献进行了总结性介绍和评述。4.2 节、5.2 节及 6.2 节基于文献分析法提出了对应的研究假设。

第二，发展调查法。本书的第 3 章主要运用了此方法。第 3 章"我国银行业发展历程回顾与银行业竞争测度"总结了我国银行业的纵向发展历史，分析了我国银行业在不同时期和阶段的特征。

第三，描述性统计法。本书列出了各变量的描述性统计，以便了解研究所用到变量的分布、集中趋势、离散程度及异常值等数据特征。

第四，计量分析方法。本书第 4 章、第 5 章、第 6 章和第 7 章主要采用了该方法。通过构建固定效应计量模型，本书实证检验了银行业竞争与企业污染物排放、绿色专利申请量和绿色全要素生产率的关系。在固定效应模型的基础上，构建了调节效应模型用以探讨银行业竞争对企业绿色发展的影响在不同类型银行和企业特性下是否有不同。利用门槛回归模型和调节效应模型，本书还检验了政府环境规制和绿色信贷政策对银行业竞争与企业绿色发展的影响。

第五，宏观和微观分析结合法。银行业的改革是实现金融促进实体经济发展的重要改革方向，本书研究银行业竞争对企业绿色行为的影响实际上是将宏观经济政策与微观企业行为相结合。

第六，规范分析法。第 8 章"研究结论与展望"基于实证结果，运用规范分析法提出政策建议。

1.4　研究内容与研究框架

1.4.1　研究内容

本书各章的研究内容如下。

第 1 章，绪论。"十一五"规划首次明确了金融机构在支持绿色发展上肩负责任（Zhang et al.，2019）。2020 年度的中央经济工作会议指出"要加大对绿色发展的金融支持"，再次强调了金融业在支持实体经济绿色发展上的责任。我国金融行业由银行主导，银行业竞争是否以及如何支持实体经济绿色发展？这一问题对银行业未来改革方向和实体经济绿色发展均具有决策参考价值，但学术界还鲜有文献将银行业竞争与绿色发展联系在一起。

第 2 章，理论借鉴与文献综述。这部分首先回顾了相关的基础理论。银行业结构是金融研究中的重要话题，因此回顾了金融结构理论。本书对银行业竞争的度量同时考虑了不同银行间的竞争效应和银企之间的地理距离，因此回顾了市场竞争理论和地理经济学理论。银行业结构的变化改变了企业外部融资环境，对企业融资造成影响，因此回顾了信息假说和市场势力假说。本书的研究与企业融资相关，因此回顾了与企业融资相关的信息不对称理论和优序融资理论。由于本书涉及企业的环境投资行为，因此也回顾了环境污染的负外部性和环境监管的波特假说。在回顾了相关理论之后，从关于银行业竞争研究、关于企业绿色发展研究以及银行业竞争影响企业绿色发展三个方面进行了文献综述。

第 3 章，我国银行业发展历程回顾与银行业竞争测度。改革开放以后，我国由计划经济体系转向市场经济体系，银行系统也经历了多次改革，银行业结构出现了较大的调整。该部分仔细梳理了改革开放以来的银行业发展历程，对银行业在各个阶段的变化趋势和特征进行了统计性描述。

第 4 章，银行业竞争对企业污染物排放的影响研究。银行业竞争增加有利于企业获得银行贷款，降低企业融资约束。企业获取贷款后存在两种效应：一方面可能扩大生产规模导致总的污染物排放量增加，另一方面也可能投资于污染控制从而使单位产出污染物排放量减少。本章运用计量模型分别检验了这两种效应及这两种效应相加的总效应。

第 5 章，银行业竞争对企业绿色创新的影响研究。近年来大量学者研究了银行业竞争在促进微观企业创新方面的作用，但其在促进企业绿色创新上的作用却还没有学者给予关注。与非绿色创新相比，绿色创新具有知识溢出和环境溢出的双重正外部性特征。通过识别出专利申请中的绿色专利代理企业绿色创新，探究银行业竞争对企业绿色创新的影响方向和大小。

第 6 章，银行业竞争对企业绿色全要素生产率的影响研究。虽然一些研究已经探讨了银行业竞争对企业全要素生产率的影响，然而传统的全要素生产率没有考虑能源投入和非期望产出，在国家越来越注重绿色经济发展，倡导生态优先的大环境下，有必要重新讨论银行业竞争对企业绿色全要素生产率的影响方向和强度。

第 7 章，银行业竞争与企业绿色发展：考虑环境规制与绿色信贷政策的影响。利用门槛回归和交互项模型探讨环境规制程度和绿色信贷政策在银行业竞争对企业绿色发展影响中的作用，分析政府“有形之手”如何促进市场“无形之手”的资源配置，从而促进绿色发展。

第 8 章，研究结论与展望。首先，总结本书的主要结论；其次，从本书的结论中挖掘出有价值的政策含义；最后，基于本书的研究展望未来与本书相关的研究，指出后续可能的研究方向。

1.4.2 研究框架

基于以上阐述的研究思路与研究内容，本书绘制出研究内容框架（见图 1.1）。

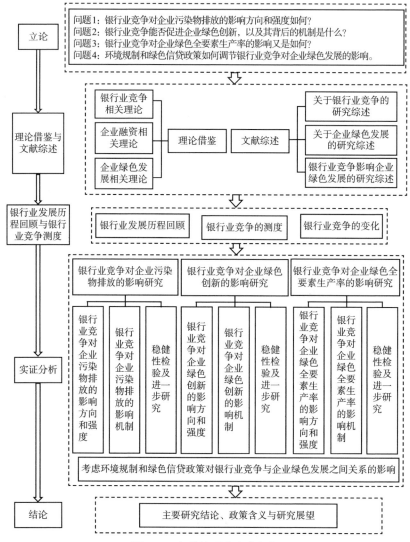

图 1.1 本书的研究内容框架

1.5 可能的创新点

本书构建了企业个体在不同年份面临的银行业竞争程度，从企业污染减排、绿色创新和绿色全要素生产率角度探讨了银行业竞争对企业绿色发展的影响及背后的影响机制，为金融支持实体经济绿色发展提供了经验证据。此外，还考察了环境规制和绿色信贷政策对银行业促进企业绿色发展的影响。与现有研究相比，本书的创新主要体现在以下三方面。

第一，研究方法的创新。本书对于银行业竞争的测度是基于企业个体层面的，这拓展了现有银行业竞争的测度方式。现有文献对银行业竞争的度量大多基于城市层面，同一个城市内的企业面临着相同的银行业竞争程度。这种度量方式不仅不能准确捕捉每个企业个体所面临的银行业竞争程度，而且极大地限制了银行业竞争在横截面上的变异性导致得到的估计系数并不准确。本书基于银行分支机构和企业的地理编码，构建出每个企业单独面临的银行业竞争程度，弥补了已有文献中银行业竞争测度上的不足。

第二，研究视角的创新。以往文献对银行业竞争效应的研究，大多从企业融资约束、企业创新、研发投资、投资效率、资源配置角度入手，鲜有文献从企业绿色发展角度评估银行业竞争的影响。而从实际情况来看，中央已经明确了金融应支持实体经济绿色发展，银行业竞争是度量金融行业发展的重要指标，学术界尚且缺乏对银行业竞争的绿色发展效应进行研究。因而，本书的研究弥补了这一研究缺口。

第三，研究内容的创新。本书从污染物排放、绿色创新和绿色全要素生产率三个方面探讨银行业竞争对企业绿色发展的影响及作用机制。在银行业竞争对企业污染物排放的研究中，本书根据理论分析将银行业竞争对企业污染物排放量的影响分解为规模效应和治理效应，并估计出了银行业竞争对企业污染物排放量的总效应、规模效应和治理效应。这样的分解有利于深入理解银行业竞争对企业污染减排的影响。本书将研究拓展至从绿色创新和绿色全要素生产率角度探索银行业竞争的经济后果，为金融支持实体经济绿色发展提供经验证据。为了转变经济向绿色发展迈进，政府加强了环境规制、颁布了绿色信贷政策，本书将政府环境规制强度和绿色信贷政策纳入分析框架，考察政府环境政策在银行业竞争与企业绿色发展中扮演的角色，为政策制定者考虑多项改革和政策的复合效果提供了参考。

第2章

理论借鉴与文献综述

金融的目标是服务实体经济的发展，金融行业担当着为实体经济造血输血活血的职责。我国金融业以银行为主导。改革开放以来，我国银行业最显著的改变是其产业结构的深刻变化。银行业结构对于实体经济的影响近年来吸引了大量研究者的关注。本章通过对相关理论和文献的回顾及梳理，挖掘现有文献的研究缺口，为本书后续深入分析银行业竞争对企业绿色发展的影响提供理论和文献支撑。本章的内容包括：第一部分回顾与银行业竞争、企业融资和企业绿色发展相关的理论，第二部分从银行业竞争、企业绿色发展以及银行业竞争对企业绿色发展的影响三方面进行文献综述，并对已有文献进行评述，阐述本书研究的意义，为后面的实证研究奠定基础。

2.1 理论借鉴

2.1.1 银行业竞争相关理论

本小节从金融结构理论、市场结构理论、地理经济学理论以及市场势力假说与信息假说四个方面介绍与银行业竞争相关的理论。

①金融结构理论

1969 年，戈登史密斯在其《金融结构与金融发展》一书中首次提出了金融结构的概念，并将金融结构定义为经济运行中的金融工具、金融市场和金融机构的组合。在这一著作中，戈登史密斯主要聚焦于三个方面的问题：第一，跟踪记录了国家的金融结构在经济发展过程中的演变；第二，评估了金融发展是否影响经济增长；第三，分析了金融结构对经济增长速度的影响。在记录国家金融体系的演变特别是金融中介机构的演变方面，戈登史密斯指出随着国家的发展，银行部门与其规模对国民产出的贡献会变大，随着经济的进一步扩张，非银行金融中介机构和股票市场对银行部门的规模和重要性通常会逐步增加。在金融发展与经济增长之间的关系方面，基于 35 个国家 1964 年以前的数据，戈登史密斯发现了金融发展与经济增长之间的正相关关系。但他没有断言金融发展会对经济增长产生因果影响。在金融结构影响经济增长速度方面，戈登史密斯对德国、英国、美国和日本的金融结构进行了比较研究，提出金融结构改善通过便利资本转移而有利于提高经济增长速度，但由于数据的限制，没能提供更多的跨国证据。金融结构可以从宏观、中观、微观三个层次进行划分（李健和贾玉革，2005）。基于我国的金融现状，宏观、中观和微观层次的金融结构可分别对应于宏观金融体系结构、中观银行业结构、微观企业资本结构（吴尧，2020）。

宏观金融结构是指一个国家的整体金融体系结构及不同体系的规模比例，主要集中在讨论银行主导型和市场主导型的相对规模上。银行机构和股票市场是我国金融行业的两大战场，也是企业外部融资的主要渠道。银行主导型观点认为银行在集中和调动金融资源、评估项目以及监管风险等方面比市场主导型金融体系更具优势（Levine，2002）。在法律制度和会计制度薄弱的情况下，强大的银行体系可以迫使企业披露信息和偿还债务，代表投资者对企业进行监督，能有效保护投资者的利益（Rajan and Zingales，2001）。市场主导型观点则强调市场在配置资源方面的积极作用，并指出许多银行主导型金融系统的不足。银行主要通过吸纳储蓄进行贷款，其需要保证储户的本息，因而要求贷款企业按期还本付息，这种模式注定了银行天生就偏好低风险项目，导致高风险、高收益的创新项目难以获得银行贷款（徐飞，2019）。因此，股票市场比债务市场更能促进创新（Hsu et al.，2014）。也有学者提出银行信贷融资和股票市场融资各有所长。股票市场适合资金需求量大、风险高的创新项目融资，银行信贷融资则更适合于资金需求量小、风险低的项目（林毅夫等，2009）。基于我国省份面板数据，马微和惠宁（2018）指出银行融资适用于风险低的模仿创新而股票市场融资适用于风险高的自主创新。金融对实体经济的服务属性决定了最优金融结构必须是与不同发展阶段中实体经济对金融的需求相一致。银行主导的金融体系为处于以成熟制造业主导的发展阶段提供了重要资金支持，但随着经济改革转型和产业升级，需要对技术前沿面进行突破，此时市场主导的金融体系将发挥更重要的作用（龚强等，2014）。

中观层面的金融结构主要指银行业结构。中国的金融系统以银行为主导，银行业的结构变化对于实体经济的影响巨大。对我国银行业结构的讨论主要集中在产权结构和竞争结构两方面。产权结构的观点认为国有银行的国有产权和政府对国有银行的干预导致了国有银行偏好向国有企业贷款，且贷款效率低下，这是中国经济发展中信贷资源配置不当的主要原因（Lin et al.，2015）。林毅夫等（2009）指出银行业有基于企业规模的专业化分工，即大银行服务大企业，中小银行服务中小企业。银行业的竞争主要是指在金融监管下，不同银行为了争夺市场占有率而进行的竞争。彼得森和拉詹（Petersen and Rajan，1995）基于理论和实证的双重视角第一个研究了银行业竞争对于企业借贷的影响。随后，涌现了大量的文献对银行业竞争如何影响企业融资进行了讨论。银行之间的竞争在我国最为典型的表现便是以分支机构的扩张来占有市场份额。基于银行分支机构的扩张，学者们对银行业竞争影响企业创新、债务决策和投资水平进行了探讨（蔡庆丰等，2020；李志生等，2020；李志生和金凌，2021）。

微观层面的金融结构主要指微观企业和家庭的资产结构与融资结构。微观层面的金融结构与宏观和中观层面的金融结构密切相关。宏观层面讨论的银行融资和股票市场融资正是微观企业外源融资的两种主要渠道；而在我国，中观层面的银行业结构则会影响企业和居民能否获得外部信贷支持。微观金融结构的变化反过来也会促使宏观和中观层面的金融结构发生变化。微观、中观和宏观的金融结构共同组成了我国完整的金融结构体系。

②市场结构理论

市场结构主要描述市场上垄断和竞争的程度。市场结构的特征主要包含以下方面：市场中交易者的数目、规模及分布，产品的差异性与替代性，行业的进入和退出壁垒，信息的充分性与对称性。根据垄断和竞争程度，市场结构可以分为完全竞争市场、完全垄断市场、垄断竞争市场和寡头垄断市场。一般认为完全竞争市场运行效率最高、社会福利最优，但不利于技术进步。银行业市场与其他行业市场不同，银行业的竞争与金融风险相关，过度的银行业竞争会给金融系统带来不稳定，因此银行业不可能处于完全竞争的状态。完全垄断市场则存在资源配置效率低下、社会福利损失最大以及垄断企业实行价格歧视和随意操纵价格等问题，完全垄断的银行业会导致信贷供给不足、贷款利率过高，因而银行业完全垄断会导致其服务实体经济发展的能力低下（Love and Martínez Pería，2015）。关于最优的银行业市场结构，学者们进行了激烈的探讨。一些学者提出寡头垄断的银行业市场结构能够提供最大额度的贷款（Dinç，2000；Cetorelli and Peretto，2000）。而张一林等（2019）基于新结构经济学的研究视角得出最优的银行业市场结构是与产业结构中企业规模的分布相匹配的银行业结构。具体而言，他们的研究认为发达国家因其资本密集型产业占比高，企业平均规模更大，大型银行更适合为这些企业提供金融服务；而发展中国家以劳动密集型产业为主，中小企业数量占比更多，因而更适合以中小银行为主导的银行金融体系。

传统产业组织理论的结构—行为—绩效（SCP）分析范式认为银行业的结构会影响银行的行为进而影响银行的绩效，而银行行为的改变又会对企业的经营活动造成影响。在垄断的银行业结构中，各家银行可能会合谋导致整个银行业市场的竞争程度较弱，而银行业中的银行较多时，合谋的成本较高，银行间的竞争便会增强，进而改变企业面临的融资约束。基于SCP分析范式，集中度指标和赫芬达尔—赫希曼指数（Herfindahl – Hirschman Index，HHI）是最为常用的市场结构指标。集中度指标度量的是行业中最大几家企业的市场占有率之和。HHI 指标是行业中所有企业的市场占有率的平方和。集中度指标和 HHI 指标通常结合使用，既能反映市场中前几家最大企业的市场份额又能描述整个市场的总体分布情况。

新产业组织理论在传统的产业组织理论基础上引入了制度经济学中的交易费用理论、产权理论、合约理论，在研究方法上引入了博弈论等动态分析方法。鲍莫尔（Baumol，1982）将可竞争市场理论引入了产业组织理论中。可竞争市场理论认为如果潜在投资者可以自由进入和退出市场，即使现有市场只有少数几家企业，完全竞争模型中企业是价格接收者的结论也是成立的，潜在进入者的威胁可以使现有垄断企业保持高效生产和维持超额利润为零的价格。根据可竞争市场理论，集中度或 HHI 指数并不能说明市场的垄断程度和竞争程度。传统产业组织理论强调市场结构、市场行为和市场绩效之间的单向因果关系，新产业组织理论则强调这三者之间并不是简单的单向影响，还存在反向的影响，三者间的关系应该是多元的、相互影响的。

③地理经济学理论

地理经济学理论主要致力于解释经济活动的跨空间分布问题，帮助人们理解经济活动的地址选择。地理经济学主要关注区位选择、空间竞争及差异性、距离的影响以及区域政策的制定（梁进社，2008）。随着地理经济学的发展，学者们提出了许多理论和模型，如农业区位论（约翰·冯·杜能，1986）、工业区位论（阿尔弗雷德·韦伯，2010）、中心地方论（奥古斯特·勒施，2010；瓦尔特·克里斯塔勒，2010）、线性空间市场竞争模型（Hotelling，1929）及新经济地理学模型（Krugman，1991）。在这些理论和模型中均强调了距离的重要作用。托布勒（Tobler，1970）提出了地理经济学的第一大定律—距离衰减律。事物之间的距离是刻画事物之间联系的重要变量，由于距离会增加事物之间联系的成本，距离衰减效应认为事物间的联系随着距离的增加而减弱，距离越近，事物间的联系越强。距离显著影响地理经济学中的两个核心要素—规模经济和运输成本，距离越远，运输成本越高，越不容易形成规模经济。

地理经济学理论除了在区域经济学中得到应用外，越来越多的研究者也将地理经济学引入了公司金融的研究之中，主要集中在探讨地理邻近性对公司的影响。德格雷和翁杰纳（Degryse and Ongena，2005）发现了银行贷款中的空间价格歧视证据，即银行贷款利率随着企业与贷款银行之间的距离增加而降低，随着企业与贷款银行的潜在竞争银行之间的距离增加而增加。约翰等（John et al.，2011）发现地理距离增加了股东监督管理公司的成本，距离越远，股东与管理层间的代理问题也越严重。古勒等（Ghoul et al.，2013）使用公司相对于城市中心的距离来衡量信息不对称程度。

以上可以看出，距离对经济活动有着巨大的影响。地理经济学在本书中的运用主要体现在两方面。一方面，距离带来的运输成本，即缔约双方在缔约过程中产生的交通成本和时间成本。银行与企业的距离越近，贷款前的运输成本和贷款后的监督成本越低。现实中，企业选择贷款银行时，更倾向于选择与银行分支机构的地理距离较近的银行（Barone et al.，2011）。另一方面，距离相近有利于软信息的传播。硬信息由可量化的数据组成，如财务报表、还款记录、资产负债率，银行可获得的硬信息数量和质量取决于银行业的法律制度和监管制度、会计标准以及信用评分技术，与贷款企业的远近无关。经营者能力、企业管理水平、申请人的道德和声誉等软信息需要在信贷员与借款企业的反复面对面交流中进行积累。软信息由于其不容易编码、存储和客观验证，无法远距离传播（Liberti and Petersen，2019），因而银行业分支机构的地理分布对获取当地企业的软信息至关重要。总之，企业与银行之间的距离是影响企业获取外部信贷资源的一个重要因素，研究银行对企业获取银行信贷资金的影响时应该考虑地理经济学的影响。

④信息假说与市场势力假说

信息假说的主要观点是银行业结构越集中越有利于企业获得银行贷款。理解信息假说的观点需要从借贷关系及竞争对借贷关系的影响两方面入手。彼得森和拉詹（Petersen and Rajan，1994）研究了企业与债权人之间的关系如何影响企业信贷资金可得性及成本。借贷关系的建立主要通过两种方式。一是企业向银行借款时，在反复持续的沟通中，向银行提供了大量企业以及经营者的信息，增加了企业的发言权；与此同时，银行也会根据过去与企业打交道的经验，降低期望贷款的风险溢价。这些都将提高银行再次为企业提供资金的意愿并降低贷款的预期成本。二是企业购买关系银行提供的各种金融服务，如理财产品、储蓄服务。企业购买关系银行的金融服务有利于银行监控企业的现金流，并方便银行将其收集企业信息的成本分摊到其他产品上，最终表现为提高放贷意愿和降低放贷成本。褚剑和胡诗阳（2020）基于我国数据的研究也发现企业会通过购买关系银行的理财产品来维持借贷关系，虽然短期内企业购买理财产品会挤出实体投资，但长期来看，银企关系的深入确保了企业获取持续的信贷支持，解决了短期投资不足的问题。彼得森和拉詹（Petersen and Rajan，1995）提出信贷市场的竞争程度增加会破坏银企之间的借贷关系，导致关系型借贷无法发挥作用，最终降低企业获得贷款的可能性。实际上，竞争与关系不相容的观点在经济学研究中已经被反复发现，如在劳动经济学中，研究者发现在竞争激烈的劳动力市场中，企业更不愿意培训员工，因为员工接收培训后会要求企业提供更高的薪水，甚至会以辞职相威胁（Becker，1975）。信贷市场竞争破坏企业与特定债权人之间借贷关系的原因有两方面。一方面，信贷市场竞争限制了债权人跨期分享企业盈余的能力。当一家有潜力的企业在初创或陷入财务困境时，其当前的盈利能力很低但其未来的盈利能力可能会增加，因这家企业的未来前景不确定性高，在竞争性的信贷市场上，债权人可能会收取更高额的利息直到不确定性消失，以此实现债权人在每个时间段内的盈亏平衡。因此，竞争性信贷市场会扭曲企业的行为，阻碍企业创新，甚至导致企业无法获得信贷支持。相比之下，垄断债权人更愿意在企业陷入困境时给予信贷支持，因为垄断债权人可以在长期的隐形合同中分享企业的后期盈余（Sharpe，1990）。另一方面，激烈竞争的银行业市场不利于借款人信息向潜在贷款银行的传递。随着银行业竞争的加大，借款人的特定信息变得更加分散，降低了银行对企业贷款的筛选能力及筛选效率，导致低质量的企业获得贷款，增加了贷款的违约风险（Marquez，2002；Hauswald and Marquez，2006）。

市场势力假说则认为银行业集中度高不利于企业获得贷款，提高银行业的竞争能增加企业信贷可得性。贝克等（Beck et al.，2004）指出信息假说得出的银行业垄断更利于企业融资的结论与一般经济理论不符。根据市场结构理论，垄断的银行业会导致无效率、信息不对称、代理问题、利率较高、贷款额较少等问题，而信息假说得出的实证结论显然与一般经济理论相矛盾。学者们主要从以下几方面阐释支持市场势力假说的原因。首先，经济学理论中的结构—行为—绩效假说预测偏离完全竞争的信贷市场会导致借款人获得贷款的机会减少及获得贷款的成本增加。其次，关系型借贷在提高一些中小企业信贷可得性的同时减少了另一些可能更适合获得资金支持的中小企业获得交易型贷款的概率（Berger and Udell，2006）。处于垄断的银行业市场中的企业比处于竞争的银行业市场中的企业更可能遭遇信贷配给（Guzman，2000）。总的来说，银行业市场竞争度提高能够增加总的贷款供给额度。最后，随着银行业的竞争程度增加，潜力企业相对于银行的议价能力增强，这有助于提高潜力企业的融资可得性，降低潜力企业的融资成本（Jiang et al.，2017；戴静等，2020）。

许多学者对这两种竞争性假说进行了检验，但没有得到一致的、通用的结论。一些研究支持信息假说（Di Patti and Dell' Ariccia，2004；Fungáčová et al.，2017）；另一些研究支持市场势力假说（Ryan et al.，2014；Love and Martínez Pería，2015）；还有一些研究认为银行业竞争对企业融资不是简单的线性影响（Dinç，2000；Di Patti and Dell' Ariccia，2004；Gomez and Ponce，2014）。总的来说，基于中国数据的研究大都发现了支持市场势力假说的证据（Chong et al.，2013；Zhang, Zhang et al.，2019；姜付秀等，2019）。因而，市场势力假说更适用于当前中国的金融体系和经济发展状况。

2.1.2 企业融资相关理论

本小节从信息不对称理论和优序融资理论两个方面回顾与本书相关的企业融资理论。

①信息不对称理论

信息不对称指的是交易中的参与者掌握着不同的信息，参与者掌握的信息是不完全的，信息在不同参与者之间是不对称的。阿克洛夫（Akerlof，

1970）利用二手车市场描绘了信息不对称现象。在二手车市场中，卖方和买方掌握的信息是不对称的，通常来说卖方比买方拥有更多关于汽车质量的信息，低质量汽车与高质量汽车一同在二手车市场上出售，高质量汽车会比低质量定更高的价格，但由于买方不了解汽车质量的真实情况，最终低质量汽车因其价格低廉得以顺利出售，而高质量汽车则无法售出。信息不对称导致了二手车市场上兜售的都是质量有问题的汽车，而高质量汽车则被低质量汽车驱逐出了市场，这种现象被称为逆向选择。信息不对称导致的逆向选择问题广泛存在于经济社会之中。

信息不对称问题普遍存在于我国信贷市场之中。企业的信息可以分为硬信息和软信息。硬信息易于数字化、定量化，容易存储，其传播独立于信息收集过程；软信息则相反，其难以被数字化和定量化，其传播依赖于信息收集过程。银行与企业之间的信息不对称主要体现在双方拥有企业软信息的差异上。与潜在的贷款银行相比，企业更了解自己的项目质量，也更了解项目成功的可能性。银行由于掌握的信息不充分而无法甄别出优质项目进行放贷。此时，若银行提高贷款利率，则会挤出低风险项目、吸引高风险项目，造成逆向选择。因此，信息不对称造成价格调整失灵，银行不会通过提高贷款利率来满足所有借款者，而是选择在较低利率上拒绝一部分借款者，这就产生了普遍的信贷配给现象（Stiglitz and Weiss，1981）。

学者们也提出了许多缓解信息不对称的对策。首先，信号可以传递信息，缓解信息不对称。斯宾塞（Spence，1973）指出高能力的劳动者愿意花更多成本来获取文凭，而低能力的劳动者知道自己能力不足，无法与高能力的劳动者在读书上进行竞争，所以低能力的劳动者往往选择更早进入社会，这样就使得高能力劳动者与低能力劳动者区分开来，因此文凭可以作为信号在劳动力市场上向雇主传递求职者的能力。企业在向银行申请贷款时，也可以向银行传递信号以证明自己的能力。如专利可以作为信号向银行传递企业的创新能力，缓解银企双方的信息不对称，增加银行向企业放贷的可能性（Hottenrott et al.，2016）。其次，可以通过担保机制抵消信息不对称带来的不确定性，如第三方背书和抵押贷款。银行更倾向于有实物资产抵押的项目，因为资产抵押可以抵消贷款收回的风险。最后，斯蒂格利茨（Stiglitz，1975）提出通过设计不同的合同，信息掌握较少的一方可以从对方的选择中增加信息。

总的来说，信息在信贷市场中非常重要，信息不对称会降低信贷资源配置效率、增加金融市场的风险。因此，通过各种制度减少借贷双方的信息不对称对于优化信贷资源的配置是至关重要的。

②优序融资理论

莫迪利安尼—米勒定理（MM 定理）认为在理想状态下（信息完全对称、无代理成本、无税收以及无破产成本），企业选择何种融资方式不会影响企业价值，企业价值与资本结构无关，不存在最优的资本结构（Modigliani and Miller，1958）。后续研究通过放松 MM 定理的假设，围绕企业融资理论进行研究发现了一系列与企业融资相关的理论。莫迪利安尼和米勒（Modigliani and Miller，1963）放开了无税收的假定，将公司税纳入分析框架，发现了债务融资的税盾效应，即债务融资比股权融资更有优势，因为债务融资所产生的利息成本可以在税前支付，股权融资的股利则是在税后支付，因而债务融资具有节税的作用。但公司不可能完全通过债务进行融资，因为债务融资有较高的风险可能导致企业破产。因此，企业需要在债务融资税盾效应带来的收益与负债引致的成本和风险之间进行权衡，这便是权衡理论（Robichek and Myers，1966；Myers，1977）。

梅叶斯和梅吉拉夫（Myers and Majluf，1984）建立了在信息不对称情况下公司投融资决策的均衡模型，提出了公司融资时首先倾向于依赖内部资金，如果内部资金不足，则偏向债务融资大于股权融资。梅叶斯（Myers，1984）进一步将该结果发展为优序融资理论（pecking order theory）。优序融资理论认为公司不存在最优的资本结构，公司负债率取决于其对外部资金的需求。优序融资理论提出的融资顺序可以从信息不对称、代理问题、控制权问题、税盾效应等方面来理解。首先，外部投资者与内部管理者之间存在的信息不对称会导致逆向选择和代理问题使外部融资成本高于内部融资成本，因而企业首选内部融资。其次，内部管理者因为比外部投资者更了解企业内部信息，当需要在股权融资与债务融资之间选择时，如果内部管理者认为公司股票被高估则会更倾向于选择股权融资，但发行新股实际上是在向外部投资者传递公司的负面信息、降低了信息不对称，因而发行新股会导致公司股价下跌，所以，公司宁愿选择债务融资而不选择股权融资。另外，债务融资的税盾效应也使其更具优势。最后，股权融资会导致公司失去独立性，甚至丧失对公司的控制权。特别是管理者和创始人为同一人的小企业往往更加看重对企业的控制权。为了不失去控制权，当需要外部融资时，这类公司也会倾向债务融资大于股权融资。

希亚姆—桑德和梅叶斯（Shyam‐Sunder and Myers，1999）基于 157 家美国公司 1971～1989 年的数据，实证检验了公司的融资次序，结果支持了优序融资理论。基于我国数据的研究也大多与优序融资理论的结论一致（李延喜等，2007；葛永波和姜旭朝，2008）。优序融资理论在现实中并不总是成立。当外部投资者比内部管理者拥有更多信息时，优序融资理论所提出的外部融资顺序可能会反过来，股权融资会优于债务融资（Garmaise，2001）。

2.1.3　企业绿色发展相关理论

本小节从环境污染负外部性和环境规制的波特假说两方面介绍与企业绿色发展相关的理论。

①环境污染负外部性

新古典经济学的开创者马歇尔在其著作《经济学原理》（*Principles of Economics*，1890）一书中首次使用了外部经济和内部经济的概念。马歇尔的学生庇古又进一步区分了外部经济和外部不经济，即正外部性和负外部性。外部性指的是一个经济主体的行为对其他经济主体、个人及社会的福利产生的不能以价格交易的非市场化影响。这种影响若是让除了交易双方以外的第三方受益则称为正外部性，若是让第三方受损则称之为负外部性。正外部性的受益者无须为获得的利益付费，负外部性的生产者也无须为造成他人的损失承担成本。环境污染是一种负外部性，企业生产过程中排放的污染物会污染居民的生活环境、威胁地球的可持续性发展，而排放污染物的企业却没有为其产生的负外部性付出成本。

环境污染的负外部性具有时间和空间上的双重外部性。时间上，环境污染有时间上的延续性，在未来继续对其他主体产生影响；空间上，环境污染会影响同一时期周边主体的生产和生活。负外部性下，社会成本等于私人成本和外部成本之和，因企业只用承担私人成本而不需要承担外部成本，价格会低于社会的均衡价格，而供给会高于社会的均衡供给，因而负外部性会导致企业过度生产，企业个体最优与社会最优偏离，造成资源配置的不经济。

为了修正外部性带来的市场失灵，常用的手段包括以下几种。第一，公众的舆论压力和消费者对环保产品的需求可以促进企业更加注重减少污染产生的外部性，诱导企业向绿色发展转型（Borghesi et al.，2015）。第二，外部性涉及的各方利益相关者私人协商解决。根据科斯定律，产权界定明确且没有交易成本时，无论产权界定给哪一方，都能通过私人协商达成协议有效配置资源，达到帕累托最优；当产权界定明确但交易成本不为零时，产权界定给哪一方会影响资源配置效率和结果。因此，政府应当做好产权界定工作，可以在私人协商不了时进行干预。第三，制定环境政策修正环境污染的负外部性。如制定《中华人民共和国环境保护法》、碳排放交易制度、收取排污费等。

②环境监管的波特假说

为了促进企业向绿色发展转型，我国出台了许多环境规制政策。学者们对环境规制政策如何影响企业竞争力展开了广泛深入讨论。传统的研究通过总收益—总成本分析方法将环境监管的有利影响与遵循环境监管所必须承担的成本进行比较，提出虽然环境监管改善了环境状况，但企业为了遵从环境监管需要支出更多的合规成本，这提高了企业的边际成本且抑制了企业的生产性投资，从而降低了企业的生产效率，使企业的竞争力下降（Hazilla and Kopp，1990；Jorgenson and Wilcoxen，1990）。波特假说提出传统的观点是基于静态框架的分析，忽视了环境规制的动态影响，特别是忽视了环境规制对企业后续创新能力的影响（Porter，1991）。波特和范德林（Porter and Van Der Linde，1995）进一步论证了设计良好的环境规制政策可以刺激创新，这些创新带来的收益可以部分甚至完全抵消遵循环境规制政策的成本，这被称为"创新补偿"效应。减少污染与提高资源利用率往往伴随发生，因而这种"创新补偿"效应是常见的。在"创新补偿"效应的作用下，环境规制甚至可以让公司提高竞争力，使其处于绝对优势。

波特假说认为设计精良的环境规制政策可以实现以下六个方面的目的：第一，环境监管可以向企业发送信号，表明企业存在效率低下和指出潜在技术改进的方向；第二，以信息披露为重点的环境监管可以提高企业自主保护环境的意识；第三，环境规制减少了环保投资的不确定性，让环保投资更有价值；第四，环境规制产生的压力可以通过克服组织惯性、培养创造性思维以及环境代理冲突激励创新和技术进步；第五，环境规制确保了企业不能通过恶化环境的手段超越其他企业；第六，虽然环境规制的创新补偿效应可能在短期内并不能完全抵消环境规制的遵从成本，但依然有必要改善环境质量。创新的补偿效应既表现在最终生产的产品质量和性能上，也表现在生产产品的过程之中。如为了减少排放而改进的生产工艺往往也会导致产品产量的增加，环境技术的进步可以减少原材料的浪费、提高生产效率、节约成本等。

波特假说提出后，许多研究者对其观点提出了质疑。帕尔默（Palmer et al.，1995）指出波特假说没有综合考虑环境规制的成本和收益，波特假说认为环境监管的成本是可以忽略不计甚至是负的，虽然波特假说中列举了一些环境监管节约成本、改善质量、促进创新的案例，但是更普遍的是环境监管导致企业的成本增加，利润减少，甚至使一些企业处在了破产的边缘。巴雷特（Barrett，1994）、辛普森和布拉德福德（Simpson and Bradford，1996）指出在提高企业国际竞争力方面，通常还有其他比战略性环境监管更有效的措施。波特假说中只是列举了环境规制促进企业创新的个案，并没有进行基于数据的一般性评估，杰夫和帕尔默（Jaffe and Palmer，1997）基于美国 1974 ~ 1991 年（不包含 1985 年）的数据，利用固定效应估计模型发现行业的创新产出与环境监管严格程度的变化无关。

对波特假说的实证检验也出现了分歧，主要可分为三类。第一类支持波特假说，认为设计良好的环境规制能够促进企业创新并提高企业竞争力。拉诺伊等（Lanoie et al.，2008）的研究发现尽管环境规制对行业生产率的同期影响为负,但滞后期影响为正,验证了波特假说。鲁巴什金等(Rubashkina et al.,2015)利用欧洲的数据也发现了环境规制有利于行业的创新活动和生产力。第二类支持传统的观点,即环境规制导致企业合规成本增加,进而不利于企业的发展。拉诺伊等(Lanoie et al.,2011)指出环境规制能显著促进环境创新,进而促进经营绩效,然而,他们的研究同时也指出环境规制对企业绩效有直接的负面影响,并且创新的补偿效应并不能完全抵消这种负面影响,因而创新对企业绩效的净效应为负。第三类研究认为环境规制的波特效应是否成立取决于环境规制的类型。吴磊等(2020)将环境规制政策分为市场激励型、命令控制型和公众自愿型三种,并指出市场激励型和公众自愿型在长期内均可以促进绿色全要素生产率,而命令控制型对绿色全要素生产率没有显著影响。李青原和肖泽华(2020)也发现不同的环境规制政策产生的效果截然不同,他们发现排污收费有利于企业绿色创新而环保补助却对企业绿色创新有不利影响。

2.2 文献综述

2.2.1 关于银行业竞争的研究综述

对于银行业竞争的影响可以从宏观、中观、微观三个层次进行总结。宏观层次对应着银行业竞争对宏观经济增长的影响,中观层次对应着银行业竞争对非金融行业的影响,微观层次则对应着银行业竞争对微观企业的影响。

金融发展特别是银行业的发展是影响经济增长的重要因素,原因在于经济增长的来源是生产率的提高和资本积累的增加,银行业将储蓄集中并进行信贷资源的重新配置,通过影响投资作用于经济增长。一些研究认为银行业竞争在经济增长方面发挥着重要的促进作用,持这种观点的研究实际上是金融重要性研究的一部分,再次强调了发达和高效的银行部门对实体经济的积极作用。古斯曼（Guzman，2000）利用一般均衡模型对比分析了竞争性和垄断性的银行体系对经济增长的影响，发现垄断性的银行体系不利于资本积累和经济增长，而竞争性的银行体系则相反。对于这一发现，他提供了五个方面的解释。第一，当存在信贷配给时，信贷配给在垄断性的银行体系比竞争性的银行体系中更严重；当不存在信贷配给时，垄断性银行体系存在对信贷融资主体投资活动的过度监控。这两种情况均会对资本积累产生不利影响。第二，垄断性的银行体系更有可能导致信贷配给。第三，垄断性银行体系收取的贷款利率更高。第四，垄断性的银行部门会消耗更多的资源。第五，发展陷阱发生在垄断性银行体系的概率更大，后果更严重。塞里泰利和甘贝拉（Cetorelli and Gambera，2001）的研究发现银行业集中能够促进更依赖外部融资行业的增长，但总体上集中的银行业对经济增长具有抑制效应。使用新实证产业组织理论的市场力量指标度量银行业竞争，克莱森斯和拉克莱文（Claessens and Laeven，2005）发现在银行业竞争更激烈的国家，更依赖银行贷款融资的行业增长得更快，因而有利于经济增长。以上研究讨论银行业结构时均只关注了银行业的垄断性或者竞争性特征，而没有注意到银行业内不同银行的分工。在考虑了不同银行的分工差异的基础上，林毅夫和姜烨（2006）认为最优的银行业结构应当是与当前的经济结构相匹配。在当前中国的发展阶段，中小银行金融机构占比的提高有利于经济增长（林毅夫和孙希芳，2008）。一些研究提出银行业竞争会增加金融系统的风险。谢弗（Shaffer，1998）指出贷款申请人的平均信誉度是银行数量的函数，在竞争性的银行体系中，最糟糕的贷款申请人被误认为风险较小的概率会增加，特别是对于新进入的银行而言更是如此，这会导致银行贷款的坏账率增加。伯杰等（Berger et al.，2009）的实证研究也认为更多的银行业竞争会鼓励银行从事风险更高的贷款活动，从而增加了金融风险，不利于金融系统的稳定。此外，有研究指出银行业竞争与经济增长的关系是模糊的，银行业竞争对经济增长的作用需要同时考虑其他因素的影响。塞里泰利和佩雷托（Cetorelli and Peretto，2012）同时考虑了银行业竞争对信贷数量和信贷质量的影响，提出银行业竞争越大，提供的信贷数量越多，但会减少关系型借贷，因而信贷的质量越低。他们的研究指出银行业竞争对经济增长的影响取决于该经济体中关系型借贷的作用，在关系借贷带来的收益较小时，竞争性的银行业市场结构更有利于经济增长，在关系借贷服务影响较大时，垄断性的银行业市场结构更有利于经济增长，而在关系借贷的影响处于中间强度时，寡头垄断性的银行业市场结构最有利于经济增长。他们的研究还提出在市场不确定性高时，集中的银行业市场结构会导致更高的资本积累，在市场不确定性低时，竞争性的银行业市场结构会导致更高的资本积累。

发达的金融市场可以识别出高成长行业的资金需求，并为其提供资金，同时避免为低成长行业配置资金，因而有效的金融市场是产业结构升级的基本保障（Wurgler，2000）。"最优金融结构"假说提出不同发展阶段的要素禀赋决定了对应的最优产业结构，判断金融结构是否达到最优就是要判断金融结构是否与当前的最优产业结构相匹配（林毅夫等，2009）。龚强等（2014）进一步指出银行更适合于为技术成熟的行业融资，金融市场则更适合于为处于技术前沿的行业提供资金支持。我国金融市场以银行业为主，银行业的结构会影响银行在产业间的信贷资源配置以及非金融行业的结构。塞里泰利和斯特拉恩（Cetorelli and Strahan，2006）发现集中的银行业致使潜在的行业进入者难以获得信贷支持，行业中老的在位者较晚退出，而激烈的银行业竞争促使小规模企业的市场份额快速增长，同时中型企业的市场份额减少，大型企业的市场份额没有变化，说明激烈的银行业竞争更有利于产业中的更新换代，更有利于推进产业结构升级。刘培森和尹希果（2015）认为我国国有商业银行能够促进产业结构升级。而喻微锋和曾茹苑（2020）的研究则认为中小银行占比越高越有利于我国产业结构升级。张雪兰和龚元（2017）、孙会霞等（2019）则分别强调银行业改革对产业结构的影响应当与产业政策、财政政策和不同银行的分工差异共同考虑。

现有研究关于银行业竞争对微观企业个体的影响主要聚焦在企业的投融资、创新、全要素生产率方面。两种竞争性的观点主导着这类研究，即信息假说和市场势力假说。信息假说基于关系型借贷，认为银行业结构集中有利于借贷关系发挥作用，缓解借贷双方信息不对称，增加企业的融资可得性（Petersen and Rajan，1995）。市场势力假说则认为竞争性的银行业市场结构能够增加信贷供给，降低贷款利率（Beck et al.，2004）。姜付秀等（2019）利用我国 A 股上市公司的数据发现竞争性的银行业能够促使银行主动去挖掘企业信息，缓解银企信息不对称，从而降低企业投资—现金流敏感性，即银行业竞争加剧可以缓解企业融资约束。对于我国银行业放松管制对企业投资的影响，杨兴全等（2017）基于 A 股上市公司的数据发现外资银行进入通过缓解融资约束和代理冲突提高企业的投资效率，这种效应在民营企业和大规模企业中更为显著。祝继高等（2020）将中国工业企业数据和省级的银行业竞争数据结合，发现银行业竞争有利于企业提高投资效率，且银行业竞争能改善固定资产占比低的企业的投资不足，能抑制固定资产占比高的企业的投资过度。宋凯艺和卞元超（2020）利用上市公司数据发现银行业竞争通过融资约束和债务治理渠道提高企业投资水平，但对企业投资效率没有影响。余静文等（2021）基于中国工业企业数据库发现银行业放松管制通过降低融资成本促进了企业对外直接投资。在银行业竞争影响企业创新方面，一些研究发现放松管制能够提高企业创新（Amore et al.，2013；Cornaggia et al.，2015），而另一些研究则得出相反的结论（Chava et al.，2013；Hombert and Matray，2017）。针对我国的经验证据，巫岑等（2016）认为银行业竞争在帮助企业构建自主创新能力中有着重要作用，银行业竞争能够促进银行为企业研发投入提供资金支持。张杰等（2017）发现银行业竞争只有在超过特定门槛值时才会促进企业创新。张璇等（2019）的实证证据表明银行业竞争加剧可以促进企业创新，这种促进作用在股份制商业银行和城市商业银行的竞争中更大。戴静等（2020）发现银行业竞争使高效率企业得以进入创新部门、在位的高效率企业增加创新投资，从而提高整个社会的创新产出。许多研究进一步探讨了银行业竞争对企业全要素生产率的影响。张健华等（2016）研究了省级银行业竞争对省级全要素生产率的影响，结果发现大多数情况下，省级银行业竞争程度上升对省级全要素生产率的影响并不显著。陶锋等（2017）提出金融发展有利于提高当地企业的全要素生产率，金融中心的建设不仅有利于当地企业的全要素生产率提高，而且也有利于周边地区企业的全要素生产率提升。蔡卫星（2019）将城市层面的银行业竞争与中国工业企业数据库合并，发现竞争性的银行业通过缓解融资约束显著提高了企业的全要素生产率；张璇等（2020）也得出了一样的结论。综上，已有文献大多支持市场势力假说比信息假说更适合当前我国的经济环境。

此外，还有一些研究探讨了银行业竞争可能产生的更广泛的社会经济后果。戈麦斯和莫斯科维茨（Garmaise and Moskowitz，2006）发现银行业竞争的减少导致高利率、建筑物减少及随后几年中财产犯罪的增加。贝克等（Beck et al.，2010）发现美国银行业放松管制通过提高低收入群体的收入缓解了收入不平等。

2.2.2 关于企业绿色发展的研究综述

本小节首先回顾影响企业绿色发展的内外部因素，其次，再聚焦于环境规制和绿色信贷政策对企业绿色发展的影响。影响企业绿色发展的外部因素可以分为三类，分别是环境信息披露与公众压力、环境监管和环境激励。孙等（Sun et al.，2019）基于我国上市公司数据表明环境信息披露可以促使企业提高环保意识，有利于企业绿色发展。向等（Xiang et al.，2020）以我国高污染行业上市公司为研究样本，探讨了环境信息披露对企业绿色创新的影响，发现环境信息披露显著促进了重污染企业的绿色创新。环境信息披露后会吸引媒体和公众的关注，公众压力可以使企业提高环保意识并采取环保行动（Ahern and Sosyura，2015）。范子英和赵仁杰（2019）基于我国设立环保法庭的准自然实验探究了环境规制强化对于污染治理的影响，得出环境规制法治加强有利于污染排放总量和人均排放量的减少。尚洪涛和祝丽然（2019）发现环境研发补贴对企业环境研发投入和环境绩效的促进效应在外部规制和内部规制都比较严格时更明显。影响企业绿色发展的内部因素主要是公司治理方面，如所有权、两职合一、股权集中度。阿莫尔和本内德森（Amore and Bennedsen，2016）指出内部治理较差的公司产生的绿色专利相对更少，并进一步强调无效的公司治理是环境效率提升的主要障碍。

随着经济发展，国家越来越重视生态环境保护，出台了一系列环保措施，这些环保措施的最终目的都是促使企业实现绿色发展。加强环境规制和实施绿色信贷政策是政府控制企业环境污染行为的代表性政策。环境规制能否表现出波特假说所预测的合理的环境规制能够产生创新抵消效应让企业实现绿色发展，许多研究对其进行了检验。王等（Wang et al.，2019）基于经济合作与发展组织（organization for economic cooperation and development，OECD）国家的数据验证了波特假说，其结果表明环境规制对绿色生产率的影响存在门槛效应，环境规制低于门槛值时，环境规制对绿色生产率有正向影响，环境规制高于门槛值时，则有负向影响。达尼升等（Danish et al.，2020）基于金砖五国的数据探讨了环境法规对碳减排的影响，发现环境规制促进了这些国家实现碳减排目标。环境规制的波特效应在我国的检验也得出了不一致的结论。王晓祺等（2020）基于 2017 年《中华人民共和国环境保护法》发现加强环境法规可以倒逼企业绿色创新。韩超等（2021）指出垂直管理作为环境规制加强的一种措施通过减弱环境规制的执行偏差达到污染减排的目的。李鹏升和陈艳莹（2019）则认为环境规制短期内会对企业绿色全要素生产率的提升产生不利影响，但长期影响会表现为促进企业绿色全要素生产率。还有一些研究提倡政府采取市场激励型而不是命令控制型环境规制政策，因为他们认为命令控制型环境规制政策不能促进企业向绿色发展转型（Tang et al.，2020；吴磊等，2020）。

绿色信贷政策的目的在于从资金需求端减少对污染企业的资金支持，遏制污染企业的扩张，达到治理污染的效果。一些研究发现绿色信贷政策有利于企业绿色发展，验证了我国绿色信贷政策波特效应的有效性。张（Zhang，2021）以中国工业企业数据库为研究样本探讨了 2007 年实施的绿色信贷政策对企业绿色全要素生产率的影响，他发现绿色信贷政策对企业的绿色全要素生产率具有显著促进作用且大于其对传统全要素生产率的促进作用。胡等（Hu et al.，2021）以我国上市公司为研究样本分析了 2012 年颁布的《银监会关于印发绿色信贷指引的通知》对重污染企业绿色专利产出的影响，他们的研究发现绿色信贷政策对企业绿色专利产出有显著的正向影响。另一些研究则指出没有发现我国绿色信贷政策的波特效应。马妍妍和俞毛毛（2020a）发现绿色信贷政策确实对企业的污染物排放量有抑制作用，但这种抑制作用并不是通过企业增加研发投入和提升技术来实现的（即没有发现创新补偿效应），而是通过增加企业面临的融资约束，迫使企业被动减产来实现的。陆菁等（2021）指出绿色信贷政策通过使高污染企业支出合规成本和面临信贷约束损害了其技术创新。

2.2.3　银行业竞争影响企业绿色发展的研究综述

根据我们对现有文献的搜索，目前将银行业竞争与企业绿色发展联系起来的研究只有一篇工作论文。陈等（Chen et al.，2020）基于中国工业企业数据库与工业企业污染数据库的合并数据，利用我国2009年放松银行设立分支机构的政策设计双重差分法（differences-in-differences，DID）探究了我国银行业放松管制对企业环境绩效的影响。他们的研究发现银行业竞争通过提高企业生产率和降低有形资产占总资产的比例，即技术升级和资产组合渠道减少了化学需氧量的排放。他们的研究发现了一个重要但出乎意料的银行业竞争的影响。

虽然直接研究银行业竞争对企业绿色发展的影响的文献非常少，但以下三方面的研究间接将银行业竞争与企业绿色发展联系起来。首先是许多研究已经探讨了融资约束对企业绿色发展的影响。安德森（Andersen，2016）的理论模型表明减轻企业面临的信贷约束可以增加企业对技术升级的投资份额，降低单位产出的污染物排放。安德森（Andersen，2017）指出信贷约束扭曲了企业资产构成，导致企业过度投资于可以用作抵押物的有形资产而增加污染物排放。戈茨（Goetz，2019）发现融资约束减轻通过增加对减排活动的投资减少有毒污染物排放。古铁雷斯和特希（Gutiérrez and Teshima，2018）提出增加减排支出以减少污染排放并不是唯一路径，融资约束的降低还可以通过增加技术升级的概率，提高生产效率，以产生较少的污染物。张和郑（Zhang and Zheng，2019）基于中国工业企业数据库，发现融资约束显著阻碍了企业进行清洁生产。张等（Zhang et al.，2019）利用中国工业企业数据库同样发现了融资约束对企业环境保护投资具有显著的负面影响。利用美国页岩气的发现使得美国页岩气公司将赚取的大量现金存入银行造成的有利流动性冲击和 2008 年全球金融危机造成的不利流动性冲击，莱文等（Levine et al.，2019）发现不利流动性冲击，即收紧企业信贷环境的冲击会增加有毒污染物的排放，而有利流动性冲击，即放松企业信贷环境的冲击会减少有毒污染物的排放。他们的研究指出信贷紧缩可能会通过三个渠道影响企业有毒污染物的排放。一是抑制企业生产，减少有毒气体排放；二是减少企业在非核心业务（如污染治理）上的支出，增加有毒气体排放；三是在严格的环境规制下，信贷环境的变化对有毒气体排放没有影响。

其次，将银行业竞争与企业绿色发展间接联系起来的文献是关于银行业竞争对企业融资约束的影响。庄等（Chong et al.，2013）利用对我国中小企业的调查数据和地级市级别的银行业竞争数据分析了银行业集中度对企业信贷可得性的影响，研究发现较低的银行业市场集中度缓解了企业的融资约束，且股份制商业银行的缓解作用最大，城市商业银行的缓解作用次之，国有银行的缓解作用最小。张等（Zhang et al.，2019）基于中国上市公司和地级市的银行业竞争数据，检验了银行业竞争对上市公司融资约束的影响，发现银行间的竞争加剧显著降低了上市公司面临的融资约束，股份制商业银行和地方性商业银行发挥了主要作用。姜付秀等（2019）基于 A 股上市公司的数据，以投资—现金流敏感性代理企业融资约束，发现激烈的银行业竞争有利于缓解企业融资约束，降低企业信贷成本。

最后，一些研究认为银行业是解决环境污染的潜在办法，因为银行可以将金融资源分配给绿色部门，从而改善生态环境。查娃（Chava，2014）分析了公司的环境形象对其债务融资和股权融资成本的影响，发现债务融资和股权融资都会考虑公司的环境形象，银行在向有环境问题的公司放贷时，会将环境因素纳入考虑收取更高的利率，且愿意借款给有环境问题的公司的银行也更少。艾希霍尔茨等（Eichholtz et al.，2019）利用房地产公司的数据探讨了企业环境绩效与资本成本之间的关系，指出获得环境认证的建筑物抵押贷款的贷款息差比没有获得环境认证的建筑物抵押贷款的要低。肯帕等（Kempa et al.，2021）指出在拥有更发达银行部门和严格环境政策的经济体中，可再生能源公司的债务融资成本更低。

2.2.4 文献评述

通过对以上与本书相关文献的回顾，可见现有文献已经对银行业竞争的经济后果和影响企业绿色发展的因素做出了深入广泛的讨论，但还存在以下不足之处。

首先，现有文献缺乏直接检验银行业竞争影响企业绿色发展的研究。银行业的发展属于金融经济学中关注的金融发展的一部分，学者们从经济增长、产业发展、企业融资乃至收入分配视角广泛探讨了银行业竞争带来的经济后果。金融结构是衡量金融发展的最重要的指标，我国的银行部门在过去四十多年中经历了深刻的改革和变迁，银行业结构是描绘过去银行业变革的关键指标，无论是银行业的增量改革还是存量改革均涉及银行业结构和银行业竞争程度的变化。近年来，针对我国银行业竞争的研究不断涌现。从以前关注银行业竞争对宏观经济发展的影响到最近关注银行业竞争对企业投融资的影响，这些文献还在继续发展壮大。聚焦到银行业竞争影响企业投融资的研究，目前已经关注了银行业竞争给企业融资、投资、创新、资本结构方面带来的影响。但银行业竞争对企业绿色发展的影响尚且缺乏文献对其进行探讨，仅有一篇工作论文分析了我国银行业竞争对工业企业化学需氧量排放的影响。

其次，现有文献还没有注意到银行业改革可以对企业的绿色发展产生作用。近年来，对企业环境绩效的研究方兴未艾，大量的文献讨论了影响企业环境绩效的因素。环境信息披露、环境规制、公众对环保的呼吁、环保支出补贴、公司治理等因素对企业环境绩效的驱动作用都得到了文献的研究。在实践中，政府和一些从业人员已经指出银行业金融机构在促进企业绿色发展中的作用，并提出了绿色金融的概念。可见，银行业的发展和变迁也会影响企业绿色发展的决策，然而关于企业绿色发展的银行业竞争因素尚待深入研究。

再次，现有文献大多利用省级或者城市级的银行业竞争来讨论银行业竞争对企业的影响，没有将银行业竞争的度量拓展至企业层面。最开始关于银行业竞争的度量停留在省级行政单位层面，最近几年的文献已经将银行业竞争的度量推至城市级行政单位层面，有少数研究进一步将银行业竞争的度量定义至企业层面，但并没有对银行的类型进行区分而是以企业周围的银行分支机构数量直接代理企业所处的银行业竞争程度。

最后，现有文献对于银行业竞争影响企业绿色发展的研究没有考虑环境规制和绿色信贷政策的影响。环境规制强度和绿色信贷政策会影响企业的投资决策和银行的放贷决策。环境规制可以通过修正企业的行为，减少企业生产过程中的负外部性行为；绿色信贷政策则要求银行对借款人进行筛选时必须考虑其环境形象。因而，银行业竞争对企业绿色发展的影响极有可能受到环境规制和绿色信贷政策的影响。

现有研究虽然存在以上不足，但依然极大地启发了本书实证研究银行业竞争对企业绿色发展的影响。本书研究从以下几方面补充了现有文献。首先，本书从企业污染物排放、绿色创新和绿色全要素生产率三个方面检验了银行业竞争对企业绿色发展的影响。污染治理是企业转向绿色发展最直接的手段，绿色创新则是实现可持续发展、企业彻底实现绿色发展的关键，绿色全要素生产率则是综合衡量企业绿色发展效率的关键指标。其次，在银行业竞争的度量上，本书同时考虑了市场结构理论和地理经济学理论，构建了区分银行类型且定义在单个企业个体层面的银行业竞争指标。最后，本书还分析了环境规制强度和绿色信贷政策对银行业竞争影响企业绿色发展的门槛效应和调节效应。

2.3　本章小结

本章首先梳理了与本书研究相关的理论，包括银行业竞争相关的理论、企业融资相关的理论和企业绿色发展相关的理论；具体而言，银行业竞争相关的理论又包含了金融结构理论、市场结构理论、地理经济学理论、信息假说和市场势力假说，企业融资相关理论又包含了信息不对称理论和优序融资理论，企业绿色发展相关理论包含了环境污染的负外部性和波特假说理论。其次，对已有相关文献进行了回顾，包括关于银行业竞争的经济后果的文献、企业绿色发展驱动因素的文献和银行业竞争影响企业绿色发展的文献。通过对理论和文献的梳理、回顾和总结，明确了本书的研究基础和研究方向。

第3章

我国银行业发展历程回顾与银行业竞争测度

本章回顾我国银行业的发展历程并介绍本书测度银行业竞争的方法。具体而言,第一部分介绍我国银行业发展的五个阶段。第二部分首先介绍已有的银行业竞争测度方法;其次,描述了本书银行业竞争的测度方法;最后,以本书测算的银行业竞争数据对我国银行业发展各个阶段的竞争程度进行了可视化的展现。

3.1 我国银行业发展历程回顾

通过对我国银行业发展历程的梳理,本书将银行业的发展分为五个阶段。第一阶段是改革开放前的银行业发展(1949~1978年),第二阶段是二元银行结构体系(1979~1984年),第三阶段是我国多层次银行体系的初步构建(1985~1994年),第四阶段是多层次银行体系的充实(1995~2002年),第五阶段是银行体系分支机构数量的扩张及银行业高质量发展(2003年至今)。

3.1.1 改革开放以前的"大一统"银行体系(1949~1978年)

我国银行体系始于1949年中华人民共和国成立时。改革开放前我国实行的是计划经济体系,所有资源都由国家统一分配。在这一阶段中,中国人民银行同时扮演着中央银行和商业银行的角色。中国人民银行既行使货币发行、金融管理、经营国家财库等中央银行的职能，又从事吸收存款、发放贷款、办理结算、买卖外汇等商业银行的业务。事实上，中国人民银行在这一阶段既没有发放信贷的自主权也没有对金融运行的监督权，充当的只是一个存放现金和向国有企业拨付资金的"仓库"。虽然当时还存在中国人民建设银行和中国银行，但他们只是中国人民银行下辖的一个管理部门，分别负责财政拨款和外汇交易（李志辉和崔光华，2009）。单一国有产权的产权结构和国有银行完全垄断的竞争结构是这一阶段银行体系的特点。改革开放前，我国各行各业均在中央集权的计划经济体制下运行，所有行业都受到政府控制，此阶段银行业实行"大一统"的高度集中运营模式，实际上不存在任何银行业竞争（Jiang et al.，2017）。图3.1为"大一统"银行体系的框架。

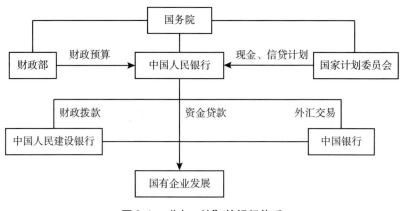

图3.1　"大一统"的银行体系

资料来源：笔者整理绘制。

3.1.2　中国人民银行—四大国有专业银行的二元银行结构体系（1979～1984年）

这一阶段的主要改变是将商业银行职能从中国人民银行剥离出来成立了四大国有专业银行（中国工商银行、中国人民建设银行、中国农业银行、中国银行）。1979 年，中国人民建设银行变为国务院直属单位。基本建设投资资金由以前的财政预算内拨款改为由中国人民建设银行贷款。1996 年，中国人民建设银行更名为现在的中国建设银行。1979 年，中国农业银行正式恢复，成为国务院的直属单位。中国农业银行的主要任务是统一管理支农资金、发展农村金融事业、支持农村经济发展。1979 年，中国银行开始独立于中国人民银行，成为直属于国务院的机构。中国银行主要负责经营外汇、办理国际结算、人民币存款等业务。1983 年，国务院发文明确了中国人民银行专门履行中央银行职能，而四大国有专业银行则担当商业银行职能。1984 年 1 月 1 日，中国工商银行正式成立，并从中国人民银行手中接管城市储蓄和工商信贷业务，依据国家规定的行业范围和政策分工，为工业生产、商品流通和第三产业发展提供信贷，以支持城市工商业的发展。中国人民建设银行也逐步向商业银行进行改革。

　　在这一阶段，我国的银行体系从"大一统"结构转向二元结构。银行业的产权结构仍然是完全垄断的国有产权。由于中国人民银行和四大国有专业银行都在各自的行业范围内经营，银行业的竞争结构在这一阶段实际上也是不存在的。图 3.2 为二元结构的银行业体系框架。

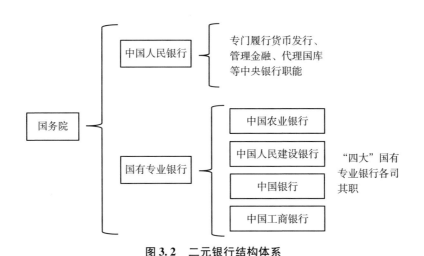

图 3.2　二元银行结构体系

资料来源：笔者整理绘制。

3.1.3 多层次银行业结构的初步构建 (1985～1994 年)

银行业的改革进行到这一阶段，为了不触动国有银行的利益，改革采取了增量改革方式，试图通过增量改革促进存量改革（赵紫剑，2002）。这一阶段的主要变化是股份制商业银行如雨后春笋般相继成立。目前全国的 12 家股份制商业银行大多是在这一阶段成立的①。1986 年，交通银行在国务院批复下得以重组，成为第一家全国性的股份制商业银行。1987年，中信实业银行（现中信银行）、招商银行、深圳发展银行（现平安银行）、烟台住房储蓄银行（现恒丰银行）也相继成立。1988 年，又成立了广东发展银行和福建兴业银行。上海浦东发展银行、光大银行和华夏银行也于 1992 年成立。这些非国有银行产权的出现增长了体制外金融产权，是对国有专业银行体制内金融产权的补充（增量改革）。在今后，非国有产权银行又会反过来促进国有产权银行的改革（存量改革）。

此阶段成立的股份制银行与国有专业银行一道初步构成了我国银行业的多层次结构。股份制银行的成立极大地加剧了银行之间的竞争。这一阶段的银行业出现了国有产权和非国有产权并存的产权结构，银行之间开始出现适度竞争。

此外，按照党的十四届三中全会审议并通过的《关于建立社会主义市场经济体制若干问题的决定》的要求，1994 年，三大政策性银行（国家开发银行、中国进出口银行、中国农业发展银行）相继成立。政策性银行的成立标志着四大国有专业银行的政策性业务被分离出来，国有专业银行专门经营商业性业务，其性质开始向商业性银行转变。图 3.3 绘制了经历此阶段改革后形成的多层次银行业结构。

----

① 12 家股份制商业银行为：中信银行、招商银行、平安银行、恒丰银行、广发银行、兴业银行、浦发银行、光大银行、华夏银行、民生银行、渤海银行、浙商银行。

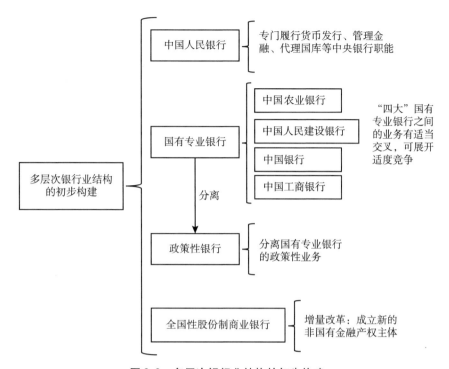

图 3. 3　多层次银行业结构的初步构建

资料来源：笔者整理绘制。

3. 1. 4　多层次银行业结构的充实（1995～2002 年）

这一阶段银行业的主要改革表现在两方面。一是大量城市商业银行的出现，二是国家努力推动国有专业银行向商业化转变。中国人民银行于1995 年开始进行城市合作银行的试点，后陆续在 35 个大中城市建立了城市合作银行。1995 年成立的深圳城市商业银行是我国第一家城市商业银行。到 2002 年，已经有 94 家城市商业银行开业。图 3.4 展示了各年份成立的城市商业银行数量，图中可见 2002 年（含 2002 年）以前成立的城市商业银行数量显著多于 2002 年以后成立的数量。2002 年以前（含 2002 年）平均每年成立 11.75 家城市商业银行，而 2002 年以后平均每年成立 2.92 家城市商业银行。这一阶段成立的城市商业银行主要在地区范围内经营，为当地经济发展提供金融服务。此外，我国首家主要由私人投资的全国股份制商业银行——民生银行于 1996 年成立。

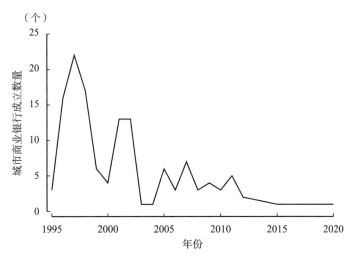

图3.4　各年份成立的城市商业银行数量

资料来源：笔者根据国家金融监督管理总局网站上的金融许可证信息整理绘制。

这一阶段的另一个改革是政府大力推动国有专业银行向商业银行转变。面对金融监管远远落后于金融机构迅速发展的局面，1995 年 5 月 10 日，《中华人民共和国商业银行法》得以顺利通过，并自同年 7 月 1 日起正式生效。商业银行法的颁布从法律上确定了国有专业银行的商业银行地位，确保了银行特别是国有专业银行的自主经营权。继商业银行法颁布后，1996 年，中国人民建设银行正式改名为中国建设银行。商业银行法还对银行的资本充足率、存款准备金、贷存余额的比例等做出了规定，抑制了银行的高风险行为，保证了银行业的健康稳定运行。这一阶段还分别于 1997 年和 2002 年召开了第一次和第二次全国金融会议。第一次全国金融会议的主要内容是加强国有商业银行的自主经营权、充实国有商业银行的资本金以及剥离国有商业银行的不良资产。第二次全国金融会议的主要内容是国有商业银行的股份制改造。

综上所述，经过该阶段的发展后，我国银行业形成了以中国人民银行为领导，四大国有商业银行为主体，政策性银行、股份制商业银行和区域性的城市商业银行为辅助的完整的银行业金融体系。在区域性城市商业银行的加入下，多层次银行业结构得到了充实，逐步形成了不同银行金融机构协作并存、分工经营的局面。这一阶段银行业的产权结构更加丰富，银行业竞争也更加激烈。图 3.5 描绘了经历该阶段改革后银行业的多层次结构。

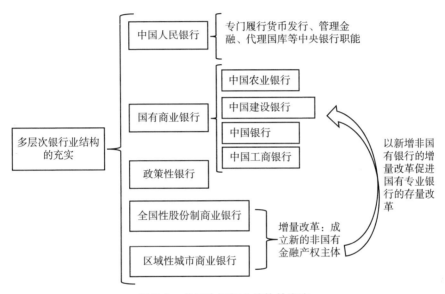

图 3.5　多层次银行业结构的充实

资料来源：笔者根据分析结果绘制而得。

3.1.5　银行业分支机构数量的扩张及银行业高质量发展 (2003 年至今)

经历以上四个阶段的改革后，我国的银行业已经出现了包括国有商业银行、股份制商业银行、城市商业银行、农村信用合作社、民营银行、外资银行等多种银行金融机构。银行业在产权结构上破除了国有产权的单一产权，形成了多种产权主体并存的体系，但在竞争结构上仍然是国有银行主导，其他产权银行的竞争力还远远不足。第五阶段以银行网点特别是非国有产权银行网点的快速扩张以及整个银行业的质量提升为主要变革内容。

伴随着我国加入世界贸易组织（WTO），银行业的改革和发展也进入了新的阶段。2003 年，中国银行业监督管理委员会①（以下简称"银监会"）成立，负责对银行业进行监督管理，并维护银行业的合法稳定运行。2005 年，中国建设银行在香港联合交易所正式挂牌上市。此后，中国银行、中国工商银行和中国农业银行也分别于 2006 年 6 月、2006 年 10 月和 2010 年 7 月相继完成了股改，进而挂牌上市。至此，四大国有银行的产权形式从完全国有转型为了股份制，实现了企业化自主经营。银监会的成立和四大国有商业银行的上市保障了银行业的健康运营，加快了银行业的高质量发展。

为了提高非国有商业银行的竞争力，自 2006 年以来，银监会先后颁发了多部文件放松了对银行开设分支机构的管制。2006 年 2 月 13 日，银监会颁发了《城市商业银行异地分支机构管理办法》，对城市商业银行省内和跨省的异地设立分支机构的参照办法做出了具体规定。该办法要求银监会在"合理布设、严格标准、稳步推进、注重效益"的原则下，审批城商行的异地分支机构设立申请，并鼓励城市商业银行在充分考虑金融资源和金融风险的基础上设立异地分支机构。2006 年 12 月 11 日，《中华人民共和国外资银行管理条例》正式施行。该条例取消了一些外资银行在中国的业务限制，如允许外资银行在满足一定条件下设立分行，允许外资银行在中国本地注册，取消对外资银行经营和设立形式的限制。该条例的颁布有利于外资银行与我国本土银行展开竞争。2007 年 4 月 2 日，银监会又颁发了《关于允许股份制商业银行在县域设立分支机构有关事项的通知》允许股份制商业银行在部分县域设立分支机构。具体而言，规定了股份制商业银行可以设立分支机构的两种情况：第一种，可以在设有分行的地级或地级以上城市所管辖的县域范围内设立分支机构；第二种，可以在具有城市群或经济紧密区特征的县域设立分支机构。对股份制商业银行设立分支机构的管制放松，显著增强了银行业的竞争。2009 年 4 月 16 日，银监会印发了《关于中小商业银行分支机构市场准入政策的调整意见》，对中小商业银行分支机构

---

① 此单位名称 2018 年改为中国银行保险监督管理委员会，2023 年改为国家金融监督管理总局。

的设立政策进行了调整，进一步放松了对股份制商业银行和城市商业银行设立分支机构的限制。例如，取消了股份制商业银行和城市商业银行原本受到的分支机构数量限制，取消了分支机构设立需满足统一的营运资金要求改由各商业银行根据自身业务发展和资本管理进行配置。在以上政策的出台下，银行分支机构急剧增加，银行部门的竞争日趋激烈。

以上对银行业准入政策的放宽，改变了银行业的结构，促进了银行业的竞争，有利于银行业的变革与质量提升。除了放松对银行业的准入管制以外，这一阶段中在 2008 年金融危机以后，银行业的质量在以下几方面得到了提升。首先，商业银行逐步开展多元化业务，提供综合化金融服务。金融危机以后，国家加强了对金融机构的监管。首先，银监会于 2012 年发布了《商业银行资本管理办法（试行）》将资本监管分为最低资本要求、储备资本要求和逆周期资本要求、系统重要性银行附加资本要求、第二支柱资本要求四个层面，强化了对商业银行的资本监管，使银行改变规模扩张的粗放发展模式。2013 年和 2015 年先后取消了贷款利率及存款利率上限管制。这一阶段还伴随着明显的金融脱媒。这些都使商业银行不得不向多元化业务和综合化金融服务转型。其次，商业银行继续完善组织架构和公司治理结构。我国商业银行大多采用总行分行的层级管理架构导致纵向组织链条过长、机构设置重复、信息传递效率低，这一阶段许多银行进行了扁平化改革，以提高运营和管理效率。最后，互联网金融的冲击迫使商业银行拥抱互联网技术，大力拓展线上业务并提升线下业务的服务水平。总的来说，金融危机以后，银行业的改革不再以单纯的规模扩张为主，而是在扩张规模的同时更加注重质量和效率的提升，深化金融供给侧结构性改革，促进银行业高质量稳定发展。

根据本书对银行保险监督管理委员金融许可证信息的统计，截至 2002 年 12 月 31 日，全国共有 89 599 家银行分支机构。其中，四大国有商业银行的分支机构数量为 50 562 家，占总分支机构的 56.43%。如果算上交通银行和邮政储蓄银行，则国有商业银行的分支机构有 70 005 家，占总分支机构的 78.13%。到 2019 年 12 月 31 日时，全国共有 214 073 家银行分支机构，其中四大国有银行分支机构数量占比降为 31.34%，国有大型商业银行

（包括交通银行和邮政储蓄）分支机构数量占比降至51.12%[①]。图3.6绘制了各种类型商业银行分支机构数量占比自1998～2019年的柱状图。可见，国有商业银行分支机构数量占比一直处于下降，股份制商业银行、城市商业银行和农村商业银行分支机构数量占比一直处于上升。

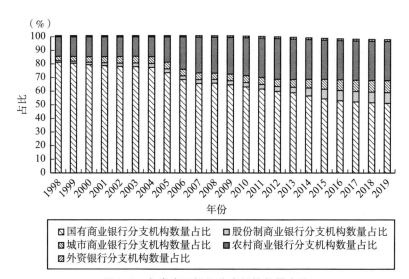

图 3.6　各类商业银行分支机构数量占比

资料来源：笔者根据国家金融监督管理总局网站上公布的金融许可证信息整理绘制。

根据银行保险监督管理委员会披露的银行业总资产，图3.7绘制了各类商业银行总资产2004～2020年的季度总资产占金融机构总资产比重的变化曲线。国有商业银行的总资产占比从最高的55.2%下降到最低的36.67%。股份制商业银行的总资产占比从14.2%上升到18.1%。城市商业银行的总资产占比则从5.1%上升到12.8%。说明无论从分支机构数量还是从总资产占比上，在本阶段中，国有大型商业银行占比均处于下降，而股份制商业银行和城市商业银行等中小型商业银行占比均处于上升。

---

① 资料来源：国家金融监督管理总局金融许可证信息，获取网址：https://xkz.cbirc.gov.cn/jr/。本书根据金融许可证信息统计出各类银行分支机构的数量及占比。

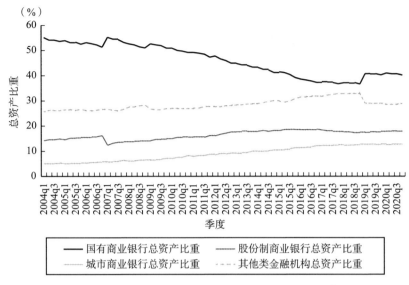

图 3.7　各类商业银行资产规模占比（季度数据）[①]

资料来源：笔者根据国家金融监督管理总局网站上公布的金融许可证信息整理绘制。

3.2　银行业竞争的测度

本小节在对度量银行业竞争的现有方法进行梳理的基础上，提出了本
书对银行业竞争的测度方法。最后描绘了上一小节中银行业发展各阶段的
银行业竞争程度。

3.2.1　已有文献对银行业竞争的测度

对于衡量银行业竞争的最佳方法，已有研究并未达成一致。现有对于银
行业竞争的衡量方式主要可以分为两大类，即结构性度量和非结构性度量。

第一类结构性度量方式是基于行业结构的特征计算银行业竞争程度，

[①]　本图数据来源于原中国银行保险监督管理委员会官方网站披露的银行业总资产。

如赫芬达尔—赫希曼集指数（HHI）和最大 n 家银行的市场集中度指数（CRn）。结构性度量方式来测度银行业竞争得到了 SCP（结构—行为—绩效）分析范式的支持。根据 SCP 分析范式的假设，银行部门集中化程度越高，银行业竞争水平越低。以结构度量方法测度银行业竞争已经被许多研究所采用（Mercieca et al.，2009；Chong et al.，2013；张杰等，2017）。然而，一些研究者指出集中度与竞争程度之间的反向关系（即集中度越高，竞争程度越低）在现实中可能并不总是成立，因而结构性度量指数并不能反映实际的银行业竞争水平（Claessens and Laeven，2004；Clerides et al.，2015）。此外，目前已有文献中的结构性度量方式计算的是更高层面的银行业竞争，更高层面的银行业竞争不能准确地捕捉企业层面的银行业竞争，无法反映同一省份或者城市内不同企业所面临的银行业竞争状况（Bushman et al.，2016）。

第二类非结构性度量方式是基于新实证产业组织理论提出的。非结构性度量指数中应用最多的是 Lerner 指数（Lerner，1934）、Boone 指数（Boone，2008）和 H 统计量（Panzar and Rosse，1987）。虽然这些指标已经应用于许多研究之中（Jiménez et al.，2013；Love and Martínez Pería，2015），但这些指标仍然存在一些缺陷，特别是在中国的环境下。首先，这些非结构性指标很容易受到内生性问题的影响（Segev and Schaffer，2020）。例如，Lerner 指数的变化与商业周期的变化基本一致，如果研究的因变量也是顺周期，那么使用 Lerner 指数度量银行业竞争可能会扩大顺周期遗漏变量偏差引起内生性偏误（Carbó et al.，2009；Clerides et al.，2015）。其次，Lerner 指数在捕捉银行业竞争变化上表现迟缓，因为其构建依赖于历史数据（Bushman et al.，2016）。最后，许等（Xu et al.，2014）指出在中国的环境下 Lerner 指数和 H 统计量并不能衡量中国的银行业竞争，因为我国利率长期处于被管制的状态。

在本书中，我们期望计算出企业层面的银行业竞争，而已有的两类银行业竞争度量方式均不能得到企业层面的银行业竞争水平。本书通过地理坐标识别出企业附近的银行分支机构，并计算出企业层面的 HHI 指数和集中度指数，以此来捕捉企业个体层面的银行业竞争程度。本书对银行业竞争的度量方式将银行业竞争的度量方式拓展到企业层面，增加了横截面和时间序列上的变异性，从而能够提高估计结果的准确性。

3.2.2　本书对银行业竞争的测度

受蔡庆丰等（2020）、李志生和金凌（2021）研究的启发，本书基于银行和企业的地理坐标来构建单个企业所面临的银行业竞争程度。但本书的银行业竞争度量方式与这两篇文章中的不同，他们的银行业竞争是以企业一定范围内的银行分支机构数量来代理的，本书的银行业竞争是以企业附近不同银行及其分支机构数量为基础计算的集中度和赫芬达尔—赫希曼指数（Herfindahl – Hirschman Index，HHI）来代理的。具体构建步骤如下。

第一步，获取每家企业的地理坐标经度和纬度。根据中国工业企业数据库中的企业地址和企业名称通过高德地图地理编码解析出每家企业的地理坐标经纬度。其中，企业地址以数据库中的变量——省（自治区、直辖市）、地区（市、州、盟）、县（区、市、旗）、乡（镇）、街道办事处、详细地址构成。最终解析出了 1998～2013 年包含 1 006 915家企业的 4 419 677 条观测值的地理坐标。

第二步，获取每家银行分支机构的地理坐标经纬度。首先，从国家金融监督管理总局官方网站获得金融许可证信息数据①。这份数据里面包含了机构编码、机构名称、机构地址、机构所在地、邮政编码、批准成立日期等信息。因为本书研究的是商业银行分支机构的影响，故而剔除了数据中的政策性银行、信托公司、财务公司、资产管理公司等非商业银行的金融机构，只保留了国有控股大型商业银行、股份制商业银行、城市商业银行、农村商业银行、外资银行、村镇银行和民营银行②。根据机构地址和机构名

---

① 国家金融监督管理总局金融许可证获得网址：http：//xkz. cbirc. gov. cn/jr/。
② 在本书中 255 573 家银行分支机构中，有 1 172 家是储蓄所，占总分支机构数量的 0.46%（不足 1%）。

称通过高德地图地理编码解析出每家银行分支机构的经度和纬度。最终得到了 255 573 家银行分支机构的地理坐标。

第三步，计算出每家企业与同一城市中的银行分支机构的距离。根据前两步整理的每家企业和银行的经纬度信息，借鉴张敏等（2018）中企业与税务局距离的计算公式①，算出每家企业与同一城市中各银行分支机构的距离。然后，保留企业 20 千米半径范围内的银行分支机构。为了最大范围地把企业可能利用到的周边银行金融机构融资纳入构建指标中，本书将 20 千米划定为企业融资可及性的范围。20 千米的距离在时速 40 千米/时下开车需要半个小时，这对于企业融资来说是具有可达性的。李志生等（2020）利用与企业距离在 5 千米、10 千米和 20 千米范围内银行分支机构数量度量银行业竞争，他们用到的最大企业与银行分支机构的距离也是 20 千米。受距离阈值的影响，企业与距离更远的银行分支机构较难产生信贷关系（Skrastins and Vig，2019）。虽然有少数关系型贷款，企业和银行不会考虑银企距离的影响，但通常距离会是人们做决策时考虑的重要因素。另外，若选取的距离太远，会导致更多混杂因素进入自变量中，增加因果识别的难度（张伟俊等，2021）。因此，选择企业 20 千米范围内的银行分支机构用以构造本书的银行业竞争是合理的。值得说明的是有一些分支机构因为火灾、水灾、震灾、遗失等原因处于失控和退出状态，在保留企业附近 20 千米范围内分支机构时去掉了那些在对应年份已经处于失控和退出状态的分支机构。由于银行分支机构在迅速扩张，企业附近 20 千米的银行分支机构数量是一个随企业和年份双向变化的面板数据。

第四步，根据企业 20 千米范围内的银行分支机构计算出本书的自变量——企业个体层面的银行业竞争。本书采用两种指标来代理银行业竞争，分别是集中度和 HHI 指数。借鉴贝克等（Beck et al.，2004）和姜付秀等（2019）的研究，本书使用企业 20 千米半径范围内最大三家银行的分支机

---

① 距离的计算为：距离 = R × arccos（C）× π/180。R 是地球半径，等于 6 371 004 米；C = sin（企业纬度）× sin（分支机构纬度）+ cos（企业纬度）× cos（分支机构纬度）× cos（企业经度）× cos（分支机构经度）+ cos（企业纬度）× cos（分支机构纬度）× sin（企业经度）× sin（分支机构经度）。

构数量占比（CR3）来衡量其面临的银行业竞争。CR3 按式（3.1）计算：

$$\text{CR3}_{i,c,t} = (\text{Branches}_{i,c,t}^{1th} + \text{Branches}_{i,c,t}^{2th} + \text{Branches}_{i,c,t}^{3th})/\text{TBranches}_{i,c,t} \qquad (3.1)$$

其中，下标 i、c、t 分别代表企业、城市和年份。$\text{Branches}_{i,c,t}^{1th}$、$\text{Branches}_{i,c,t}^{2th}$ 和 $\text{Branches}_{i,c,t}^{3th}$ 分别表示企业附近 20 千米半径范围内分支机构数量最多的三家银行的分支机构数量。$\text{TBranches}_{i,c,t}$ 表示企业附近 20 千米半径范围内的银行分支机构数量总和。$\text{CR3}_{i,c,t}$ 就是城市 c 的企业 i 在 t 年的最大的三家银行分支机构数量占银行分支机构总数的比例。

许多研究也用 HHI 指数代理银行业竞争水平（Alegria and Schaeck, 2008；Mercieca et al.，2009）。本书也采用了 HHI 指数代理企业个体的银行业竞争，其计算方式如式（3.2）所示：

$$\text{HHI}_{i,c,t} = \sum_{n=1}^{N_{i,c,t}} (\text{Branches}_{i,c,t}^{n}/\text{TBranches}_{i,c,t})^2 \qquad (3.2)$$

其中，n 表示企业 20 千米范围内的第 n 家银行，N 表示企业 20 千米范围内所有的银行数量。$\text{Branches}_{i,c,t}^{n}$ 代表企业附近 20 千米范围内的第 n 家银行的分支机构数量。CR3 和 HHI 的取值范围均在 0 到 1 之间，且数值越小，银行业竞争越大，0 代表最具竞争性的银行业结构，1 代表最具垄断性的银行业结构。

至此，通过以上四个步骤得到了本书研究的关键自变量。与现有的研究相比，本书的银行业竞争被定义在企业层面，这极大地拓展了现有定义在省级层面或者城市层面的银行业竞争的相关文献。最近有三项研究也将银行业竞争拓展到了企业层面，它们分别是蔡庆丰等（2020）、李志生等（2020）以及李志生和金凌（2021）。但是他们的研究均采用的是企业附近一定范围的银行分支机构数量代理企业个体层面的银行业竞争。仅采用银行分支机构数量而不加以区分是否是同一家银行的分支机构实际上无法准确捕捉银行业的竞争，例如，银行分支机构数量虽然多，但若都是同一家银行的分支机构时，不仅不能说明银行业的竞争激烈，反而说明银行业是极度垄断的。本书基于企业附近的银行分支机构计算出集中度和 HHI 指数来代表单个企业面临的银行业竞争不仅能避免上述问题，而且能够更准确地度量企业个体所面临的银行业竞争水平。表 3.1 展示了企业层面银行业竞争的描述性统计。作为对比，表 3.1 也展示了城市层面银行业竞争（CR3_ city 和 HHI_city）的描述性统计以及城市层面银行业竞争与企业层面银行业竞争的相关系数。CR3_city 和 HHI_city 分别大于 CR3 和 HHI，说明若以城市层面的银行业竞争作为企业面临的银行业竞争会高估企业实际所处的银行业竞争水平。相关系数也表明城市层面的银行业竞争与企业层面的银行业竞争相关性并不高，以城市层面的银行业竞争代替企业层面的银行业竞争的做法存在不妥。

表 3.1　　　银行业竞争变量的描述性统计及相关系数（1998～2013 年）

Panel A：描述性统计					
变量	样本数	平均值	标准差	中位数	最小值	最大值
CR3	4 301 826	0.655	0.158	0.644	0.167	1
HHI	4 301 826	0.225	0.128	0.192	0.060	1
CR3_city	4 298 075	0.532	0.151	0.514	0.194	1
HHI_city	4 299 042	0.144	0.075	0.127	0.019	0.902

Panel B：相关系数				
变量	CR3	HHI	CR3_city	HHI_city
CR3	1			
HHI	0.793 ***	1		
CR3_city	0.401 ***	0.322 ***	1	
HHI_city	0.394 ***	0.373 ***	0.931 ***	1

注：*** 、** 、* 分别表示在 1%、5% 和 10% 的水平上显著。

3.2.3　我国银行业竞争的变化

本小节以上一小节描述的银行业竞争的测度方式为准，讨论银行业发展各个阶段中行业竞争程度的变化。

第一阶段，即改革开放前（1949～1978 年），此阶段我国实行的是计划经济体制，银行业也被牢牢控制在国家手中，中国人民银行同时担任中央银行和商业银行的角色，此阶段银行业竞争实际上是不存在的。第二阶段，即二元银行结构阶段（1979～1984 年），此阶段银行业依然掌控在政府手中，只是将中央银行与商业银行区分开来。第三阶段，股份制商业银行建立（1985～1994 年），此阶段银行业的竞争逐渐出现。第四阶段，城市商业银行的出现（1995～2002 年）进一步加强了银行业的竞争。第五阶段，银行分支机构的大量扩张（2003～2020），这一阶段银行业的竞争更加激烈。表 3.2 报告了各个阶段城市层面银行业竞争、四大国有银行占比及银行分支机构数量的描述性统计。可见，随着第一阶段向第五阶段的迈进，CR3、HHI、四大国有商业银行分支机构占比均在逐阶段下降，而银行分支机构数量则在逐阶段增多。表 3.3 汇报的是企业 20 千米半径范围内银行业竞争、大型国有商业银行分支机构占比及银行分支机构数量的描述性统计。由于工业企业数据库的年份是从 1998～2013 年，所以表中只展示了第四阶段中 1998～2002 年和第五阶段中 2003～2013 年的数据，数据表明企业层面的 CR3、HHI、大型国有商业银行分支机构占比都在下降，银行分支机构数量在增多。

表 3.2　　　各阶段城市层面银行业竞争、四大国有银行分支机构占比及银行分支机构数量的描述性统计

时间段	CR3_city	HHI_city	城市四大国有商业银行分支机构占比	城市银行分支机构数量（个）
第一阶段（1949～1978 年）	0.919	0.683	0.685	29.601
第二阶段（1979～1984 年）	0.895	0.547	0.838	51.719
第三阶段（1985～1994 年）	0.759	0.298	0.644	166.214
第四阶段（1995～2002 年）	0.640	0.222	0.552	414.592
第五阶段（2003～2020 年）	0.545	0.168	0.381	542.193
第五阶段中 2003～2009 年	0.592	0.189	0.439	469.337
第五阶段中 2010～2020 年	0.524	0.158	0.354	575.646
总样本（1949～2020 年）	0.770	0.411	0.616	207.039

资料来源：本表数据由笔者整理而得。

表 3.3 　　　　企业 20 千米半径范围内银行业竞争、大型国有商业银行
分支机构占比及银行分支机构数量的描述性统计

变量	CR3	HHI	大型国有商业银行分支机构占比	银行分支机构数量（个）
第四阶段（1998～2002 年）	0.720	0.267	0.857	208.109
第五阶段（2003～2013 年）	0.641	0.215	0.703	287.595
总样本（1998～2013 年）	0.655	0.225	0.731	272.948

资料来源：本表数据由笔者整理而得。

3.3　本章小结

　　本章首先回顾了我国银行业的发展历程，将银行业的发展分为五个阶段，分别对各个阶段银行业的主要改革、产权结构和竞争程度的变化进行了总结。然后陈述了本书对银行业竞争的测度方法。通过本章对银行业发展历程的回顾明确了各个阶段银行业变迁的特点。本书的研究期间处于银行业发展的第四阶段和第五阶段，正是银行业多层次体系建立和分支机构急剧扩张导致银行业竞争不断加强的时期，这为本书的研究提供了足够的变异性。

第4章

银行业竞争对企业污染物排放的影响研究

本章基于第 2 章、第 3 章的理论分析和文献综述，结合中国工业企业数据库、工业企业污染数据库和企业层面的银行业竞争数据，实证研究银行业竞争对企业污染物排放量的影响。本章包含如下内容：第一部分引言，介绍研究背景，提出研究问题；第二部分理论分析与研究假设，根据相关理论和已有文献提出本章的研究假设；第三部分研究设计，介绍计量模型设定、变量构建和数据来源；第四部分实证结果与分析，包括基准回归结果、内生性问题、稳健性检验和机制分析；第五部分进一步研究，开展了基于银行和企业的异质性分析；第六部分本章小结，总结本章的研究结论。

4.1 引　言

近年来，生态环境问题在全世界变得日益严重，特别是在发展中国家和转型国家。环境污染会对人体健康造成巨大的伤害，例如，增加许多疾病的发病率（如癌症、皮肤感染、沙眼、沙门氏菌、霍乱等）、降低人们的主观幸福感（Welsch，2006）、缩短人类寿命（Ebenstein et al.，2015）。作为最大的发展中国家，中国通过城镇化和工业化实现了经济的快速增长。与此同时，过去几十年的城镇化和工业化也带来了许多环境污染。工业企业是污染物产生的主要源头，因此减少环境污染的根本还在于减少工业企业的污染排放。

影响企业环境行为的因素有很多，如环境规制、社区团体、资本市场利益相关者、市场利益相关者和企业个体特征（Wahba，2008；He et al.，2016；马妍妍和俞毛毛，2020a）。但已有研究却忽略了金融系统对企业环境行为的影响。在实践中，中国政府把金融系统视为促进环境保护的重要手段，主要通过限制银行向污染企业贷款实现抑制污染企业扩张的目的。这样做可以恶化污染企业的外部融资环境增加其面临的融资约束。但一些研究发现增加融资约束不仅不能减少污染物排放反而会阻止企业投资于污染治理（Zhang et al.，2019；Zhang and Zheng，2019）。鉴于政策与现有文献研究结果的差异以及缺乏直接考察银行业对企业环境行为影响的研究，本章试图探讨以银行业竞争衡量的银行业发展对企业排污行为的影响。

中国的金融系统由银行业主导。银行贷款是企业最主要的外部资金来源，而股权融资远远落后于银行主导的债务融资（Allen et al.，2005；Jiang et al.，2017）。根据中国人民银行的统计社会融资规模存量统计数据报告，截至 2023 年第四季度，我国社会融资中来源于企业债券的占比为 8.75%，而来源于银行贷款的占比为 62.34%[①]我国经济经历了快速增长，特别是加入世界贸易组织（WTO）后，与此同时，我国银行业也经历了前所未有的发展。银行业竞争使信贷市场能够更有效地发挥作用从而影响企业的减排行为。目前鲜有文献关注外部信贷市场环境对企业污染排放的影响，本章致力于补充这一领域的研究。

已有许多研究表明中国的银行业竞争加剧可以缓解企业面临的信贷限制（姜付秀等，2019；李志生等，2020）。宽松的信贷环境一方面可能会促使企业扩大生产从而增加污染排放，另一方面也可能会促使企业在严格的环境规制下更多地投资于污染控制，从而减少污染排放。因此，银行业竞争对企业污染排放的影响方向是不确定的，需要进一步的实证检验。通过

---

① 数据来源于中国人民银行社会融资规模统计，数据可以从中国人民银行官方网站上获取。获取网址：http：//www.pbc.gov.cn/diaochatongjisi/116219/116319/index.html。

将工业企业数据库和工业企业污染数据库以及手工整理的企业层面的银行业竞争数据进行匹配，本章提供了支持银行业竞争程度对企业污染物排放有显著影响的经验证据。本章的发现主要有五个方面。第一，银行业竞争与企业污染物排放量之间存在显著的负向关系，即银行业竞争加剧可以减少企业污染物排放量。通过将银行业竞争污染减排的总效应分解为规模效应和治理效应，研究发现银行业竞争主要通过治理效应促进企业投资于污染控制，减少单位产出污染物排放量从而减少总的污染物排放量。上述研究发现在考虑各种可能引起内生性问题的因素和稳健性检验下均成立；第二，银行业竞争主要通过缓解企业面临的融资约束、增加企业购置污染治理设施和提高信贷资源配置效率，使企业有更多资金投资于污染治理从而实现污染减排。第三，银行分支机构类型显著影响银行业竞争对企业污染物排放的影响，具体而言，国有商业银行占比削弱了银行业竞争的污染减排效应，而本地银行占比则增强了这种效应；就银行类型的直接影响而言，地方性商业银行分支机构数量和股份制商业银行分支机构数量均促进企业减少污染物排放，外资银行分支机构数量对企业污染物排放没有显著影响，而国有控股大型商业银行分支机构数量增加了企业污染物排放。就分支机构级别而言，二级及以上级的分支机构显著促进了银行业竞争对企业的污染减排效应。第四，银行业竞争的污染减排效应在国有企业、非污染行业企业和绿色行业企业中更为明显。第五，距离最近的银行与企业的距离越短，企业污染物排放越少。

4.2　理论分析与研究假设

结构—行为—绩效（SCP）分析范式认为银行业的结构会影响银行的行为，而银行行为的改变又会对企业的经营活动造成影响。关于银行业竞争对企业融资的文献发展出了两种观点：信息假说和市场势力假说。信息假说预测银行业集中度高（即银行业竞争程度低）有利于企业与特定债权人之间形成稳定的借贷关系，基于这种稳定的借贷关系，债权人愿意为企业提供更多的信贷资金（Petersen and Rajan，1995）。信息假说认为借贷关系可以帮助借款人获取企业软信息（如企业管理者才能、企业文化、企业管理水平等），减少借贷双方的信息不对称（Berger and Udell，2002）。然而，银行业竞争加剧会破坏企业与特定银行债权人之间借贷关系的稳定性，导致银行甄别借款人的效率降低，使企业在需要资金支持时得不到银行的帮助（Marquez，2002）。相反，市场势力假说认为激烈的银行业竞争可以降低企业融资成本，增加企业信贷可得性（Beck et al.，2004）。银行业竞争扩大了来自银行的信贷供应，降低了银行信贷的利率（Rice and Strahan，2010）。银行业竞争打破现有的借贷关系有利于新来的融资者（Petersen and Rajan，2002）。虽然我国的贷款总量由政府控制，贷款利率也只能在小范围内变动，但增加银行业竞争可以降低贷款的交易成本，从而降低融资总成本（Jiang et al.，2017）。

基于中国企业数据的研究大多支持市场势力假说，发现银行业竞争缓解了企业融资约束。姜付秀等（2019）利用 A 股上市公司数据，发现银行业竞争主要通过降低企业债务融资成本缓解企业融资约束。基于工业企业数据库的分析发现更具竞争性的银行业显著降低了企业融资约束，提高了企业全要素生产率和创新能力（蔡卫星，2019；张璇等，2019）。张等（Zhang et al.，2019）发现银行间竞争的加剧减少企业融资约束的主要原因是股份制商业银行和地方性商业银行的出现以及国有商业银行垄断地位的下降。根据现有研究，市场势力假说能够解释我国的银行业竞争对微观企业融资的影响，竞争性的银行业结构有利于企业融资。

研究发现银行与企业之间的距离对企业贷款可得性、贷款成本、违约风险和银企关系都有重要影响（Petersen and Rajan，2002；Degryse and Ongena，2005；Brevoort and Hannan，2006；Deyoung et al.，2008）。在银行与企业签订正式贷款合同之前通常需要银企双方反复多次进行现场接洽和谈判，银企距离会影响双方为此付出的交易成本（包括通勤成本、时间成本和信息搜寻成本等），如果这些成本不可忽略，企业附近的银行就更有竞争优势（Dell' Ariccia，2001）。一些研究认为银行会通过提高贷款利率将这些成本转嫁给借款人，因而，银企距离越远，贷款利率越高（Bellucci et al.，2013；许和连等，2020）。如果由于政策的限制无法提高贷款利率，则银行会降低贷款给距离更远企业的意愿，故银企距离越远，企业获得该银行贷款的可能性就越低（Almazan，2002）。另外，远距离贷款人可能因为担心"赢家的诅咒"（即向那些被拥有更丰富"软"信息的近距离银行拒绝的企业提供贷款因为这些企业更可能是劣质企业），而不愿意向远距离企业提供信贷支持（Shaffer，1998）。

由于中小企业缺乏过硬的财务报表、股价等"硬"信息，"软"信息对于中小企业的借贷显得尤其重要（Caggese，2019）。借贷双方地理距离上的邻近有利于贷款人收集借款人的"软"信息（Agarwal and Hauswald，2010），也有利于贷款后贷款人对借款人的监督。但有研究指出，与企业距离较近的银行会利用其信息和地理优势实行空间价格歧视，对邻近企业反而收取更高的贷款利率（Degryse and Ongena，2005；Agarwal and Hauswald，2010）。由于交易成本和空间价格歧视对银企距离影响企业融资成本存在相反解释，可见将银行业竞争的度量控制在企业附近一定范围内可以排除银企距离对研究银行业竞争影响企业融资产生的干扰。

资源基础理论认为只有当企业存在闲置资金时才会考虑履行包括环境保护、社会道德以及公共利益等方面的企业社会责任（翟淑萍和顾群，2014）。当面临较强的融资约束时，企业出于预防性动机则会减少企业社会责任支出（陈峻和郑惠琼，2020）。由于污染治理投资很大程度取决于企业的财务状况，因此融资约束对于企业污染控制至关重要（Andersen，2017）。直觉上，对污染企业施加融资约束，可以使他们减少生产，从而减少污染排放总量；但融资约束也会阻止企业投资于污染控制，从而增加污染物排放。因此，融资约束对污染减排的直观效果是不确定的。以上两个方面的影响可以概念化为规模效应和治理效应。规模效应是指企业扩大生产规模导致污染物排放增多；治理效应是指企业通过投资于污染治理使得污染排放减少。

根据以上信息假说与市场势力假说的竞争性观点，以及规模效应和治理效应下企业不同的环保决策行为，提出如下两个竞争性研究假设。

假设 4 - 1a：在其他条件不变的情况下，银行业竞争加剧减少了企业污染物排放量和单位产出污染物排放量。

假设4-1b：在其他条件不变的情况下，银行业竞争加剧增加了企业污染物排放量和单位产出污染物排放量。

银行和企业间信息不对称是造成银行信贷资金错配、企业难以获得融资的重要原因。竞争战略理论认为企业竞争是围绕着争夺客户进行的，随着银行业的竞争程度不断增强，银行为了自身发展也会与同行争夺客户（Poter，2004；黄宪和熊福平，2005）。但如果银行仅仅以争夺客户展开盲目竞争而不去主动收集企业信息、评估企业贷款将带来的潜在收益和风险，就会导致银行放贷给劣质企业从而陷入"赢家的诅咒"致使蒙受经济损失。为了避免"赢家的诅咒"，银行在争夺客户的竞争中会加强对企业信息的收集，主动减少银行和企业间的信息不对称以帮助其做出最优的贷款决策（姜付秀等，2019）。而在垄断性的银行业结构中，由于银行可以轻松获取垄断租金，缺乏主动收集企业信息的动力，使大量优质潜力企业无法获取银行资金支持，不利于社会信贷资金最优配置。竞争环境下，银行受到业绩压力而与同行争夺客户，为了识别出优质的客户资源，银行有很强的动机主动挖掘和分析企业信息，银行和企业间的信息不对称得到缓解，进而降低企业融资约束。

近年来，一些研究分析了企业面临的融资约束对其污染减排的影响。安德森（Andersen，2017）通过理论模型与实证分析相结合的方法，发现信贷约束显著增加了美国企业的污染排放量。基于中国的数据，张和郑（Zhang and Zheng，2019）的研究发现融资约束对企业污染减排有负向影响。张等（Zhang et al.，2019）基于中国制造业数据的研究表明融资约束抑制了企业减少了废气排放投资。减轻污染企业的融资约束可以让其有资金配置清洁设备从而减少单位产值的污染物排放（Hao et al.，2020）。马妍妍和俞毛毛（2020a）的研究发现绿色信贷政策通过恶化重污染企业面临的融资环境使企业被动减产而达到抑制企业污染排放的目的。

基于以上文献的发现，银行业竞争增加能够减少银行和企业间的信息不对称、缓解企业融资约束，使企业有更多资金用于购置污染治理设施。因而，提出如下三个研究假设。

假设 4 - 2：银行业竞争通过信息机制影响企业污染物排放。

假设 4 - 3：银行业竞争通过融资机制影响企业污染物排放。

假设 4 - 4：银行业竞争通过购置污染治理设施影响企业污染物排放。

虽然信息假说提出银行业竞争增加会阻碍关系银行获取企业信息，导致对潜在贷款企业的筛选效率降低，但基于中国的研究目前还没有发现银行业竞争增加会降低银行对潜在企业的筛选效率（Fungáčová et al. ，2013；Chemmanur et al. ，2020）。然而，有研究指出银行业竞争加剧可以促使银行主动收集企业软信息，从而减少银企间的信息不对称（姜付秀等，2019）。银行业的竞争程度增加有助于促使企业改进贷款审查筛选技术从而挑选出有潜力的优质企业进行放贷（戴静等，2020）。银行业竞争程度增加还能减少银行在放贷过程中的腐败行为（Barth et al. ，2009）。以上几方面的研究发现均表明银行业竞争可以优化信贷资源配置，有利于银行贷款配置到最合适的地方。基于以上分析，提出如下研究假设。

假设 4 - 5：银行业竞争通过优化信贷资源配置影响企业污染物排放。

本章研究的逻辑框架如图 4.1 所示。

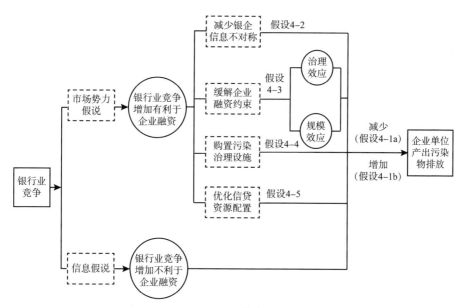

图 4.1　逻辑框架

4.3 研究设计

4.3.1 模型设定

根据章节 4.2 的理论分析，本章建立如下计量模型分别从总效应、规模效应和治理效应三个方面探究银行业竞争对企业污染减排行为的影响，如式（4.1）所示：

$$\log E_{i,c,t} = \alpha_0 + \alpha_1 BankCom_{i,c,t-1} + \alpha_2 X_{i,c,t-1} + \alpha_3 Z_{c,t-1} + \eta_i + \eta_t + \varepsilon_{i,c,t}$$

$$(4.1)$$

其中，i、c、t 分别表示企业、城市和年份。被解释变量 log E 是企业污染物排放量。由于化学需氧量和二氧化硫是重点污染物，也是我国"十 · 五"时期确定的两项污染减排约束性指标[①]，因此本章分别以二氧化硫（SO_2）和化学需氧量（COD）排放量加 1 的自然对数来度量被解释变量。研究中以二氧化硫排放量为主，以化学需氧量进行稳健性检验。核心解释变量 BankCom 表示企业层面的银行业竞争程度。本书采用两种结构化度量方法测度不同企业面临的银行业竞争程度：第一种是企业 20 千米直线半径内前三大银行分支机构数量占银行分支机构总数量的比值（CR3），第二种是企业 20 千米直线半径内银行分支机构数量的 HHI 指数。这两种测度方法得到的值均在 0 到 1 之间，值越小代表银行业竞争越大。

X 表示企业层面的控制变量，具体包括企业规模 Size，企业年龄 Age，资产负债率 Leverage，固定资产比例 Fixed asset，资产回报率 ROA，是否为国有企业虚拟变量 SOE，是否出口企业虚拟变量 Export。Z 表示城市层面的控制变量，包括城市的人均生产总值 PGDP，科学技术支出占公共财政支出

---

① 中华人民共和国中央人民政府国务院公报 2011 年第 26 号，国务院关于印发"十二五"节能减排综合性工作方案的通知。网址：https://www.gov.cn/gongbao/content/2011/content_1947196.htm。

的比例 SER，市场化程度 MI（以省级层面的市场化指数替代）。核心解释变量和控制变量均为滞后一期取值，以缓解潜在的因变量与自变量互为因果的内生性问题。此外，模型还控制了企业固定效应 η_i 和年份固定效应 η_t。企业固定效应控制企业位置、企业文化等随企业而不随时间变化的因素；年份固定效应控制随时间而不随企业变化的因素，如宏观经济趋势、政策改革冲击与自然灾害等。本章对连续变量 1% 以下和 99% 以上分位数进行了缩尾处理，以消除异常值的影响。$\varepsilon_{i,c,t}$ 为聚类到企业层面的稳健标准误。

污染物排放量可以进行如下分解，以分离出规模效应和治理效应的影响。企业污染物排放量 E 可以分解为式（4.2）：

$$E_{i,c,t} = Y_{i,c,t} \times (E_{i,c,t}/Y_{i,c,t}) \tag{4.2}$$

对式（4.2）两边取自然对数可得式（4.3）：

$$\log E_{i,c,t} = \log(Y_{i,c,t}) + \log(E_{i,c,t}/Y_{i,c,t}) \tag{4.3}$$

其中，$E_{i,c,t}$ 表示企业污染物排放量，$Y_{i,c,t}$ 表示企业产出（规模效应），$E_{i,c,t}/Y_{i,c,t}$ 表示企业单位产出污染物排放量（治理效应）。因此，本章建立如下计量模型进一步检验规模效应和治理效应，如式（4.4）所示：

$$\log Y_{i,c,t} = \beta_0 + \beta_1 BankCom_{i,c,t-1} + \beta_2 X_{i,c,t-1} + \beta_3 Z_{c,t-1} + \eta_i + \eta_t + \varepsilon_{i,c,t} \tag{4.4}$$

$$\log(E_{i,c,t}/Y_{i,c,t}) = \gamma_0 + \gamma_1 BankCom_{i,c,t-1} + \gamma_2 X_{i,c,t-1} + \gamma_3 Z_{c,t-1} + \eta_i + \eta_t + \varepsilon_{i,c,t} \tag{4.5}$$

上述计量模型中，式（4.1）、式（4.4）和式（4.5）分别探究银行业竞争对企业污染物排放量的总效应、规模效应和治理效应。$\log Y_{i,c,t}$ 为位于城市 c 的企业 i 在 t 年的产出值，以工业总产值现价的自然对数度量。$\log(E_{i,c,t}/Y_{i,c,t})$ 为企业单位产出污染物排放量，以污染物排放量除以工业总产值现价再取自然对数度量。基于化学需氧量和二氧化硫两种主要污染物，分别计算上述因变量。银行业竞争 BankCom 同样采用基于企业 20 千米半径范围内银行分支机构数量计算的前三大银行数量的集中度（CR3）和赫芬达尔—赫希曼指数（HHI）两种方式度量。式（4.4）和式（4.5）中其余的变量定义与式（4.1）一致。变量定义及变量符号具体如表 4.1 所示。

表 4.1　　　　　　　　　　　　　　　　**变量定义**

变量类型	变量名称	变量符号	变量定义
因变量	企业污染物排放量	SO_2	企业二氧化硫排放量。单位：千克
		Log SO_2	企业二氧化硫排放量加 1 的自然对数
		SO_2 per unit	单位产出二氧化硫排放量，由（二氧化硫排放量 +1）/工业总产值现价计算而得。单位：千克/万元
		Log SO_2 per unit	单位产出二氧化硫排放量的自然对数
		COD	企业化学需氧量排放量。单位：千克
		Log COD	企业化学需氧量排放量加 1 的自然对数
		COD per unit	单位产出化学需氧量排放量，由（化学需氧量排放量 +1）/工业总产值现价计算而得。单位：千克/万元
		Log COD per unit	单位产出化学需氧量排放量的自然对数
		Log Output	企业工业总产值现价的自然对数
自变量	银行业竞争	CR3	企业周边直线距离 20 千米半径内前三大银行分支机构数量占银行分支机构总数的比例
		HHI	企业周边直线距离 20 千米半径内商业银行分支机构数量的 HHI
		CR3_city	城市层面银行数量的前三大银行数量集中度
		HHI_city	城市层面银行数量的 HHI
控制变量	企业规模	Size	以企业总资产的自然对数度量
	企业年龄	Age	当前年份减去企业开业成立年份加 1 的自然对数
	资产负债率	Leverage	企业总负债/企业总资产
	固定资产占比	Fixed asset	企业固定资产总额/企业总资产
	资产回报率	ROA	等于企业净利润/企业总资产
	国有企业	SOE	虚拟变量，国有资本占实收资本的比例大于 50%，则取值为 1；反之，取值为 0
	出口企业	Export	虚拟变量，出口交货值大于 0 则为 1；反之，则为 0
	人均生产总值	PGDP	城市人均生产总值
	科学支出占比	SER	城市科学支出占比，地方财政科学事业费支出/地方财政预算内支出
	市场化指数	MI	城市市场化指数，以省级市场化指数代理

式（4.1）、式（4.4）、式（4.5）中的待估系数 α_1、β_1 和 γ_1 分别是银行业竞争对企业污染物排放的总效应、规模效应和治理效应，总效应等于规模效应与治理效应之和（$\alpha_1 = \beta_1 + \gamma_1$）。式（4.1）中，若 α_1 显著为正，则说明银行业竞争对企业污染物排放量的总效应为显著减少企业污染物排放；反之，若 α_1 显著为负，则说明总效应为银行业竞争增强增加了企业污染物排放。式（4.4）中，若 β_1 显著正数，则说明银行业竞争程度提高降低了企业产出，不存在规模效应；反之，若 β_1 显著为负数，则说明银行业竞争的加剧会增加企业产出，存在规模效应。式（4.5）中，若 γ_1 显著为正，则说明增加银行业竞争可以减少单位产出污染物排放量，存在治理效应；反之，若 γ_1 显著为负，则说明提高银行业竞争程度可以增加单位产出污染物排放量，不存在治理效应。

4.3.2 变量说明

①因变量

工业企业污染数据库一共披露了五种污染物指标，包括两种水污染指标：化学需氧量和氨氮；三种空气污染指标：二氧化硫、烟粉尘和氮氧化物。"十一五"期间我国将二氧化硫和化学需氧量作为重点污染物，并要求"十一五"期间二氧化硫和化学需氧量削减 10%。最终，到 2010 年，二氧化硫和化学需氧量实际分别下降 14.29% 和 12.45%。因此，本章选取二氧化硫排放量作为因变量，同时以化学需氧量排放量作为稳健性检验。

基于企业化学需氧量和二氧化硫排放量，本章从三方面构建被解释变量，分别是污染物排放量加 1 的自然对数（Log COD，Log SO$_2$），企业产出的自然对数（Log Output），企业污染物排放量加 1 再除以企业当期工业总产值的自然对数（Log COD per unit，Log SO$_2$ per unit）。根据前面的分解，这三方面的被解释变量分别对应于研究银行业竞争对企业污染物排放的总效应、规模效应和治理效应。

②自变量

现有对于银行业竞争效应的研究大多从省级或城市级度量银行业竞争

程度，这意味着同一省份或同一城市内的企业对应的银行业竞争程度都是一样的。显然，同一省份或同一城市内的不同企业面临的银行业程度是不同的，这种方法极大限制了银行业竞争在横截面上（即企业个体层面上）的变异性。本章的银行业竞争程度建立在企业个体层面上，同一城市内的不同企业面临的银行业竞争程度是不同的，且同一企业不同年份银行业竞争程度也是变化的。因此本章的银行业竞争度量是在企业面板维度上变化的，可以最真实地捕捉每家企业所处的银行业竞争程度。

具体来说，本章的银行业竞争是以每个企业为中心，20 千米直线距离为半径的圆圈内银行分支机构数量的前三大银行的分支机构数量占比（CR3）和赫芬达尔—赫希曼指数（HHI）来度量的。CR3 和 HHI 值越大，说明企业面临的银行业竞争越小；反之，CR3 和 HHI 值越小则企业面临的银行业竞争越大。

③控制变量

模型（4.1）、模型（4.4）和模型（4.5）中控制了可能影响企业排污行为的企业层面特征。企业规模 Size，以企业总资产的自然对数测度。一般来说，大型企业的生产规模更大，产生的污染物更多。但污染物产生量的规模效应也让大型企业购买污染处理装置更为划算，因此大型企业的环保装备大多较为齐全，对污染物的处理也更彻底，其污染物排放总量可能多于小型企业，但其单位产出污染物排放量极有可能小于小型企业。企业年龄 Age，为当前年份减去企业开业成立年份的对数形式。企业年龄越大，信息越透明，融资更容易，更有可能进行环保投资。企业资产负债率 Leverage，以企业总负债除以企业总资产衡量。企业负债率越高融资越困难，更不可能进行环境投资。固定资产占比 Fixed assert，表示企业固定资产合计占资产总计的比例。固定资产占比越高，可用于融资的抵押物越多，更利于获取外部融资，从而进行环境投资。国有企业虚拟变量 SOE。国有企业更有社会责任意识，更注重污染控制。出口虚拟变量 Export，马妍妍和俞毛毛（2020b）认为企业出口行为显著提升了企业绿色投资。

除了企业层面可能影响企业污染物排放行为的特征外，模型中还控制了城市层面可能影响企业排污行为的因素。城市人均生产总值 PGDP，用以控制城市经济发展水平。城市的经济发展水平会同时影响银行分支机构和企业的选址决策，经济越发达的城市不仅有更多的企业也会吸引更多银行开设分支机构。城市科技支出占比 SER，以城市科学技术支出占公共财政支出的比例度量。城市科技支出能提高当地科学技术水平，而科技创新有助于充分利用资源、减少产生的污染物。市场化指数 MI，以樊纲等（2010）和王小鲁等（2017）编制的《中国市场化指数》代理。市场化程度会同时影响银行业竞争程度和企业发展，市场化程度越高越有利于企业融资进而促进企业投资污染治理，减少污染物排放。

4.3.3　数据说明

为了探究银行业竞争对企业污染减排的作用，本章构建了一个包含企业污染物排放量、企业个体单独面临的银行业竞争程度、企业特征和城市特征的综合数据库。企业污染物排放量数据（1998～2012 年）来源于环境保护部[①]污染调查数据[②]。银行分支机构信息来源于中国银行保险监督管理委员会网站中的金融许可证信息。企业地址及会计信息来源于工业企业数据库。城市层面变量来源于《城市统计年鉴》。借鉴聂辉华等（2012）的处理方法，对数据进行了如下清洗：第一，剔除了全部从业人员年平均人数小于 8 人的观测值；第二，只保留企业经营状态为营业的观测值；第三，删除了不符合会计准则的观测值，如资产总计小于 0、累计折旧小于本年折旧、资产总计小于流动资产合计等；以及模型（4.4）中的变量有缺失的观测值[③]。最终，得到了 1998～2012 年包含 119 869 家工业企业的 412 199 个样本的非平衡面板数据。

---

① 该部门 2018 年改为生态环境部。

② 书稿写作时，由于工业企业污染数据库只更新到了 2012 年，无法获取更新的数据，因此本书研究期限截至 2012 年。

③ 由于工业企业污染数据库中，2010 年的数据缺失大部分变量，所以本书在研究中删除了 2010 年的数据。

4.4 实证结果与分析

本节主要是实证结果，分为五个部分。第一是描述性统计分析展示实证中所用变量的均值、标准差等统计性质；第二是基准回归结果呈现了章节 4.3 中式（4.1）、式（4.4）和式（4.5）所研究的银行业竞争污染减排的总效应、规模效应和治理效应；第三是讨论了内生性问题，控制了可能引起内生性的因素和利用工具变量法缓解内生性；第四是稳健性检验，通过更换因变量和自变量检验了基准结果的稳健性；第五是机制检验，对银行业竞争影响企业污染物排放的融资机制、信息机制和信贷资源配置机制进行了检验。

4.4.1 描述性统计分析

表 4.2 报告了变量的描述性统计分析结果。为了更直观地了解污染物的排放量，表 4.2 中也报告了二氧化硫排放量、单位产出二氧化硫排放量、化学需氧量排放量和单位产出化学需氧量排放量绝对值的描述性统计。二氧化硫排放量的均值为 110 869.345 千克，单位产出二氧化硫排放量的均值为 28.735 千克/万元。化学需氧量排放量的均值为 44 822.272 千克，单位产出化学需氧量排放量的均值为 15.084 千克/万元。可见，二氧化硫排放量远大于化学需氧量排放量，是化学需氧量排放量的 2 倍多。单位产出二氧化硫排放量也将近是化学需氧量排放量的 2 倍。因此，本章选取基于二氧化硫排放量计算的指标作为因变量，基于化学需氧量排放量计算的指标作为稳健性检验。为了消除异常值的影响，对排放量绝对量和单位产出排放量取自然对数作为式（4.1）和式（4.5）的因变量分别研究银行业竞争污染减排的总效应和治理效应。对总产出取自然对数则作为式（4.4）的因变量研究银行业竞争污染减排的规模效应。企业层面 CR3 的均值为 0.683，HHI 指数的均值为 0.243；而城市层面 CR3_city 的均值为 0.556，HHI_city 的均值为

0.154。可见，每个企业单独面临的银行业竞争程度小于整个城市的银行业竞争程度。因此，用城市的银行业竞争程度代理企业层面的银行业竞争程度会高估企业实际面临的银行业竞争程度。

表 4.2　　　　　　　　　　变量的描述性统计分析结果

变量	样本量	均值	标准误	最小值	50% 的分位数	最大值
SO_2	412 199	110 869.345	395 544.238	0.000	8 760.000	3 158 953.000
Log SO_2	412 199	7.379	4.704	0.000	9.078	14.966
SO_2 per unit	412 199	28.735	235.073	0.000	2.779	39 486.926
Log SO_2 per unit	412 199	−0.765	4.781	−12.660	1.022	10.584
COD	412 199	44 822.272	172 087.910	0.000	1 666.700	1 369 000.000
Log COD	412 199	6.292	4.280	0.000	7.419	14.130
COD per unit	412 199	15.084	140.438	0.000	0.409	17 112.512
Log COD per unit	412 199	−1.852	4.128	−12.660	−0.894	9.748
Output	412 199	15 145.166	41 700.746	80.000	3 000.000	315 000.000
Log Output	412 199	8.144	1.643	4.382	8.006	12.660
CR3	412 199	0.683	0.152	0.375	0.675	1.000
HHI	412 199	0.243	0.132	0.093	0.210	1.000
CR3_city	412 161	0.556	0.162	0.255	0.541	0.915
HHI_city	412 199	0.154	0.077	0.033	0.141	0.402
Size	412 199	10.809	1.559	7.753	10.659	15.174
Age	412 199	2.344	0.872	0.000	2.303	4.127
Leverage	412 199	0.617	0.289	0.028	0.622	1.587
Fixed asset	412 199	0.400	0.212	0.019	0.380	0.907
ROA	412 199	0.052	0.132	−0.233	0.018	0.706
SOE	412 199	0.136	0.343	0.000	0.000	1.000
Export	412 199	0.313	0.464	0.000	0.000	1.000
PGDP	412 199	9.870	0.830	8.067	9.878	11.584
SER	412 199	1.180	1.197	0.082	0.649	5.346
MI	412 199	6.876	1.934	0.000	6.770	11.390

资料来源：笔者整理绘制。

4.4.2　基准回归结果

以二氧化硫排放量为基准构建因变量，CR3、HHI 为自变量估计式（4.1）、式（4.4）和式（4.5）。回归结果如表 4.3 所示。列（1）～列（3）中，核心自变量为 CR3；列（4）～列（6）中，核心自变量为 HHI。模型中均控制了企业固定效应和年份固定效应，自变量全部为滞后一期取值。结果显示，CR3 和 HHI 均与 Log SO_2 显著正相关，说明银行业竞争越大（即 CR3、HHI 越小），企业二氧化硫排放量越少，即银行业竞争污染减排的总效应为显著减少企业污染物排放；CR3 和 HHI 均对 Log Output 影响不显著，说明银行业竞争污染减排的规模效应不显著，即银行业竞争的增加没有导致企业扩大生产规模而增加污染物排放；CR3 和 HHI 均显著正向影响 Log SO_2 per unit，说明银行业竞争程度提高使企业减少了单位产出二氧化硫排放量，即银行业竞争污染减排的治理效应显著，企业投入了更多资金用于污染治理。总的来说，银行业竞争污染减排的治理效应显著，规模效应不显著，治理效应和规模效应之和得到的总效应显著。回归结果验证了银行业竞争增加减少了企业污染物排放，支持了研究假设 4-1a。

表 4.3　　　　　　　　　　　　基准回归结果

变量	Log SO_2	Log Output	Log SO_2 per unit	Log SO_2	Log Output	Log SO_2 per unit
	（1）	（2）	（3）	（4）	（5）	（6）
CR3	0. 341 *** (0. 094)	− 0. 011 (0. 025)	0. 352 *** (0. 095)			
HHI				0. 268 ** (0. 117)	− 0. 002 (0. 031)	0. 270 ** (0. 118)
Size	0. 285 *** (0. 021)	0. 337 *** (0. 006)	− 0. 052 ** (0. 020)	0. 286 *** (0. 021)	0. 337 *** (0. 006)	− 0. 052 ** (0. 020)
Age	0. 085 *** (0. 016)	0. 001 (0. 004)	0. 084 *** (0. 017)	0. 085 *** (0. 016)	0. 001 (0. 004)	0. 084 *** (0. 017)

续表

变量	Log SO$_2$	Log Output	Log SO$_2$ per unit	Log SO$_2$	Log Output	Log SO$_2$ per unit
	（1）	（2）	（3）	（4）	（5）	（6）
Leverage	-0.029 (0.040)	0.000 (0.012)	-0.030 (0.041)	-0.029 (0.040)	0.000 (0.012)	-0.030 (0.041)
Fixed asset	0.093 * (0.054)	0.004 (0.016)	0.089 (0.055)	0.094 * (0.054)	0.004 (0.016)	0.090 (0.055)
ROA	0.475 *** (0.076)	0.553 *** (0.025)	-0.078 (0.077)	0.478 *** (0.076)	0.553 *** (0.025)	-0.074 (0.077)
SOE	0.073 ** (0.034)	-0.030 *** (0.009)	0.103 *** (0.034)	0.074 ** (0.034)	-0.030 *** (0.009)	0.104 *** (0.034)
Export	0.013 (0.028)	0.064 *** (0.008)	-0.052 * (0.029)	0.013 (0.028)	0.064 *** (0.008)	-0.052 * (0.029)
PGDP	-0.279 *** (0.072)	0.059 *** (0.020)	-0.338 *** (0.074)	-0.281 *** (0.072)	0.059 *** (0.020)	-0.341 *** (0.074)
SER	-0.108 *** (0.012)	-0.008 ** (0.003)	-0.100 *** (0.012)	-0.110 *** (0.012)	-0.008 ** (0.003)	-0.102 *** (0.012)
MI	-0.133 *** (0.015)	-0.010 ** (0.004)	-0.122 *** (0.015)	-0.132 *** (0.015)	-0.010 ** (0.004)	-0.122 *** (0.015)
常数项	7.929 *** (0.729)	4.073 *** (0.201)	3.857 *** (0.744)	8.104 *** (0.725)	4.064 *** (0.201)	4.040 *** (0.741)
Firm FE	Yes	Yes	Yes	Yes	Yes	Yes
Year FE	Yes	Yes	Yes	Yes	Yes	Yes
观测值[①]	229 108	229 108	229 108	229 108	229 108	229 108
调整后的 R^2	0.810	0.857	0.806	0.810	0.857	0.806

注：回归中的自变量均为滞后一期的值；括号内为 Huber – White 稳健标准误；＊p < 0.1，＊＊p < 0.05，＊＊＊p < 0.01。

由于许多企业在工业企业数据库中的年份并不连续，因而滞后一期后样本量由描述性统计表中的 412 199 缩减到了基准回归中的 229 108。

资料来源：笔者根据回归结果整理绘制。

4.4.3　内生性问题

鉴于在基准回归中已经将自变量滞后一期，且企业污染排放水平不太可能会影响外部的银行业竞争程度，因此互为因果的内生性问题不是推翻基准回归结论的主要威胁。但为了进一步排除遗漏变量引起的内生性问题，确认基准结果的因果关系，本小节进行了如下检验。

第一，式（4.1）、式（4.4）和式（4.5）得以识别银行业竞争与企业污染物排放因果关系的前提是企业的选址是外生的，不会受到自变量银行业竞争的驱动。已有研究认为企业的选址决策主要是依据生产投入、供应商、客户、税收政策、劳动力成本和厂房租金成本等制定（Loughran and Schultz，2005；Loughran，2007；John et al.，2011）。企业选址通常不会受到银行分支机构分布的影响，而是反过来，银行的选址通常需要考虑企业的分布。因此，企业选址的内生性担忧不应该成为因果识别的主要威胁。尽管如此，借鉴谷沃等（El Ghoul et al.，2012）、谷沃等（El Ghoul et al.，2013）和杜（Du，2013）的方法，仅保留了在样本期间之前就成立的企业（开业成立年份在 1998 年以前）以排除样本期内的银行业竞争对企业选址决策的影响。回归结果如表 4.4 所示。CR3 和 HHI 与 Log SO$_2$ 仍是显著正相关，即银行业竞争增加减少了二氧化硫排放量；CR3 和 HHI 对 Log Output 的影响仍是不显著；CR3 和 HHI 与 Log SO$_2$ per unit 仍是显著正相关，即银行业竞争增加减少了单位产出二氧化硫排放量。以上结果与基准回归结果一致，均表明银行业竞争对企业污染物排放量的治理效应显著，规模效应不显著，总效应显著。

表 4.4　　　　　　　　　　保留样本期之前成立的企业

变量	Log SO$_2$	Log Output	Log SO$_2$ per unit	Log SO$_2$	Log Output	Log SO$_2$ per unit
	(1)	(2)	(3)	(4)	(5)	(6)
CR3	0.564 *** (0.120)	−0.018 (0.032)	0.582 *** (0.122)			
HHI				0.386 *** (0.149)	0.033 (0.038)	0.353 ** (0.153)
Size	0.290 *** (0.029)	0.389 *** (0.009)	−0.100 *** (0.029)	0.291 *** (0.029)	0.389 *** (0.009)	−0.098 *** (0.029)

续表

变量	Log SO$_2$	Log Output	Log SO$_2$ per unit	Log SO$_2$	Log Output	Log SO$_2$ per unit
	（1）	（2）	（3）	（4）	（5）	（6）
Age	0.176 *** (0.027)	0.010 (0.008)	0.166 *** (0.027)	0.177 *** (0.027)	0.011 (0.008)	0.166 *** (0.027)
Leverage	− 0.149 *** (0.053)	0.010 (0.015)	− 0.159 *** (0.054)	− 0.150 *** (0.053)	0.010 (0.015)	− 0.159 *** (0.054)
Fixed asset	0.209 *** (0.078)	− 0.001 (0.022)	0.210 *** (0.080)	0.211 *** (0.078)	− 0.001 (0.022)	0.212 *** (0.080)
ROA	0.513 *** (0.121)	0.738 *** (0.039)	− 0.224 * (0.123)	0.520 *** (0.121)	0.737 *** (0.039)	− 0.217 * (0.123)
SOE	0.113 *** (0.039)	− 0.031 *** (0.010)	0.144 *** (0.040)	0.114 *** (0.039)	− 0.031 *** (0.010)	0.146 *** (0.040)
Export	− 0.000 (0.037)	0.069 *** (0.010)	− 0.069 * (0.038)	− 0.001 (0.037)	0.069 *** (0.010)	− 0.070 * (0.038)
PGDP	− 0.352 *** (0.090)	0.058 ** (0.024)	− 0.411 *** (0.092)	− 0.357 *** (0.090)	0.059 ** (0.024)	− 0.417 *** (0.092)
SER	− 0.085 *** (0.015)	− 0.009 ** (0.004)	− 0.076 *** (0.015)	− 0.088 *** (0.015)	− 0.009 ** (0.004)	− 0.079 *** (0.015)
MI	− 0.120 *** (0.019)	− 0.013 ** (0.005)	− 0.106 *** (0.020)	− 0.120 *** (0.019)	− 0.013 ** (0.005)	− 0.106 *** (0.020)
常数项	7.960 *** (0.917)	3.481 *** (0.247)	4.479 *** (0.938)	8.283 *** (0.911)	3.451 *** (0.246)	4.832 *** (0.933)
Firm FE	Yes	Yes	Yes	Yes	Yes	Yes
Year FE	Yes	Yes	Yes	Yes	Yes	Yes
观测值	139 076	139 076	139 076	139 076	139 076	139 076
调整后的 R^2	0.812	0.867	0.807	0.812	0.867	0.807

注：回归中的自变量均为滞后一期的值；括号内为 Huber – White 稳健标准误；＊p < 0.1，＊＊p < 0.05，＊＊＊p < 0.01。

资料来源：笔者根据回归结果整理绘制。

　　第二，可能存在城市层面的遗漏变量同时影响银行分支机构的开设和企业污染的排放。例如，城市经济发展水平、地方政府环境规制程度、基础设施条件等。尽管在基准回归中已经控制了城市人均生产总值（PGDP）、地方政府的创新偏好（SER）、城市市场化程度（MI），为了将城市层面更多维度可能同时影响银行业竞争和企业减排行为的因素纳入模型，表4.5控制了城市—年份固定效应（City - year FE），城市—年份固定效应可以控制随时间变化和不随时间变化的城市特征。结果显示，增强银行业竞争可以减少二氧化硫排放量和单位产出二氧化硫排放量，不会影响工业总产值规模。因此，仍然支持了基准回归的结论，验证了银行业竞争污染减排的总效应和治理效应。

表4.5   控制城市—年份固定效应

变量	Log SO$_2$	Log Output	Log SO$_2$ per unit	Log SO$_2$	Log Output	Log SO$_2$ per unit
	(1)	(2)	(3)	(4)	(5)	(6)
CR3	1.901 *** (0.312)	-0.061 (0.038)	1.962 *** (0.310)			
HHI				1.440 *** (0.278)	-0.064 * (0.037)	1.503 *** (0.277)
Size	0.522 *** (0.038)	0.790 *** (0.012)	-0.268 *** (0.041)	0.518 *** (0.039)	0.790 *** (0.012)	-0.272 *** (0.042)
Age	0.167 *** (0.022)	-0.050 *** (0.008)	0.217 *** (0.022)	0.164 *** (0.022)	-0.050 *** (0.008)	0.215 *** (0.021)
Leverage	0.279 *** (0.058)	0.043 ** (0.017)	0.236 *** (0.059)	0.285 *** (0.058)	0.043 ** (0.017)	0.243 *** (0.059)
Fixed asset	0.501 *** (0.099)	-0.245 *** (0.032)	0.746 *** (0.098)	0.514 *** (0.098)	-0.246 *** (0.032)	0.760 *** (0.098)
ROA	0.357 * (0.200)	1.046 *** (0.083)	-0.689 *** (0.212)	0.396 * (0.204)	1.046 *** (0.083)	-0.650 *** (0.216)
SOE	0.076 (0.077)	-0.145 *** (0.020)	0.221 ** (0.087)	0.076 (0.078)	-0.145 *** (0.020)	0.222 ** (0.088)
Export	-0.169 ** (0.065)	0.216 *** (0.017)	-0.385 *** (0.072)	-0.171 *** (0.066)	0.216 *** (0.017)	-0.387 *** (0.073)
常数项	-0.076 (0.410)	-0.175 (0.132)	0.099 (0.414)	0.913 ** (0.399)	-0.201 (0.134)	1.114 *** (0.430)

变量	Log SO$_2$	Log Output	Log SO$_2$ per unit	Log SO$_2$	Log Output	Log SO$_2$ per unit
	（1）	（2）	（3）	（4）	（5）	（6）
Industry FE	Yes	Yes	Yes	Yes	Yes	Yes
City – year FE	Yes	Yes	Yes	Yes	Yes	Yes
观测值	288 400	288 400	288 400	288 400	288 400	288 400
调整后的 R^2	0.383	0.678	0.396	0.382	0.678	0.395

注：回归中的自变量均为滞后一期的值；行业固定效应控制到四位数行业代码层级；括号内为聚类到城市和四位数行业代码层面的稳健标准误；＊p＜0.1，＊＊p＜0.05，＊＊＊p＜0.01。

资料来源：笔者根据回归结果整理绘制。

第三，股份制商业银行的设立极大地增加了银行业的竞争程度，如果银行业竞争确实是企业减少污染物的驱动因素，那么银行业竞争对企业污染减排的作用在城市商业银行设立后会更加强烈（李志生等，2020）。生成 PostStock 虚拟变量，在股份制商业银行进入企业所在城市的当年及以后的年份，PostStock 取值为 1；否则，取值为 0。然后，在模型中加入 PostStock 与银行业竞争的交互项进行回归分析。表 4.6 中的回归结果显示银行业竞争（CR3 和 HHI）与 PostStock 的交互项的估计系数显著为正，表明放松管制后银行业竞争对企业污染物减排的效果更加明显，印证了银行业竞争对企业污染物减排的因果效应。

表 4.6　　　　　　　　　股份制商业银行设立的政策冲击回归结果

变量	Log SO$_2$	Log Output	Log SO$_2$ per unit	Log SO$_2$	Log Output	Log SO$_2$ per unit
	（1）	（2）	（3）	（4）	（5）	（6）
CR3	0.322 ＊＊＊ (0.096)	0.001 (0.026)	0.321 ＊＊＊ (0.097)			
CR3 × PostCity	0.269 (0.199)	− 0.133 ＊＊ (0.054)	0.402 ＊＊ (0.203)			
HHI				0.235 ＊＊ (0.117)	0.003 (0.031)	0.232 ＊＊ (0.118)

续表

变量	Log SO$_2$	Log Output	Log SO$_2$ per unit	Log SO$_2$	Log Output	Log SO$_2$ per unit
	(1)	(2)	(3)	(4)	(5)	(6)
HHI × PostCity				0.679 **	−0.081	0.760 ***
				(0.279)	(0.083)	(0.285)
PostCity	−0.110	0.076 **	−0.186	−0.079	0.011	−0.090
	(0.129)	(0.035)	(0.132)	(0.066)	(0.019)	(0.068)
Size	0.285 ***	0.337 ***	−0.052 **	0.286 ***	0.337 ***	−0.052 **
	(0.021)	(0.006)	(0.020)	(0.021)	(0.006)	(0.020)
Age	0.084 ***	0.001	0.083 ***	0.085 ***	0.001	0.084 ***
	(0.016)	(0.004)	(0.017)	(0.016)	(0.004)	(0.017)
Leverage	−0.029	0.000	−0.029	−0.028	0.000	−0.029
	(0.040)	(0.012)	(0.041)	(0.040)	(0.012)	(0.041)
Fixed asset	0.093 *	0.005	0.088	0.093 *	0.004	0.089
	(0.054)	(0.016)	(0.055)	(0.054)	(0.016)	(0.055)
ROA	0.473 ***	0.554 ***	−0.081	0.475 ***	0.553 ***	−0.078
	(0.076)	(0.025)	(0.077)	(0.076)	(0.025)	(0.077)
SOE	0.072 **	−0.030 ***	0.102 ***	0.072 **	−0.030 ***	0.102 ***
	(0.034)	(0.009)	(0.034)	(0.034)	(0.009)	(0.034)
Export	0.013	0.064 ***	−0.051 *	0.013	0.064 ***	−0.051 *
	(0.028)	(0.008)	(0.029)	(0.028)	(0.008)	(0.029)
PGDP	−0.280 ***	0.062 ***	−0.342 ***	−0.282 ***	0.059 ***	−0.341 ***
	(0.072)	(0.020)	(0.074)	(0.072)	(0.020)	(0.074)
SER	−0.108 ***	−0.008 ***	−0.099 ***	−0.109 ***	−0.008 **	−0.101 ***
	(0.012)	(0.003)	(0.012)	(0.012)	(0.003)	(0.012)
MI	−0.134 ***	−0.010 **	−0.124 ***	−0.134 ***	−0.010 **	−0.124 ***
	(0.015)	(0.004)	(0.015)	(0.015)	(0.004)	(0.015)
常数项	7.959 ***	4.035 ***	3.924 ***	8.126 ***	4.060 ***	4.065 ***
	(0.727)	(0.201)	(0.743)	(0.724)	(0.200)	(0.740)
Firm FE	Yes	Yes	Yes	Yes	Yes	Yes
Year FE	Yes	Yes	Yes	Yes	Yes	Yes
观测值	229 108	229 108	229 108	229 108	229 108	229 108
调整后的 R^2	0.810	0.857	0.806	0.810	0.857	0.806

注：回归中的自变量均为滞后一期的值；括号内为 Huber – White 稳健标准误；* p < 0.1，** p < 0.05，*** p < 0.01。

资料来源：笔者根据回归结果整理绘制。

第四，表 4.7 运用工具变量两阶段最小二乘法（2SLS）重新进行了估计。工具变量以同行业同省份不同城市企业面临的银行业竞争均值计算。一方面，银行会考虑在相邻城市布局分支机构，因此城市的银行分支机构数量会与同省份内其他城市的银行分支机构数量相关（蔡竞和董艳，2016）；另一方面，由于不同城市间的业务壁垒使企业很难从其他城市获得跨城市贷款（Chong et al.，2013）。因此，工具变量（IV）的选取满足相关性和外生性原则。Panel A 和 Panel B 中的列（1）报告了第一阶段回归结果，CR3 和 HHI 的 IV 均与 CR3 和 HHI 显著正相关，说明不存在弱工具变量问题；列（2）～列（4）为第二阶段回归结果，CR3 和 HHI 与污染物排放总量和单位产出污染物排放量均显著正相关，与产出值不相关。工具变量回归结果依然支持了基准回归结果，验证了银行业竞争污染减排的总效应和治理效应，没有发现规模效应。

表 4.7　　　　　　　　　　　工具变量回归结果

变量	CR3	Log SO$_2$	Log Output	Log SO$_2$ per unit
	（1）	（2）	（3）	（4）
Panel A：CR3 作为自变量				
IV_CR3	0.178 *** (0.007)			
CR3		15.520 *** (1.724)	−0.641 (0.434)	16.160 *** (1.761)
Size	−0.001 (0.001)	0.264 *** (0.023)	0.339 *** (0.006)	−0.075 *** (0.023)
Age	−0.002 *** (0.001)	0.073 *** (0.018)	0.002 (0.004)	0.071 *** (0.019)
Leverage	−0.001 (0.001)	−0.011 (0.045)	0.002 (0.012)	−0.013 (0.046)
Fixed asset	0.004 ** (0.002)	0.075 (0.061)	0.008 (0.016)	0.067 (0.062)
ROA	0.013 *** (0.003)	0.250 *** (0.089)	0.561 *** (0.026)	−0.311 *** (0.091)

	Panel A：CR3 作为自变量			
变量	CR3	Log SO$_2$	Log Output	Log SO$_2$ per unit
	(1)	(2)	(3)	(4)
SOE	0.004 ***	0.049	−0.029 ***	0.078 **
	(0.001)	(0.038)	(0.009)	(0.039)
Export	−0.003 ***	0.036	0.065 ***	−0.029
	(0.001)	(0.032)	(0.008)	(0.033)
PGDP	−0.059 ***	−0.015	0.045 **	−0.060
	(0.001)	(0.085)	(0.022)	(0.088)
SER	−0.004 ***	−0.060 ***	−0.010 ***	−0.050 ***
	(0.000)	(0.014)	(0.004)	(0.015)
MI	−0.001 ***	−0.160 ***	−0.008 *	−0.153 ***
	(0.000)	(0.018)	(0.004)	(0.018)
常数项	1.157 ***	−5.026 ***	4.414 ***	−9.441 ***
	(0.014)	(1.670)	(0.428)	(1.710)
Firm FE	Yes	Yes	Yes	Yes
Year FE	Yes	Yes	Yes	Yes
观测值	225 943	225 943	225 943	225943

	Panel B：HHI 作为自变量			
变量	HHI	Log SO$_2$	Log Output	Log SO$_2$ per unit
	(1)	(2)	(3)	(4)
IV_HHI	0.101 ***			
	(0.008)			
HHI		32.092 ***	−1.042	33.134 ***
		(5.122)	(1.052)	(5.280)
Size	−0.003 ***	0.351 ***	0.336 ***	0.015
	(0.001)	(0.029)	(0.007)	(0.030)
Age	−0.002 ***	0.111 ***	0.000	0.111 ***
	(0.000)	(0.022)	(0.005)	(0.023)
Leverage	−0.001	0.025	0.001	0.023
	(0.001)	(0.054)	(0.012)	(0.055)
Fixed asset	0.000	0.137 *	0.006	0.132 *
	(0.002)	(0.074)	(0.016)	(0.076)

变量	Panel B：HHI 作为自变量			
	HHI	Log SO$_2$	Log Output	Log SO$_2$ per unit
	（1）	（2）	（3）	（4）
ROA	0.004	0.297***	0.558***	−0.261**
	(0.002)	(0.112)	(0.026)	(0.114)
SOE	0.001	0.088*	−0.030***	0.118**
	(0.001)	(0.046)	(0.009)	(0.047)
Export	−0.002**	0.042	0.065***	−0.022
	(0.001)	(0.037)	(0.008)	(0.038)
PGDP	−0.045***	0.203*	0.040	0.162
	(0.001)	(0.121)	(0.026)	(0.125)
SER	0.001***	−0.219***	−0.004	−0.215***
	(0.000)	(0.024)	(0.005)	(0.025)
MI	0.000***	−0.127***	−0.009**	−0.118***
	(0.000)	(0.020)	(0.004)	(0.021)
常数项	0.697***	−5.596**	4.311***	−9.907***
	(0.010)	(2.416)	(0.506)	(2.490)
Firm FE	Yes	Yes	Yes	Yes
Year FE	Yes	Yes	Yes	Yes
观测值	225 943	225 943	225 943	225 943

注：回归中的自变量均为滞后一期的值；括号内为 Huber – White 稳健标准误；* p < 0.1，** p < 0.05，*** p < 0.01。

4.4.4　稳健性检验

本章对基准回归结果进行了如下稳健性检验。

第一，替换因变量为基于化学需氧量计算的指标，包括化学需氧量排放量的对数值（Log COD）、单位产出化学需氧量排放量（Log COD per unit）。化学需氧量是我国在"十一五"期间减排的两项约束性指标（二氧化硫和化学需氧量）之一。《国民经济和社会发展第十一个五年规划纲要》中要求到 2010 年，全国化学需氧量要比 2005 年时下降 10%。估计结果如

表 4.8 所示。列（1）和列（4）表明银行业竞争抑制了企业化学需氧量排放量，列（3）和列（6）表明银行业竞争同样抑制了企业单位产出化学需氧量排放量，列（2）和列（5）表明银行业竞争没有促进企业扩大生产规模。因此，表 4.8 依旧验证了银行业竞争污染减排的总效应和治理效应，而没有发现规模效应。

表 4.8 化学需氧量作为因变量

变量	Log COD	Log Output	Log COD per unit	Log COD	Log Output	Log COD per unit
	（1）	（2）	（3）	（4）	（5）	（6）
CR3	0.360 *** (0.091)	−0.011 (0.025)	0.371 *** (0.092)			
HHI				0.299 ** (0.117)	−0.002 (0.031)	0.301 ** (0.117)
Size	0.306 *** (0.020)	0.338 *** (0.006)	−0.032 (0.020)	0.307 *** (0.020)	0.338 *** (0.006)	−0.031 (0.020)
Age	0.031 * (0.016)	0.001 (0.004)	0.030 * (0.016)	0.031 * (0.016)	0.001 (0.004)	0.030 * (0.016)
Leverage	0.058 (0.041)	0.000 (0.012)	0.058 (0.041)	0.058 (0.041)	0.001 (0.012)	0.058 (0.041)
Fixed asset	0.008 (0.054)	0.004 (0.016)	0.004 (0.055)	0.008 (0.054)	0.004 (0.016)	0.005 (0.055)
ROA	0.278 *** (0.075)	0.553 *** (0.025)	−0.275 *** (0.077)	0.281 *** (0.075)	0.552 *** (0.025)	−0.271 *** (0.077)
SOE	0.055 * (0.033)	−0.030 *** (0.009)	0.085 ** (0.034)	0.055 * (0.033)	−0.030 *** (0.009)	0.085 ** (0.034)
Export	0.047 * (0.026)	0.064 *** (0.008)	−0.017 (0.027)	0.047 * (0.026)	0.064 *** (0.008)	−0.017 (0.027)
PGDP	−0.257 *** (0.066)	0.059 *** (0.020)	−0.316 *** (0.068)	−0.259 *** (0.066)	0.059 *** (0.020)	−0.318 *** (0.068)
SER	−0.053 *** (0.011)	−0.008 ** (0.003)	−0.046 *** (0.011)	−0.056 *** (0.011)	−0.008 ** (0.003)	−0.048 *** (0.011)

变量	Log COD	Log Output	Log COD per unit	Log COD	Log Output	Log COD per unit
	（1）	（2）	（3）	（4）	（5）	（6）
MI	0.034 ** (0.015)	-0.010 ** (0.004)	0.044 *** (0.016)	0.034 ** (0.015)	-0.010 ** (0.004)	0.045 *** (0.016)
常数项	5.268 *** (0.671)	4.072 *** (0.201)	1.195 * (0.684)	5.446 *** (0.668)	4.064 *** (0.201)	1.382 ** (0.682)
Firm FE	Yes	Yes	Yes	Yes	Yes	Yes
Year FE	Yes	Yes	Yes	Yes	Yes	Yes
观测值	229 114	229 114	229 114	229 114	229 114	229 114
调整后的 R^2	0.757	0.857	0.722	0.757	0.857	0.722

注：回归中的自变量均为滞后一期的值；括号内为 Huber – White 稳健标准误；* $p < 0.1$，** $p < 0.05$，*** $p < 0.01$。

第二，以银行分支机构数量和国有银行占比代理银行业竞争程度。表 4.9 分别展示了将自变量替换为企业 20 千米半径内银行分支机构数量的对数值和国有商业银行分支机构数量占银行分支机构总数量的比例。银行分支机构越多说明企业个体所处的银行业竞争越激烈；国有商业银行占比减少表明国有大型银行的垄断地位降低，银行业竞争增加。表中列（1）～列（3）是自变量替换为分支机构数量后的估计结果，该结果支持银行业竞争越强，企业二氧化硫排放量越少、企业单位产出二氧化硫排放量也越少。但银行业竞争对企业工业产值没有显著影响。因而，将银行业竞争度量方式替换为企业一定范围内银行分支机构的数量后，基准回归的结论依然成立，银行业竞争的污染减排效应依旧得到了支持。表中列（4）～列（6）报告的是将自变量替换为国有商业银行占比后的回归结果，国有商业银行占比越高，企业二氧化硫排放越多，工业产值越低，单位产出二氧化硫排放量越多。因此，以国有商业银行占比度量的银行业竞争也支持了基准回归结果，即更激烈的银行业竞争减少了企业污染物排放。

表4.9 分支机构数量和国有商业银行占比作为自变量

变量	银行数量作为自变量			国有商业银行占比作为自变量		
	Log SO$_2$	Log Output	Log SO$_2$ per unit	Log SO$_2$	Log Output	Log SO$_2$ per unit
	（1）	（2）	（3）	（4）	（5）	（6）
Branches20	-0.122*** (0.019)	0.004 (0.005)	-0.127*** (0.019)			
SOBratio20				0.349*** (0.074)	-0.047** (0.019)	0.396*** (0.075)
Size	0.288*** (0.021)	0.337*** (0.006)	-0.049** (0.020)	0.287*** (0.021)	0.337*** (0.006)	-0.050** (0.020)
Age	0.086*** (0.016)	0.001 (0.004)	0.085*** (0.017)	0.085*** (0.016)	0.001 (0.004)	0.085*** (0.017)
Leverage	-0.029 (0.040)	0.000 (0.012)	-0.029 (0.041)	-0.030 (0.040)	0.001 (0.012)	-0.030 (0.041)
Fixed asset	0.090* (0.054)	0.004 (0.016)	0.085 (0.055)	0.095* (0.054)	0.004 (0.016)	0.091* (0.055)
ROA	0.470*** (0.076)	0.553*** (0.025)	-0.083 (0.077)	0.474*** (0.076)	0.553*** (0.025)	-0.080 (0.077)
SOE	0.078** (0.034)	-0.030*** (0.009)	0.108*** (0.034)	0.075** (0.034)	-0.030*** (0.009)	0.106*** (0.034)
Export	0.013 (0.028)	0.064*** (0.008)	-0.051* (0.029)	0.013 (0.028)	0.064*** (0.008)	-0.052* (0.029)
PGDP	-0.267*** (0.072)	0.058*** (0.020)	-0.325*** (0.074)	-0.271*** (0.072)	0.057*** (0.020)	-0.328*** (0.074)
SER	-0.110*** (0.012)	-0.008** (0.003)	-0.102*** (0.012)	-0.115*** (0.012)	-0.007** (0.003)	-0.108*** (0.012)
MI	-0.128*** (0.015)	-0.010** (0.004)	-0.118*** (0.015)	-0.128*** (0.015)	-0.011** (0.004)	-0.117*** (0.015)
常数项	8.517*** (0.730)	4.053*** (0.201)	4.464*** (0.746)	7.760*** (0.730)	4.125*** (0.202)	3.635*** (0.746)
Firm FE	Yes	Yes	Yes	Yes	Yes	Yes
Year FE	Yes	Yes	Yes	Yes	Yes	Yes
观测值	229 108	229 108	229 108	229 108	229 108	229 108
调整后的 R^2	0.810	0.857	0.806	0.810	0.857	0.806

注：回归中的自变量均为滞后一期的值；括号内为 Huber - White 稳健标准误；* p < 0.1，** p < 0.05，*** p < 0.01。

第三，采用城市层面的银行业竞争程度作为自变量。每个城市的银行业竞争以该城市的银行分机构数量的前三大银行分支机构占比（CR3_city）和赫芬达尔—赫希曼指数（HHI_city）度量。估计结果如表 4.10 所示，列（1）~列（3）是基于自变量 CR3_city 的回归，银行业竞争显著减少了企业污染物排放总量和单位产出污染物排放量，但对总产值影响不明显。故而，基于 CR3_city 的回归支持了基准回归结果。列（4）~列（5）是基于 HHI_city 的回归，银行业竞争与二氧化硫排放量和单位产出二氧化硫排放量正相关，与总产值负相关，但以上均不显著，说明以城市层面的银行业竞争代理每个企业单独面临的银行业竞争存在偏误而导致估计结果不稳定。

表 4.10　　　　　　　　　城市层面的银行业竞争作为自变量

变量	Log SO$_2$	Log Output	Log SO$_2$ per unit	Log SO$_2$	Log Output	Log SO$_2$ per unit
	（1）	（2）	（3）	（4）	（5）	（6）
CR3_city	0.181 * (0.097)	−0.032 (0.027)	0.212 ** (0.099)			
HHI_city				0.239 (0.214)	−0.085 (0.058)	0.324 (0.217)
Size	0.291 *** (0.021)	0.339 *** (0.006)	−0.048 ** (0.020)	0.291 *** (0.021)	0.339 *** (0.006)	−0.048 ** (0.020)
Age	0.089 *** (0.016)	0.000 (0.004)	0.089 *** (0.017)	0.089 *** (0.016)	0.000 (0.004)	0.089 *** (0.017)
Leverage	−0.028 (0.040)	−0.000 (0.011)	−0.027 (0.040)	−0.028 (0.040)	−0.001 (0.011)	−0.027 (0.040)
Fixed asset	0.095 * (0.054)	0.006 (0.016)	0.089 (0.055)	0.095 * (0.054)	0.006 (0.016)	0.089 (0.055)
ROA	0.477 *** (0.076)	0.552 *** (0.025)	−0.075 (0.077)	0.479 *** (0.076)	0.552 *** (0.025)	−0.073 (0.077)
SOE	0.083 ** (0.033)	−0.032 *** (0.009)	0.115 *** (0.034)	0.082 ** (0.033)	−0.032 *** (0.009)	0.114 *** (0.034)

续表

变量	Log SO$_2$	Log Output	Log SO$_2$ per unit	Log SO$_2$	Log Output	Log SO$_2$ per unit
	(1)	(2)	(3)	(4)	(5)	(6)
Export	0.021 (0.028)	0.065 *** (0.008)	− 0.044 (0.029)	0.022 (0.028)	0.065 *** (0.008)	− 0.043 (0.029)
PGDP	− 0.275 *** (0.071)	0.055 *** (0.020)	− 0.330 *** (0.073)	− 0.274 *** (0.071)	0.055 *** (0.020)	− 0.329 *** (0.073)
SER	− 0.121 *** (0.012)	− 0.008 ** (0.003)	− 0.113 *** (0.012)	− 0.120 *** (0.012)	− 0.008 ** (0.003)	− 0.112 *** (0.012)
MI	− 0.142 *** (0.015)	− 0.011 *** (0.004)	− 0.131 *** (0.015)	− 0.143 *** (0.015)	− 0.011 *** (0.004)	− 0.131 *** (0.015)
常数项	8.015 *** (0.721)	4.112 *** (0.198)	3.902 *** (0.737)	8.072 *** (0.719)	4.110 *** (0.198)	3.962 *** (0.734)
Firm FE	Yes	Yes	Yes	Yes	Yes	Yes
Year FE	Yes	Yes	Yes	Yes	Yes	Yes
观测值	231 543	231 543	231 543	231 569	231 569	231 569
调整后的 R^2	0.809	0.857	0.805	0.809	0.857	0.805

注：回归中的自变量均为滞后一期的值；括号内为 Huber – White 稳健标准误；* p < 0.1，** p < 0.05，*** p < 0.01。

4.4.5 机制检验

①信息机制

信息假说提出关系型贷款有利于银行获取借款人的软信息从而缓解借贷双方的信息不对称。银行业竞争加剧会破坏借贷关系阻碍银行获取借款人的软信息，从而减少对借款人的信贷支持。如果信息假说成立，银行业竞争降低企业获取信贷的可能性，增加企业融资约束从而减少企业污染物产生量，那么相对于信息不透明的企业来说，银行业竞争的污染减排效应在信息透明的企业会更强，因为银行业竞争会阻碍关系银行获取企业信息。借鉴李志生等（2020）的方法，使用管理费用率（即管理费用和主营业务收入之比）代理企业信息透明度，管理费用率越高，企业的信息越不透明。

以管理费用率的中位数为准进行分组定义虚拟变量 High Mfee。管理费用率高于中位数时，High Mfee 取值为 1；反之，取值为 0。加入管理费用率虚拟变量 High Mfee 和银行业竞争的交互项后的估计结果如表 4.11 所示。High Mfee 的系数与企业总产出显著负相关，表明企业信息越不透明，企业总产出越低；High Mfee 的系数与单位产出二氧化硫排放量正相关，表明企业信息越不透明，单位产出二氧化硫排放越多。除了列（6）外，CR3 与 High Mfee 的交互项与企业二氧化硫排放量、总产出和单位产出二氧化硫排放量均显著正相关，表明银行业竞争的污染减排效应在信息不透明的企业中更强，这与前面根据信息假说的推断不相符。原因可能是中国目前的银行业市场结构尚且处于相对集中的状态，银行业竞争增加并没有阻碍银行获取企业的软信息，反而激励了银行主动去收集企业信息，缓解银企之间的信息不对称（姜付秀等，2019）。因而，缓解企业信息不对称是银行业竞争减少企业污染物排放的渠道之一。

表 4.11　　　　　　　　　　　信息机制检验

变量	Log SO_2	Log Output	Log SO_2 per unit	Log SO_2	Log Output	Log SO_2 per unit
	（1）	（2）	（3）	（4）	（5）	（6）
High Mfee	-0.022 (0.020)	-0.092 *** (0.006)	0.070 *** (0.020)	-0.021 (0.020)	-0.092 *** (0.006)	0.070 *** (0.020)
CR3	0.076 (0.114)	-0.044 (0.032)	0.120 (0.116)			
CR3 × High Mfee	0.423 *** (0.113)	0.084 ** (0.033)	0.339 *** (0.115)			
HHI				0.086 (0.146)	-0.066 * (0.039)	0.152 (0.148)
HHI × High Mfee				0.314 ** (0.132)	0.119 *** (0.038)	0.195 (0.134)
Size	0.289 *** (0.022)	0.329 *** (0.007)	-0.040 * (0.022)	0.291 *** (0.022)	0.329 *** (0.007)	-0.038 * (0.022)

续表

变量	Log SO$_2$	Log Output	Log SO$_2$ per unit	Log SO$_2$	Log Output	Log SO$_2$ per unit
	(1)	(2)	(3)	(4)	(5)	(6)
Age	0.075 ***	0.003	0.073 ***	0.076 ***	0.003	0.074 ***
	(0.017)	(0.005)	(0.018)	(0.017)	(0.005)	(0.018)
Leverage	− 0.007	0.000	− 0.008	− 0.008	0.000	− 0.008
	(0.043)	(0.012)	(0.043)	(0.043)	(0.012)	(0.043)
Fixed asset	0.068	0.015	0.053	0.069	0.015	0.054
	(0.057)	(0.017)	(0.058)	(0.057)	(0.017)	(0.058)
ROA	0.478 ***	0.501 ***	− 0.023	0.482 ***	0.501 ***	− 0.019
	(0.083)	(0.027)	(0.083)	(0.083)	(0.027)	(0.083)
SOE	0.060	− 0.022 **	0.082 **	0.062 *	− 0.022 **	0.084 **
	(0.038)	(0.010)	(0.038)	(0.038)	(0.010)	(0.038)
Export	0.022	0.066 ***	− 0.043	0.022	0.066 ***	− 0.044
	(0.030)	(0.009)	(0.031)	(0.030)	(0.009)	(0.031)
PGDP	− 0.221 ***	0.070 ***	− 0.291 ***	− 0.225 ***	0.069 ***	− 0.294 ***
	(0.076)	(0.022)	(0.077)	(0.076)	(0.022)	(0.077)
SER	− 0.118 ***	− 0.005	− 0.114 ***	− 0.120 ***	− 0.005	− 0.116 ***
	(0.013)	(0.003)	(0.014)	(0.013)	(0.003)	(0.014)
MI	− 0.132 ***	− 0.010 **	− 0.122 ***	− 0.131 ***	− 0.010 **	− 0.121 ***
	(0.016)	(0.005)	(0.017)	(0.016)	(0.005)	(0.017)
常数项	7.763 ***	4.004 ***	3.758 ***	7.774 ***	4.009 ***	3.766 ***
	(0.765)	(0.223)	(0.774)	(0.764)	(0.223)	(0.773)
Firm FE	Yes	Yes	Yes	Yes	Yes	Yes
Year FE	Yes	Yes	Yes	Yes	Yes	Yes
观测值	192 951	192 951	192 951	192 951	192 951	192 951
调整后的 R^2	0.805	0.851	0.800	0.805	0.851	0.800

注：回归中的自变量均为滞后一期的值；括号内为 Huber - White 稳健标准误差；* p < 0.1, ** p < 0.05, *** p < 0.01。

②融资机制

现有研究发现银行业竞争增加能够改善企业的外部融资环境，缓解其融资约束（Chong et al., 2013；Zhang et al., 2019；Chemmanur et al., 2020）。

最新关于融资约束对企业污染排放影响的研究发现放松企业信贷约束可以减少其污染排放（Andersen，2017；Zhang et al.，2019；Zhang and Zheng，2019）。因此，如果银行业竞争通过缓解企业融资约束来影响其污染排放，那么可以预期，银行业竞争的污染减排效应在融资约束较强的企业中更为明显。因此，我们加入银行业竞争与企业融资约束的交互项来验证银行业竞争污染减排效应的缓解融资约束机制。如果银行业竞争确实通过缓解企业融资约束影响企业污染排放，则交互项的系数估计应该显著为正。表 4.12 展示了将银行业竞争与融资约束的交互项纳入回归后的结果。列（1）~列（3）是自变量用 CR3 的回归结果，列（4）~列（6）是自变量用 HHI 的回归结果。融资约束 SA index 以 SA 指数的绝对值度量。SA 指数的计算方式为 $-0.737 \times$ 公司规模 $+0.043 \times$ 公司规模的平方 $-0.040 \times$ 公司年龄[①]（Hadlock and Pierce，2010）。SA index 的值越大，企业面临的融资约束越大。无论是基于 CR3 还是 HHI 的交互项系数估计值均是显著为正，表明融资约束较高的情况下，银行业竞争对企业污染物排放的抑制效应更明显。以列（1）为例，当企业的融资约束 SA index 处于样本均值时，银行业集中度 CR3 对企业二氧化硫排放量的边际效应为 0.313；而当企业融资约束 SA index 增加一个标准差（即 0.623）时，银行业集中度 CR3 对企业二氧化硫排放量的边际效应则变为 0.646（$0.313 + 0.534 \times 0.623 \approx 0.646$，P 值 = 0.000）。

表 4.12　　　　　　　　　　融资机制检验

变量	Log SO$_2$	Log Output	Log SO$_2$ per unit	Log SO$_2$	Log Output	Log SO$_2$ per unit
	（1）	（2）	（3）	（4）	（5）	（6）
SA index	-0.081 *** (0.030)	-0.135 *** (0.008)	0.054 * (0.030)	-0.081 *** (0.030)	-0.135 *** (0.008)	0.054 * (0.030)
CR3	0.313 *** (0.094)	-0.016 (0.025)	0.329 *** (0.095)			

①　公司规模等于企业总资产的自然对数，公司年龄等于当前年份减去企业开业成立年份。

续表

变量	Log SO$_2$	Log Output	Log SO$_2$ per unit	Log SO$_2$	Log Output	Log SO$_2$ per unit
	(1)	(2)	(3)	(4)	(5)	(6)
CR3 × SA index	0.534 *** (0.132)	0.093 *** (0.034)	0.442 *** (0.134)			
HHI				0.247 ** (0.118)	−0.011 (0.031)	0.257 ** (0.120)
HHI × SA index				0.342 ** (0.156)	0.099 ** (0.044)	0.244 (0.160)
Size	0.271 *** (0.020)	0.319 *** (0.006)	−0.048 ** (0.020)	0.274 *** (0.020)	0.319 *** (0.006)	−0.045 ** (0.020)
Age	0.101 *** (0.016)	0.033 *** (0.004)	0.068 *** (0.016)	0.104 *** (0.016)	0.033 *** (0.004)	0.070 *** (0.016)
Leverage	−0.029 (0.040)	−0.001 (0.011)	−0.028 (0.041)	−0.030 (0.040)	−0.001 (0.011)	−0.029 (0.041)
Fixed asset	0.095 * (0.054)	0.005 (0.016)	0.090 (0.055)	0.095 * (0.054)	0.005 (0.016)	0.090 (0.055)
ROA	0.466 *** (0.076)	0.538 *** (0.025)	−0.072 (0.077)	0.469 *** (0.076)	0.538 *** (0.025)	−0.068 (0.077)
SOE	0.075 ** (0.034)	−0.023 *** (0.009)	0.098 *** (0.034)	0.077 ** (0.034)	−0.023 *** (0.009)	0.100 *** (0.034)
Export	0.010 (0.028)	0.062 *** (0.008)	−0.052 * (0.029)	0.010 (0.028)	0.062 *** (0.008)	−0.051 * (0.029)
PGDP	−0.284 *** (0.072)	0.051 ** (0.020)	−0.335 *** (0.074)	−0.286 *** (0.072)	0.051 ** (0.020)	−0.338 *** (0.074)
SER	−0.108 *** (0.012)	−0.008 ** (0.003)	−0.101 *** (0.012)	−0.110 *** (0.012)	−0.008 ** (0.003)	−0.102 *** (0.012)
MI	−0.133 *** (0.015)	−0.010 ** (0.004)	−0.122 *** (0.015)	−0.132 *** (0.015)	−0.010 ** (0.004)	−0.122 *** (0.015)
常数项	8.313 *** (0.726)	4.264 *** (0.200)	4.048 *** (0.742)	8.306 *** (0.726)	4.263 *** (0.200)	4.043 *** (0.741)
Firm FE	Yes	Yes	Yes	Yes	Yes	Yes
Year FE	Yes	Yes	Yes	Yes	Yes	Yes
观测值	229 108	229 108	229 108	229 108	229 108	229 108
调整后的 R^2	0.810	0.857	0.806	0.810	0.857	0.806

注：回归中的自变量均为滞后一期的值；括号内为 Huber – White 稳健标准误；回归中对交互项的单独项均进行了中心化处理；* p<0.1，** p<0.05，*** p<0.01。

③购置污染治理设施机制

陈等（Chen et al.，2020）发现银行业竞争通过提高企业在污染治理固定成本上的投资促进企业环境绩效。利用废水治理设施、废气治理设施以及总的污染治理设施套数的变化数作为因变量检验银行业竞争是否增加了企业购置污染治理设施以促进企业减少污染物排放。表 4.13 展示的估计结果表明银行业竞争增加促进了企业购置污染治理设施，包括废水治理设施、废气治理设施和污染治理设施总数。

表 4.13　　　　　　　　　　　　污染治理设施机制

变量	废水治理设施变化套数	废水治理设施变化套数	废气治理设施变化套数	废气治理设施变化套数	污染治理设施变化套数	污染治理设施变化套数
	（1）	（2）	（5）	（6）	（7）	（8）
CR3	− 0.051 ** （0.023）		− 0.134 * （0.076）		− 0.173 ** （0.087）	
HHI		− 0.113 ** （0.053）		− 0.281 * （0.168）		− 0.404 ** （0.195）
Size	− 0.002 （0.004）	− 0.002 （0.004）	− 0.018 （0.016）	− 0.018 （0.016）	− 0.020 （0.018）	− 0.020 （0.018）
Age	− 0.008 ** （0.004）	− 0.008 ** （0.004）	− 0.017 （0.013）	− 0.017 （0.013）	− 0.021 （0.015）	− 0.021 （0.015）
Leverage	− 0.001 （0.010）	− 0.001 （0.010）	0.059 * （0.035）	0.059 * （0.035）	0.074 * （0.040）	0.074 * （0.040）
Fixed asset	− 0.000 （0.014）	− 0.000 （0.014）	0.074 （0.053）	0.074 （0.053）	0.046 （0.059）	0.046 （0.059）
ROA	0.042 * （0.022）	0.042 * （0.022）	0.271 *** （0.068）	0.271 *** （0.068）	0.309 *** （0.079）	0.310 *** （0.079）
SOE	− 0.004 （0.010）	− 0.004 （0.010）	− 0.059 * （0.034）	− 0.059 * （0.034）	− 0.090 ** （0.038）	− 0.091 ** （0.038）
Export	− 0.021 *** （0.007）	− 0.021 *** （0.007）	− 0.054 ** （0.025）	− 0.054 ** （0.025）	− 0.082 *** （0.028）	− 0.082 *** （0.028）
PGDP	0.001 （0.014）	0.001 （0.014）	− 0.177 *** （0.055）	− 0.178 *** （0.055）	− 0.178 *** （0.061）	− 0.180 *** （0.061）

续表

变量	废水治理设施变化套数	废水治理设施变化套数	废气治理设施变化套数	废气治理设施变化套数	污染治理设施变化套数	污染治理设施变化套数
	(1)	(2)	(5)	(6)	(7)	(8)
SER	0.007 *** (0.003)	0.007 *** (0.003)	0.030 *** (0.010)	0.030 *** (0.010)	0.036 *** (0.011)	0.037 *** (0.011)
MI	0.017 *** (0.004)	0.017 *** (0.004)	0.047 *** (0.014)	0.046 *** (0.014)	0.064 *** (0.016)	0.063 *** (0.016)
常数项	− 0.055 (0.142)	− 0.057 (0.142)	1.605 *** (0.554)	1.595 *** (0.552)	1.560 ** (0.616)	1.561 ** (0.614)
Firm FE	Yes	Yes	Yes	Yes	Yes	Yes
Year FE	Yes	Yes	Yes	Yes	Yes	Yes
观测值	229 332	229 332	229 332	229 332	229 332	229 332
调整后的 R^2	− 0.134	− 0.134	− 0.110	− 0.110	− 0.110	− 0.110

注：回归中的自变量均为滞后一期的值；括号内 Huber – White 稳健标准误； * $p < 0.1$， ** $p < 0.05$， *** $p < 0.01$。

④信贷资源配置机制

研究发现提高银行业竞争可以使信贷资金更多地流入高效率的企业中，优化信贷资源配置（戴静等，2020）。如果银行业竞争通过提高信贷资源配置效率使企业污染物排放减少，那么在全要素生产率高的企业中银行业竞争的污染减排效应会更加明显。基于 LP 法核算企业的全要素生产率，根据全要素生产率的中位数进行分组。如果企业的全要素生产率大于中位数，则 High TFP 取值为 1；反之，取值为 0。表 4.14 报告了加入 CR3 与 High TFP 的交互项后的回归结果。交互项系数与二氧化硫排放量和单位产出二氧化硫排放量均显著正相关，说明相对于低效率组企业而言，在高效率组的企业中，银行业竞争污染减排的总效应和治理效应均更加显著。以上结果验证了银行业竞争污染减排效应的信贷资源配置机制。

表 4. 14　　　　　　　　　　　　信贷资源配置机制检验

变量	Log SO$_2$	Log Output	Log SO$_2$ per unit	Log SO$_2$	Log Output	Log SO$_2$ per unit
	(1)	(2)	(3)	(4)	(5)	(6)
High TFP	0. 053 *** (0. 018)	0. 122 *** (0. 005)	− 0. 069 *** (0. 019)	0. 054 *** (0. 018)	0. 122 *** (0. 005)	− 0. 067 *** (0. 019)
CR3	0. 160 (0. 113)	− 0. 020 (0. 031)	0. 180 (0. 115)			
CR3 × High TFP	0. 241 ** (0. 095)	− 0. 003 (0. 029)	0. 244 ** (0. 096)			
HHI				0. 074 (0. 129)	− 0. 038 (0. 037)	0. 112 (0. 130)
HHI × High TFP				0. 302 *** (0. 104)	0. 043 (0. 033)	0. 259 ** (0. 105)
Size	0. 284 *** (0. 021)	0. 336 *** (0. 006)	− 0. 052 ** (0. 021)	0. 285 *** (0. 021)	0. 336 *** (0. 006)	− 0. 051 ** (0. 021)
Age	0. 081 *** (0. 016)	0. 001 (0. 004)	0. 081 *** (0. 017)	0. 082 *** (0. 016)	0. 001 (0. 004)	0. 081 *** (0. 017)
Leverage	− 0. 026 (0. 040)	0. 001 (0. 012)	− 0. 027 (0. 041)	− 0. 026 (0. 040)	0. 001 (0. 012)	− 0. 027 (0. 041)
Fixed asset	0. 099 * (0. 054)	0. 007 (0. 016)	0. 092 * (0. 055)	0. 101 * (0. 054)	0. 007 (0. 016)	0. 094 * (0. 055)
ROA	0. 464 *** (0. 076)	0. 528 *** (0. 025)	− 0. 064 (0. 077)	0. 468 *** (0. 076)	0. 528 *** (0. 025)	− 0. 059 (0. 077)
SOE	0. 076 ** (0. 034)	− 0. 031 *** (0. 009)	0. 107 *** (0. 035)	0. 077 ** (0. 034)	− 0. 031 *** (0. 009)	0. 108 *** (0. 035)
Export	0. 015 (0. 029)	0. 063 *** (0. 008)	− 0. 048 (0. 029)	0. 015 (0. 029)	0. 063 *** (0. 008)	− 0. 049 * (0. 029)
PGDP	− 0. 287 *** (0. 072)	0. 061 *** (0. 020)	− 0. 348 *** (0. 074)	− 0. 288 *** (0. 072)	0. 061 *** (0. 020)	− 0. 349 *** (0. 074)
SER	− 0. 107 *** (0. 012)	− 0. 008 ** (0. 003)	− 0. 099 *** (0. 012)	− 0. 109 *** (0. 012)	− 0. 008 ** (0. 003)	− 0. 102 *** (0. 012)
MI	− 0. 133 *** (0. 015)	− 0. 009 ** (0. 004)	− 0. 124 *** (0. 015)	− 0. 132 *** (0. 015)	− 0. 009 ** (0. 004)	− 0. 123 *** (0. 015)

续表

变量	Log SO_2	Log Output	Log SO_2 per unit	Log SO_2	Log Output	Log SO_2 per unit
	(1)	(2)	(3)	(4)	(5)	(6)
常数项	8.224 *** (0.728)	3.976 *** (0.200)	4.248 *** (0.745)	8.212 *** (0.727)	3.974 *** (0.200)	4.239 *** (0.744)
Firm FE	Yes	Yes	Yes	Yes	Yes	Yes
Year FE	Yes	Yes	Yes	Yes	Yes	Yes
观测值	226 039	226 039	226 039	226 039	226 039	226 039
调整后的 R^2	0.810	0.858	0.806	0.810	0.858	0.806

注：回归中的自变量均为滞后一期的值；括号内 Huber – White 稳健标准误； * p < 0.1， ** p < 0.05， *** p < 0.01。

4.5　进一步研究

本节探讨银行类型的调节效应和直接影响以及分支机构级别的调节效应，并进一步考察了银行业竞争污染减排效应的企业异质性和最近银企距离对企业污染物排放的影响。

4.5.1　银行类型的调节效应

本书将商业银行划分为国有商业银行、股份制商业银行、地方性商业银行（包括城市商业银行和农村商业银行）和外资银行。然后分别计算出在企业 20 千米半径范围内国有控股大型商业银行分支机构数量占比（SOBratio）、股份制商业银行分支机构数量占比（JSBratio）、地方性商业银行分支机构数量占比（LBratio）和外资银行分支机构数量占比（FBratio）。通过将不同类型银行的分支机构数量占比与银行业竞争进行交互，分析银行类型的调节效应。表 4.15 中的 Panel A 提供了国有控股大型商业银行分支机构数量占比和股份制商业银行分支机构数量占比的调节效应估计结果，Panel B 则提供了地方性商业银行分支机构数量占比和外资银行分支机构数量占比的调节效应估计结果。

表 4.15　　　　　　　　　　　　银行类型的调节效应

变量	Panel A：国有商业银行和股份制商业银行分支机构占比的调节效应					
	Log SO$_2$	Log Output	Log SO$_2$ per unit	Log SO$_2$	Log Output	Log SO$_2$ per unit
	（1）	（2）	（3）	（4）	（5）	（6）
CR3	0.299 *** (0.094)	− 0.005 (0.025)	0.303 *** (0.095)	0.265 ** (0.105)	− 0.039 (0.027)	0.304 *** (0.106)
SOBratio	0.404 *** (0.081)	− 0.048 ** (0.021)	0.452 *** (0.082)			
CR3 × SOBratio	− 0.902 ** (0.373)	0.020 (0.096)	− 0.922 ** (0.377)			
JSBratio				− 1.094 ** (0.466)	− 0.223 * (0.117)	− 0.871 * (0.470)
CR3 × JSBratio				− 2.203 (2.175)	− 1.145 ** (0.544)	− 1.058 (2.204)
Size	0.287 *** (0.021)	0.337 *** (0.006)	− 0.050 ** (0.020)	0.286 *** (0.021)	0.335 *** (0.006)	− 0.050 ** (0.021)
Age	0.085 *** (0.016)	0.001 (0.004)	0.084 *** (0.017)	0.062 *** (0.018)	0.001 (0.005)	0.061 *** (0.018)
Leverage	− 0.029 (0.040)	0.000 (0.012)	− 0.029 (0.040)	− 0.012 (0.041)	− 0.000 (0.012)	− 0.011 (0.041)
Fixed asset	0.092 * (0.054)	0.004 (0.016)	0.088 (0.055)	0.095 * (0.055)	0.008 (0.016)	0.087 (0.056)
ROA	0.464 *** (0.076)	0.554 *** (0.025)	− 0.089 (0.077)	0.481 *** (0.077)	0.544 *** (0.025)	− 0.062 (0.078)
SOE	0.076 ** (0.034)	− 0.030 *** (0.009)	0.106 *** (0.034)	0.092 *** (0.034)	− 0.030 *** (0.009)	0.122 *** (0.035)
Export	0.013 (0.028)	0.064 *** (0.008)	− 0.051 * (0.029)	0.013 (0.029)	0.064 *** (0.008)	− 0.051 * (0.029)
PGDP	− 0.271 *** (0.072)	0.057 *** (0.020)	− 0.328 *** (0.074)	− 0.283 *** (0.073)	0.055 *** (0.020)	− 0.338 *** (0.075)

Panel A：国有商业银行和股份制商业银行分支机构占比的调节效应

变量	Log SO$_2$	Log Output	Log SO$_2$ per unit	Log SO$_2$	Log Output	Log SO$_2$ per unit
	（1）	（2）	（3）	（4）	（5）	（6）
SER	−0.112***	−0.007**	−0.104***	−0.110***	−0.008**	−0.102***
	(0.012)	(0.003)	(0.012)	(0.012)	(0.003)	(0.012)
MI	−0.128***	−0.011**	−0.117***	−0.135***	−0.010**	−0.126***
	(0.015)	(0.004)	(0.015)	(0.015)	(0.004)	(0.016)
常数项	8.038***	4.088***	3.950***	8.226***	4.116***	4.110***
	(0.725)	(0.201)	(0.740)	(0.736)	(0.204)	(0.751)
Firm FE	Yes	Yes	Yes	Yes	Yes	Yes
Year FE	Yes	Yes	Yes	Yes	Yes	Yes
观测值	229 108	229 108	229 108	222 977	222 977	222 977
调整后的 R^2	0.810	0.857	0.806	0.810	0.857	0.807

Panel B：地方性商业银行和外资银行分支机构占比的调节效应

变量	Log SO$_2$	Log Output	Log SO$_2$ per unit	Log SO$_2$	Log Output	Log SO$_2$ per unit
	（1）	（2）	（3）	（4）	（5）	（6）
CR3	0.332***	−0.010	0.343***	0.394***	0.007	0.387***
	(0.096)	(0.025)	(0.097)	(0.107)	(0.028)	(0.109)
LBratio	−0.353***	0.049**	−0.402***			
	(0.081)	(0.021)	(0.083)			
CR3 × LBratio	0.736*	−0.022	0.759**			
	(0.381)	(0.099)	(0.386)			
FBratio				1.166	1.878	−0.711
				(8.684)	(2.204)	(8.901)
CR3 × FBratio				45.165	20.767**	24.398
				(37.177)	(9.490)	(38.009)
Size	0.288***	0.335***	−0.047**	0.285***	0.335***	−0.050**
	(0.021)	(0.006)	(0.021)	(0.021)	(0.006)	(0.021)
Age	0.062***	0.001	0.061***	0.062***	0.001	0.061***
	(0.018)	(0.005)	(0.018)	(0.018)	(0.005)	(0.018)

续表

Panel B：地方性商业银行和外资银行分支机构占比的调节效应

变量	Log SO$_2$	Log Output	Log SO$_2$ per unit	Log SO$_2$	Log Output	Log SO$_2$ per unit
	（1）	（2）	（3）	（4）	（5）	（6）
Leverage	− 0.012 （0.041）	− 0.000 （0.012）	− 0.012 （0.041）	− 0.012 （0.041）	− 0.000 （0.012）	− 0.012 （0.041）
Fixed asset	0.094 * （0.055）	0.008 （0.016）	0.086 （0.056）	0.093 * （0.055）	0.007 （0.016）	0.086 （0.056）
ROA	0.470 *** （0.077）	0.543 *** （0.025）	− 0.073 （0.078）	0.473 *** （0.077）	0.541 *** （0.025）	− 0.068 （0.078）
SOE	0.093 *** （0.034）	− 0.030 *** （0.009）	0.123 *** （0.035）	0.091 *** （0.034）	− 0.030 *** （0.009）	0.121 *** （0.035）
Export	0.013 （0.029）	0.064 *** （0.008）	− 0.051 * （0.029）	0.013 （0.029）	0.064 *** （0.008）	− 0.051 * （0.029）
PGDP	− 0.280 *** （0.073）	0.051 ** （0.020）	− 0.330 *** （0.075）	− 0.307 *** （0.073）	0.046 ** （0.021）	− 0.353 *** （0.075）
SER	− 0.111 *** （0.012）	− 0.006 ** （0.003）	− 0.105 *** （0.012）	− 0.100 *** （0.013）	− 0.005 （0.003）	− 0.096 *** （0.013）
MI	− 0.135 *** （0.015）	− 0.010 ** （0.004）	− 0.124 *** （0.016）	− 0.137 *** （0.015）	− 0.010 ** （0.004）	− 0.128 *** （0.016）
常数项	8.177 *** （0.738）	4.172 *** （0.204）	4.005 *** （0.753）	8.502 *** （0.739）	4.220 *** （0.206）	4.282 *** （0.754）
Firm FE	Yes	Yes	Yes	Yes	Yes	Yes
Year FE	Yes	Yes	Yes	Yes	Yes	Yes
观测值	222 977	222 977	222 977	222 977	222 977	222 977
调整后的 R^2	0.810	0.857	0.807	0.810	0.857	0.807

注：回归中的自变量均为滞后一期的值；括号内为 Huber – White 稳健标准误；＊p < 0.1，＊＊p < 0.05，＊＊＊p < 0.01。

Panel A 中的列（1）~列（3）报告了国有商业银行分支机构占比的调节效应，列（1）和列（3）的交互项系数显著为负，表明国有商业银行占比越高，银行业竞争污染减排的总效应和治理效应越弱，即国有商业银行占比阻碍了银行业竞争减少企业污染物排放。列（4）~列（6）汇报了股份制商业银行分支机构占比的调节效应，列（4）和列（6）的交互项系数不显著，只有列（5）的交互项系数显著为负，表明股份制商业银行分支机构数量占比增强了银行业竞争对企业总产出的促进作用，但对银行业竞争污染减排的总效应和治理效应没有影响。

Panel B 中的列（1）~列（3）展示了地方性商业银行分支机构占比的调节效应，列（1）和列（3）中交互项系数显著为正，说明地方性商业银行显著促进了银行业竞争污染减排的总效应和治理效应。列（4）~列（6）汇报了外资银行占比的调节效应，外资银行不仅没有促进银行业竞争污染减排的总效应和治理效应，而且抑制了银行业竞争对企业总产出的促进作用。这与已有文献的研究发现存在差异（诸竹君等，2020；杨振宇等，2021），表明对于外资银行的作用还应当再进行细致的考察。

从表4.15来看，国有商业银行占比阻碍了银行业竞争污染减排的总效应和治理效应，而地方性商业银行占比则促进了银行业竞争污染减排的总效应和治理效应。股份制商业银行占比和外资银行占比则对银行业竞争污染减排效应没有明显影响。

4.5.2 银行类型的直接影响

表4.16展示了企业附近5千米、10千米、15千米和20千米半径范围内不同类型银行的分支机构数量对企业污染物排放的影响，进一步探究银行类型对企业污染排放的直接影响。按银行类型分别统计了国有商业银行分支机构数量（SOBnum）、股份制商业银行分支机构数量（JSBnum）、地方性商业银行分支机构数量（LBnum）和外资银行分支机构数量（FBnum）。将各类型银行分支机构数量的对数形式纳入估计，Panel A 汇报了企业附近5千米和10千米内的估计结果，Panel B 汇报了企业附近10千米和20千米的估计结果。结果表明，国有商业银行分支机构数量越多，企业污染物排放量和单位产出污染物排放量越多；股份制商业银行和地方性商业银行分支机构数量越多，企业污染物排放量和单位产出污染物排放量越少；外资银行

分支机构数量对企业污染物排放量和单位产出污染物排放量没有显著影响。以上结果说明不同类型的银行对企业污染减排具有不同的影响，股份制商业银行和地方性商业银行能显著促进企业污染减排，且地方性商业银行的促进作用大于股份制商业银行。原因可能是股份制商业银行在全国范围内经营，其资金来源更广、经营风险更分散，贷款决策上受政府影响较小、更有自主权；地方性商业银行因其扎根当地，在获取本地企业的软信息上具有优势，能更好地筛选出优质的潜力企业放贷，且地方性商业银行受到地方政府影响更大，也更关心本地企业对本地产生的环境问题，因而地方性商业银行对企业污染减排的促进作用大于股份制商业银行对企业污染减排的促进作用；国有商业银行更偏好向国有企业放贷，但其放贷效率不高。

表 4.16　　　　　　　不同类型银行对企业污染物排放的影响

Panel A：企业附近 5 千米和 10 千米内的估计结果

变量	5 千米			10 千米		
	Log SO$_2$	Log Output	Log SO$_2$ per unit	Log SO$_2$	Log Output	Log SO$_2$ per unit
	（1）	（2）	（3）	（4）	（5）	（6）
SOBnum	0.057*** (0.013)	−0.006* (0.004)	0.064*** (0.013)	0.042** (0.016)	−0.001 (0.004)	0.042*** (0.016)
JSBnum	−0.039* (0.023)	−0.0004 (0.006)	−0.039* (0.023)	−0.037* (0.022)	−0.002 (0.006)	−0.035 (0.023)
LBnum	−0.114*** (0.014)	0.002 (0.004)	−0.116*** (0.014)	−0.091*** (0.012)	0.002 (0.003)	−0.093*** (0.012)
FBnum	0.022 (0.059)	−0.023 (0.017)	0.044 (0.061)	−0.042 (0.046)	−0.028** (0.012)	−0.014 (0.047)
Size	0.294*** (0.021)	0.339*** (0.006)	−0.045** (0.020)	0.295*** (0.021)	0.339*** (0.006)	−0.044** (0.020)
Age	0.068*** (0.018)	0.001 (0.005)	0.068*** (0.018)	0.069*** (0.018)	0.0006 (0.005)	0.068*** (0.018)
Leverage	−0.024 (0.040)	−0.001 (0.011)	−0.023 (0.040)	−0.024 (0.040)	−0.001 (0.011)	−0.024 (0.040)

续表

	Panel A：企业附近 5 千米和 10 千米内的估计结果					
变量	5 千米			10 千米		
	Log SO$_2$	Log Output	Log SO$_2$ per unit	Log SO$_2$	Log Output	Log SO$_2$ per unit
	（1）	（2）	（3）	（4）	（5）	（6）
Fixed asset	0.090 *	0.005	0.085	0.089 *	0.005	0.084
	(0.054)	(0.016)	(0.055)	(0.054)	(0.016)	(0.055)
ROA	0.470 ***	0.550 ***	− 0.080	0.467 ***	0.549 ***	− 0.083
	(0.076)	(0.025)	(0.077)	(0.076)	(0.025)	(0.077)
SOE	0.093 ***	− 0.031 ***	0.125 ***	0.094 ***	− 0.032 ***	0.126 ***
	(0.033)	(0.009)	(0.034)	(0.033)	(0.009)	(0.034)
Export	0.025	0.065 ***	− 0.041	0.025	0.065 ***	− 0.040
	(0.028)	(0.008)	(0.029)	(0.028)	(0.008)	(0.029)
PGDP	− 0.267 ***	0.057 ***	− 0.324 ***	− 0.265 ***	0.055 ***	− 0.321 ***
	(0.071)	(0.020)	(0.073)	(0.071)	(0.020)	(0.073)
SER	− 0.118 ***	− 0.008 **	− 0.110 ***	− 0.116 ***	− 0.007 **	− 0.109 ***
	(0.012)	(0.003)	(0.012)	(0.012)	(0.003)	(0.013)
MI	− 0.138 ***	− 0.012 ***	− 0.126 ***	− 0.137 ***	− 0.011 ***	− 0.125 ***
	(0.015)	(0.004)	(0.015)	(0.015)	(0.004)	(0.015)
常数项	8.014 ***	4.096 ***	3.919 ***	8.024 ***	4.098 ***	3.925 ***
	(0.717)	(0.198)	(0.733)	(0.718)	(0.198)	(0.734)
Firm FE	Yes	Yes	Yes	Yes	Yes	Yes
Year FE	Yes	Yes	Yes	Yes	Yes	Yes
观测值	231 698	231 698	231 698	231 698	231 698	231 698
调整后的 R^2	0.809	0.857	0.805	0.809	0.857	0.805

	Panel B：企业附近 15 千米和 20 千米内的估计结果					
变量	15 千米			20 千米		
	Log SO$_2$	Log Output	Log SO$_2$ per unit	Log SO$_2$	Log Output	Log SO$_2$ per unit
	（1）	（2）	（3）	（4）	（5）	（6）
SOBnum	0.064 ***	− 0.001	0.066 ***	0.072 ***	0.002	0.069 ***
	(0.018)	(0.004)	(0.018)	(0.019)	(0.005)	(0.019)
JSBnum	− 0.096 ***	0.003	− 0.099 ***	− 0.132 ***	− 0.0002	− 0.132 ***
	(0.022)	(0.006)	(0.023)	(0.023)	(0.006)	(0.023)

续表

	Panel B：企业附近 15 千米和 20 千米内的估计结果					
变量	15 千米			20 千米		
	Log SO$_2$	Log Output	Log SO$_2$ per unit	Log SO$_2$	Log Output	Log SO$_2$ per unit
	（1）	（2）	（3）	（4）	（5）	（6）
LBnum	− 0.067 *** (0.011)	0.003 (0.003)	− 0.070 *** (0.011)	− 0.051 *** (0.010)	0.002 (0.003)	− 0.053 *** (0.010)
FBnum	− 0.013 (0.039)	− 0.032 *** (0.011)	0.020 (0.040)	− 0.063 * (0.037)	− 0.015 (0.010)	− 0.048 (0.038)
Size	0.294 *** (0.020)	0.339 *** (0.006)	− 0.044 ** (0.020)	0.294 *** (0.020)	0.339 *** (0.006)	− 0.045 ** (0.020)
Age	0.069 *** (0.018)	0.0006 (0.005)	0.068 *** (0.018)	0.069 *** (0.018)	0.0003 (0.005)	0.069 *** (0.018)
Leverage	− 0.024 (0.040)	− 0.001 (0.011)	− 0.023 (0.040)	− 0.025 (0.040)	− 0.001 (0.011)	− 0.024 (0.040)
Fixed asset	0.088 (0.054)	0.005 (0.016)	0.083 (0.055)	0.085 (0.054)	0.005 (0.016)	0.080 (0.055)
ROA	0.470 *** (0.076)	0.550 *** (0.025)	− 0.080 (0.077)	0.466 *** (0.076)	0.550 *** (0.025)	− 0.084 (0.077)
SOE	0.096 *** (0.033)	− 0.032 *** (0.009)	0.127 *** (0.034)	0.097 *** (0.033)	− 0.032 *** (0.009)	0.129 *** (0.034)
Export	0.025 (0.028)	0.065 *** (0.008)	− 0.040 (0.029)	0.025 (0.028)	0.065 *** (0.008)	− 0.040 (0.029)
PGDP	− 0.265 *** (0.071)	0.054 *** (0.020)	− 0.319 *** (0.073)	− 0.272 *** (0.071)	0.055 *** (0.020)	− 0.327 *** (0.073)
SER	− 0.115 *** (0.013)	− 0.006 * (0.003)	− 0.109 *** (0.013)	− 0.108 *** (0.013)	− 0.007 ** (0.003)	− 0.101 *** (0.013)
MI	− 0.135 *** (0.015)	− 0.012 *** (0.004)	− 0.123 *** (0.015)	− 0.133 *** (0.015)	− 0.011 *** (0.004)	− 0.122 *** (0.015)
常数项	7.953 *** (0.717)	4.113 *** (0.198)	3.841 *** (0.732)	8.002 *** (0.718)	4.089 *** (0.199)	3.913 *** (0.734)
Firm FE	Yes	Yes	Yes	Yes	Yes	Yes
Year FE	Yes	Yes	Yes	Yes	Yes	Yes
观测值	231 698	231 698	231 698	231 698	231 698	231 698
调整后的 R^2	0.809	0.857	0.805	0.809	0.857	0.805

注：回归中的自变量均为滞后一期的值；括号内为 Huber - White 稳健标准误；* p < 0.1，** p < 0.05，*** p < 0.01。

4.5.3　分支机构级别的调节效应

在第 3 章中基于分支机构构建银行业竞争变量时将所有分支机构视为同质的，但实际上分支机构可能是异质的。最典型的就是分支机构存在级别的差异，级别越高的分支机构往往具有更高的贷款审批权限和贷款额度。根据《金融许可证机构编码编制规则（试行）》，许可证信息中机构编码的第六位（即组织类别代码）可以判断出分支机构的级别。分理处、储蓄所分支机构级别从高到低，可以分为总行级、一级分行级、二级分行级、支行级，根据本章的统计，二级及以上级的分支机构数量只占分支机构总数的 4.94%，而支行级的分支机构数量占分支机构总数的 67.88%，是分支机构数量最多的级别。根据李志生等（2020）的做法，构建出企业附近 20 千米半径范围内二级及以上级的分支机构占比变量和是否有二级及以上级的分支机构虚拟变量，将这两个变量与银行业竞争的交互项纳入回归分析，结果汇报在表 4.17 中。交互项的系数估计值显著为正，表明二级及以上级的分支机构占比显著加强了银行业竞争对企业的污染减排效应；在有二级及以上级的分支机构的组别中，银行业竞争对企业的污染减排效应更大。

表 4.17　　　　　　　　　　　分支机构级别的调节效应

变量	Log SO$_2$	Log Output	Log SO$_2$ per unit	Log SO$_2$	Log Output	Log SO$_2$ per unit
	(1)	(2)	(3)	(4)	(5)	(6)
CR3	0.424 *** (0.094)	−0.020 (0.026)	0.444 *** (0.095)	0.244 ** (0.124)	0.001 (0.034)	0.243 * (0.125)
二级及以上级的占比	1.580 *** (0.480)	−0.402 *** (0.131)	1.982 *** (0.488)			
CR3 × 二级及以上级的占比	3.925 * (2.228)	0.178 (0.605)	3.747 * (2.272)			
有二级及以上级的				0.058 * (0.033)	0.001 (0.009)	0.057 * (0.034)

续表

变量	Log SO_2	Log Output	Log SO_2 per unit	Log SO_2	Log Output	Log SO_2 per unit
	(1)	(2)	(3)	(4)	(5)	(6)
CR3 × 有二级及以上级的				0.300 *	−0.025	0.325 *
				(0.169)	(0.046)	(0.171)
Size	0.306 ***	0.338 ***	−0.032	0.305 ***	0.338 ***	−0.033 *
	(0.020)	(0.006)	(0.020)	(0.020)	(0.006)	(0.020)
Age	0.031 *	0.001	0.030 *	0.031 *	0.001	0.030 *
	(0.016)	(0.004)	(0.016)	(0.016)	(0.004)	(0.016)
Leverage	0.058	0.000	0.058	0.059	0.000	0.058
	(0.041)	(0.012)	(0.041)	(0.041)	(0.012)	(0.041)
Fixed asset	0.003	0.005	−0.001	0.005	0.004	0.001
	(0.054)	(0.016)	(0.055)	(0.054)	(0.016)	(0.055)
ROA	0.272 ***	0.553 ***	−0.281 ***	0.274 ***	0.553 ***	−0.279 ***
	(0.075)	(0.025)	(0.077)	(0.075)	(0.025)	(0.077)
SOE	0.056 *	−0.030 ***	0.086 **	0.054	−0.030 ***	0.084 **
	(0.033)	(0.009)	(0.034)	(0.033)	(0.009)	(0.034)
Export	0.048 *	0.065 ***	−0.017	0.047 *	0.064 ***	−0.017
	(0.026)	(0.008)	(0.027)	(0.026)	(0.008)	(0.027)
PGDP	−0.255 ***	0.058 ***	−0.312 ***	−0.260 ***	0.059 ***	−0.318 ***
	(0.066)	(0.020)	(0.068)	(0.066)	(0.020)	(0.068)
SER	−0.052 ***	−0.008 **	−0.044 ***	−0.051 ***	−0.008 **	−0.043 ***
	(0.011)	(0.003)	(0.011)	(0.011)	(0.003)	(0.011)
MI	0.036 **	−0.011 **	0.047 ***	0.034 **	−0.010 **	0.044 ***
	(0.015)	(0.004)	(0.015)	(0.015)	(0.004)	(0.016)
常数项	5.480 ***	4.078 ***	1.402 **	5.519 ***	4.063 ***	1.456 **
	(0.666)	(0.201)	(0.679)	(0.666)	(0.201)	(0.679)
Firm FE	Yes	Yes	Yes	Yes	Yes	Yes
Year FE	Yes	Yes	Yes	Yes	Yes	Yes
观测值	229 114	229 114	229 114	229 114	229 114	229 114
调整后的 R^2	0.757	0.857	0.722	0.757	0.857	0.722

注：回归中的自变量均为滞后一期的值；括号内为 Huber – White 稳健标准误；* $p < 0.1$，** $p < 0.05$，*** $p < 0.01$。

4.5.4 企业的异质性分析

银行业竞争对企业污染物排放的影响可能因企业的特征而不同。在中国，国有企业由于肩负国家发展战略定位，在银行融资中享有特殊的政策支持，而非国有企业则受到银行的信贷歧视（Brandt and Li，2003）。尽管中小企业（SMEs）对我国的就业和经济增长作出了巨大贡献，但与大企业相比，这些企业仍面临着更困难和更昂贵的外部融资（Beck and Demirguc-Kunt，2006）。污染行业是污染物产生的主要来源，自"十一五"规划以来，我国严格监管对高污染行业的信贷配置。研究揭示信贷配置量前十的行业中，高污染行业就占了 6 个（刘锡良和文书洋，2019；陆菁等，2021）。那么，银行业竞争提高是否增加了对污染行业的信贷配置，进而影响污染行业企业的污染物排放。绿色行业是经济绿色可持续发展的关键行业，绿色行业的发展可以助力企业污染治理、节约资源、提高效益。因此，本部分从企业产权性质和行业属性角度分析银行业竞争污染减排效应的异质性。

过去几十年，我国经历了从一个由国有企业主导的经济体系转变到国有企业和非国有企业共存的经济体系（Walheer and He，2020）。我国国有企业与非国有企业并存的现状，为探讨银行业竞争对不同所有制企业污染减排的影响是否也不同提供了可能。国有企业控制着中国经济的很大一部分（Chemmanur et al.，2020）。政府利用信贷政策和其他补贴政策支持国有企业发展的现象被称为预算软约束（Lin and Tan，1999）。政府担保降低了银行对国有企业债务融资索取的风险溢价，从而降低了国有企业的信贷融资成本，增加了国有企业的信贷融资额度（Lin et al.，2015）。基于这些原因，国有商业银行更愿意贷款给国有企业。政府之所以通过融资政策支持国有企业的发展，有两个原因：第一，国有企业除了实现利润目标外，还需要进行多任务处理，如提供就业和社会福利（Bai et al.，2000）；第二，国有企业需要维护特定行业的运营，并提供涉及国家和人民利益的重要商品（Borisova and Megginson，2011）。此外，民营银行也可能更愿意向国有企业放贷，因为这有助于其与政府建立政治联系（Liu et al.，2018）。国有企业的特殊地位决定了国有企业要比非国有企业承担更多的环境保护责任（刘畅和张景华，2020）。基于企业产权性质定义了国有企业虚拟变量 SOE，表 4.18 中 Panel A 呈现了按照企业产权性质分组后的估计结果。在国有企业组中，银行业竞争与二氧化硫排放量和单位产出二氧化硫排放量均显著正相关，即银行业竞争存在显著的污染减排总效应和治理效应；而在非国有企业组中，则没有发现显著的银行业竞争污染减排效应。

表 4.18　　　　　　　　　　　　　　企业的异质性分析

变量	SOE			Non – SOE		
	Log SO_2	Log Output	Log SO_2 per unit	Log SO_2	Log Output	Log SO_2 per unit
	（1）	（2）	（3）	（4）	（5）	（6）
CR3	1.071 *** (0.250)	0.012 (0.071)	1.059 *** (0.254)	0.156 (0.100)	−0.027 (0.027)	0.183 * (0.102)
Size	0.228 *** (0.080)	0.373 *** (0.023)	−0.145 * (0.083)	0.290 *** (0.021)	0.325 *** (0.007)	−0.035 * (0.021)
Age	0.118 ** (0.049)	−0.017 (0.014)	0.135 *** (0.050)	0.084 *** (0.018)	0.006 (0.005)	0.078 *** (0.018)
Leverage	−0.190 (0.129)	0.012 (0.037)	−0.202 (0.134)	0.051 (0.042)	0.010 (0.012)	0.041 (0.042)
Fixed asset	0.185 (0.170)	−0.097 * (0.050)	0.281 (0.171)	0.096 * (0.056)	0.043 *** (0.017)	0.054 (0.057)
ROA	0.079 (0.366)	1.292 *** (0.116)	−1.213 *** (0.373)	0.501 *** (0.078)	0.482 *** (0.025)	0.019 (0.079)
Export	0.004 (0.083)	0.059 ** (0.025)	−0.055 (0.087)	−0.002 (0.030)	0.062 *** (0.009)	−0.064 ** (0.030)
PGDP	−0.316 * (0.174)	0.089 * (0.053)	−0.405 ** (0.178)	−0.261 *** (0.080)	0.040 * (0.022)	−0.301 *** (0.082)
SER	−0.064 ** (0.032)	0.011 (0.010)	−0.075 ** (0.032)	−0.113 *** (0.013)	−0.010 *** (0.003)	−0.103 *** (0.013)

| | Panel A：企业产权性质 | | | | | |

变量	SOE			Non-SOE		
	$Log\ SO_2$	Log Output	$Log\ SO_2$ per unit	$Log\ SO_2$	Log Output	$Log\ SO_2$ per unit
	（1）	（2）	（3）	（4）	（5）	（6）
MI	-0.037 (0.042)	-0.023* (0.012)	-0.014 (0.043)	-0.171*** (0.016)	-0.004 (0.005)	-0.167*** (0.016)
常数项	8.017*** (1.901)	3.443*** (0.538)	4.574** (1.960)	8.045*** (0.807)	4.337*** (0.219)	3.708*** (0.822)
Firm FE	Yes	Yes	Yes	Yes	Yes	Yes
Year FE	Yes	Yes	Yes	Yes	Yes	Yes
观测值	30 237	30 237	30 237	195 245	195 245	195 245
调整后的 R^2	0.829	0.896	0.806	0.811	0.852	0.811

| | Panel B：是否污染行业企业 | | | | | |

变量	PI			NPI		
	$Log\ SO_2$	Log Output	$Log\ SO_2$ per unit	$Log\ SO_2$	Log Output	$Log\ SO_2$ per unit
	（1）	（2）	（3）	（4）	（5）	（6）
CR3	0.161 (0.120)	0.003 (0.030)	0.158 (0.121)	0.559*** (0.149)	-0.022 (0.044)	0.581*** (0.153)
Size	0.299*** (0.027)	0.312*** (0.008)	-0.013 (0.026)	0.256*** (0.032)	0.373*** (0.011)	-0.117*** (0.033)
Age	0.037* (0.021)	-0.006 (0.005)	0.043** (0.021)	0.157*** (0.027)	0.009 (0.008)	0.147*** (0.028)
Leverage	0.072 (0.051)	-0.010 (0.014)	0.082 (0.051)	-0.190*** (0.065)	0.009 (0.020)	-0.199*** (0.068)
Fixed asset	0.041 (0.067)	0.024 (0.019)	0.017 (0.067)	0.140 (0.090)	-0.030 (0.029)	0.170* (0.094)
ROA	0.546*** (0.098)	0.532*** (0.030)	0.014 (0.098)	0.327*** (0.123)	0.566*** (0.043)	-0.239* (0.126)
SOE	-0.015 (0.043)	-0.023** (0.012)	0.008 (0.044)	0.208*** (0.053)	-0.039*** (0.014)	0.247*** (0.055)

续表

	Panel B：是否污染行业企业					
	PI			NPI		
变量	Log SO$_2$	Log Output	Log SO$_2$ per unit	Log SO$_2$	Log Output	Log SO$_2$ per unit
	（1）	（2）	（3）	（4）	（5）	（6）
Export	0.008 (0.038)	0.063 *** (0.011)	− 0.055 (0.039)	0.037 (0.042)	0.065 *** (0.012)	− 0.028 (0.044)
PGDP	− 0.338 *** (0.088)	0.083 *** (0.026)	− 0.420 *** (0.090)	− 0.216 * (0.119)	0.018 (0.032)	− 0.235 * (0.123)
SER	− 0.180 *** (0.017)	− 0.005 (0.004)	− 0.175 *** (0.017)	− 0.010 (0.018)	− 0.010 * (0.005)	− 0.000 (0.018)
MI	− 0.201 *** (0.019)	− 0.008 (0.006)	− 0.193 *** (0.020)	− 0.025 (0.024)	− 0.011 (0.007)	− 0.014 (0.025)
常数项	10.291 *** (0.894)	4.064 *** (0.257)	6.227 *** (0.907)	4.837 *** (1.208)	4.141 *** (0.327)	0.697 (1.246)
Firm FE	Yes	Yes	Yes	Yes	Yes	Yes
Year FE	Yes	Yes	Yes	Yes	Yes	Yes
观测值	132 588	132 588	132 588	95 163	95 163	95 163
调整后的 R^2	0.771	0.857	0.766	0.816	0.858	0.808

	Panel C：是否绿色行业企业					
	绿色行业			非绿色行业		
变量	Log SO$_2$	Log Output	Log SO$_2$ per unit	Log SO$_2$	Log Output	Log SO$_2$ per unit
	（1）	（2）	（3）	（4）	（5）	（6）
CR3	0.562 *** (0.216)	− 0.078 (0.061)	0.639 *** (0.225)	0.241 ** (0.104)	0.014 (0.028)	0.227 ** (0.105)
Size	0.177 *** (0.046)	0.385 *** (0.014)	− 0.208 *** (0.048)	0.305 *** (0.023)	0.325 *** (0.007)	− 0.020 (0.023)
Age	0.152 *** (0.035)	− 0.003 (0.010)	0.155 *** (0.037)	0.058 *** (0.019)	0.002 (0.005)	0.056 *** (0.019)
Leverage	− 0.329 *** (0.094)	0.032 (0.028)	− 0.361 *** (0.097)	0.063 (0.044)	− 0.009 (0.013)	0.072 (0.045)
Fixed asset	0.184 (0.128)	− 0.064 (0.039)	0.248 * (0.133)	0.049 (0.060)	0.017 (0.017)	0.033 (0.060)

变量	绿色行业			非绿色行业		
	Log SO$_2$	Log Output	Log SO$_2$ per unit	Log SO$_2$	Log Output	Log SO$_2$ per unit
	（1）	（2）	（3）	（4）	（5）	（6）
ROA	−0.065 (0.193)	0.595*** (0.062)	−0.659*** (0.197)	0.563*** (0.083)	0.540*** (0.027)	0.023 (0.084)
SOE	0.215*** (0.061)	−0.048*** (0.017)	0.263*** (0.064)	0.008 (0.040)	−0.023** (0.011)	0.031 (0.040)
Export	0.015 (0.055)	0.071*** (0.015)	−0.056 (0.057)	0.010 (0.033)	0.062*** (0.010)	−0.052 (0.034)
PGDP	−0.377** (0.157)	−0.026 (0.042)	−0.351** (0.161)	−0.274*** (0.080)	0.081*** (0.022)	−0.354*** (0.081)
SER	0.021 (0.023)	−0.000 (0.007)	0.021 (0.023)	−0.152*** (0.014)	−0.009** (0.004)	−0.143*** (0.015)
MI	0.044 (0.032)	−0.006 (0.009)	0.050 (0.034)	−0.190*** (0.017)	−0.012** (0.005)	−0.179*** (0.017)
常数项	6.537*** (1.615)	4.513*** (0.429)	2.025 (1.671)	8.833*** (0.807)	3.950*** (0.225)	4.883*** (0.818)
Firm FE	Yes	Yes	Yes	Yes	Yes	Yes
Year FE	Yes	Yes	Yes	Yes	Yes	Yes
观测值	54 339	54 339	54 339	174 030	174 030	174 030
调整后的 R^2	0.844	0.867	0.836	0.782	0.852	0.774

Panel C：是否绿色行业企业

注：回归中的自变量均为滞后一期的值；括号内为 Huber – White 稳健标准误；* p < 0.1，** p < 0.05，*** p < 0.01。

表 4.18 的 Panel B 报告了按照企业是否属于污染行业分组后的回归结果。借鉴何等（He et al.，2020）的研究，根据环境保护部[①]依照化学需氧量排放量指定的行业划分标准，将工业企业数据库中的企业分为污染行业企业（PI）和非污染行业企业（NPI）[②]。结果显示，银行业竞争的污染减排

[①] 2018 年改为生态环境部。
[②] 污染行业和非污染行业对应的代码见附录。

效应只在非污染行业企业中显著，在污染行业企业中不显著。原因可能是银行业竞争使银行减少了对污染企业的资金支持，污染企业没有资金用于污染治理；也可能是污染企业获得了资金但没有将资金用于污染治理。政府应该采取措施调节污染行业企业的资金分配，加强对污染行业的环境监督，使污染行业企业加大对污染治理的投入。

表 4.18 的 Panel C 汇报了按照企业是否属于绿色行业分组后的回归结果。绿色行业的划分依据陈文汇等（2015）和陈等（Chen et al.，2017）测算的行业相对绿色度，将他们测算出的深绿色行业和浅绿色行业划分为绿色行业，其他行业则为非绿色行业。结果显示，银行业竞争的污染减排总效应和治理效应在绿色行业企业组和非绿色行业企业组中均存在，但在绿色行业组中总效应和治理效应更大。

4.5.5 最近银企距离分析

本小节考察与企业离得最近的银行分支机构的银企距离对企业污染减排的影响。表 4.19 中报告了最近银企距离对企业二氧化硫排放的影响。最近银企距离 Closest 是离企业最近的银行分支机构与企业间的直线距离加 1 的自然对数。结果显示，银企距离越近，二氧化硫排放量和单位二氧化硫排放量均越少。银企距离越小，银行更容易获得企业软信息，也更容易对企业进行监督。因此，银企距离可能通过降低企业融资成本和强化对企业的风险控制来影响企业污染物排放（许和连等，2020）。

表 4.19 最近银企距离分析

变量	Log SO_2	Log Output	Log SO_2 per unit
	（1）	（2）	（3）
Closest	0.035 *** （0.009）	0.004 （0.002）	0.031 *** （0.009）
Size	0.285 *** （0.021）	0.337 *** （0.006）	− 0.053 ** （0.020）

续表

变量	Log SO_2	Log Output	Log SO_2 per unit
	(1)	(2)	(3)
Age	0.086 ***	0.001	0.085 ***
	(0.016)	(0.004)	(0.017)
Leverage	− 0.029	0.001	− 0.030
	(0.040)	(0.012)	(0.041)
Fixed asset	0.092 *	0.004	0.088
	(0.054)	(0.016)	(0.055)
ROA	0.478 ***	0.552 ***	− 0.074
	(0.076)	(0.025)	(0.077)
SOE	0.076 **	− 0.030 ***	0.105 ***
	(0.034)	(0.009)	(0.034)
Export	0.013	0.064 ***	− 0.052 *
	(0.028)	(0.008)	(0.029)
PGDP	− 0.285 ***	0.059 ***	− 0.344 ***
	(0.072)	(0.020)	(0.074)
SER	− 0.109 ***	− 0.008 **	− 0.101 ***
	(0.012)	(0.003)	(0.012)
MI	− 0.132 ***	− 0.010 **	− 0.122 ***
	(0.015)	(0.004)	(0.015)
常数项	7.983 ***	4.038 ***	3.945 ***
	(0.727)	(0.202)	(0.743)
Firm FE	Yes	Yes	Yes
Year FE	Yes	Yes	Yes
观测值	229 108	229 108	229 108
调整后的 R^2	0.810	0.857	0.806

注：回归中的自变量均为滞后一期的值；括号内为 Huber – White 稳健标准误；回归中对交互项的单独项均进行了中心化处理；* p < 0.1，** p < 0.05，*** p < 0.01。

4.6 本章小结

通过将工业企业数据库与污染数据库以及企业层面的银行业竞争数据

相匹配，本章探讨了银行业竞争对企业污染物排放的影响。本章将银行业竞争对企业污染物排放的影响分解为规模效应和治理效应，规模效应与治理效应相加便得到总效应，并实证检验了银行业竞争对企业污染物排放的总效应、规模效应和治理效应。主要研究结果有三点。第一，银行业竞争显著减少了企业污染物排放量和企业单位产出污染物排放量，即证实了银行业竞争污染减排的总效应和治理效应，但没有发现银行业竞争污染减排的规模效应；以上研究结论在缓解内生性问题和稳健性检验后依然成立。第二，机制检验显示，银行业竞争通过减少信息不对称、缓解企业融资约束、促进企业购置污染治理设施和提高信贷资源配置效率影响企业污染物排放。第三，进一步研究显示，国有商业银行分支机构数量占比显著削弱了银行业竞争的污染减排效应，而地方性商业银行分支机构数量占比显著增强了银行业竞争的污染减排效应。银行类型的直接影响表明，股份制商业银行和地方性商业银行分支机构数量显著减少了企业污染物排放，外资银行分支机构数量对企业污染物排放没有影响，而国有商业银行分支机构数量则增加了企业污染物排放。二级及以上级的分支机构占比增加可以促进银行业竞争的污染减排效应。企业异质性检验表明银行业竞争对企业的污染减排效应在国有企业、非污染行业企业和绿色行业企业中更明显。与企业最近的银行的银企距离越短，企业污染物排放越少。

第 5 章

银行业竞争对企业绿色创新的影响研究

第 4 章分析了银行业竞争对企业污染物排放的影响。企业实现绿色发展除了进行污染治理外，根本上还得依靠创新。而绿色创新能够提高企业的资源利用效率，减少生产过程中产生的污染，从技术源头上解决经济发展与环境保护相矛盾的问题。本章从银行业竞争角度探讨企业绿色创新产出的金融决定因素。本章的结构如下：第一部分为引言，介绍本章的研究背景、研究目的以及研究发现；第二部分为理论分析与研究假设，结合现有理论和文献分析提出本章的研究假设；第三部分为研究设计，对计量模型、变量和数据进行说明；第四部分为实证分析，报告基准回归结果、稳健性检验和机制分析；第五部分为进一步研究，考察了不同类型银行分支机构占比的调节效应以及不同类型银行分支机构数量对企业绿色创新的影响，分析了分支机构级别的调节效应和企业的异质性影响，将绿色专利分为绿色发明专利和绿色实用新型专利进行探讨，对比了银行业竞争对创新水平、绿色创新和非绿色创新的影响。

5.1 引　言

自 20 世纪 70 年代末实行改革开放以来，我国经济在城市化和工业化进程中经历了前所未有的发展。然而，飞速增长的经济也带来了环境污染和生态破坏的问题。既发展经济又不污染环境的一个关键措施是与促进和环境相关的技术创新以下简称为"绿色创新"。绿色创新有利于减少生产过程中自然资源的使用和有害物质的产生。工业企业一方面在生产过程中产生了大量的污染物，另一方面他们在绿色创新上具有巨大潜力（Borghesi et al.，2015）。因此，探究工业企业绿色创新的决定因素具有重要意义。

现有文献主要探讨了环境规制（Kesidou and Wu，2020）、政府补贴（Bai et al.，2019）、公司治理（Amore and Bennedsen，2016）和环境披露（Xiang et al.，2020）等因素对企业绿色创新的影响，鲜有研究关注外部融资对企业绿色创新的影响，而稳定的外部资金支持是创新（包括绿色创新）得以成功的基本前提之一。鉴于此，探讨外部融资环境对企业绿色创新的作用就显得尤为重要。库尔瓦（Cuerva et al.，2014）发现金融约束对传统创新产生的概率没有影响但对绿色创新产生的概率有显著抑制作用。吉塞蒂（Ghisetti et al.，2016）的研究也证实融资障碍对绿色创新的投资决策有负向影响。然而，他们都没有进一步将外部信贷市场环境与企业绿色创新联系起来。本章研究通过探讨银行业竞争对企业绿色创新的影响以填补这一研究空白。

中国的信贷系统和金融系统由银行体系主导，而银行体系又由大型国有商业银行控制（Allen et al.，2012）。根据中国人民银行的统计，2010 年银行融资占企业融资总额的 72.46%，而债券市场融资占企业融资总额的 5.91%，债券市场融资远远落后于银行主导的债务融资。虽然这一比例在 2019 年分别变为了 60.31% 和 9.34%，但银行贷款仍是企业主要的外部融资方式。为了使银行体系更好地为经济发展服务，我国进行了许多改革，特别是在加入世界贸易组织（WTO）以后。伴随改革，我国银行业的竞争急剧增加，企业的外部融资环境也发生了巨大变化。针对银行业改革的效果，目前文献中几乎没有涉及从企业绿色创新的角度进行评价银行业改革的效果。本章以银行业竞争代理银行业改革探究银行业改革的绿色创新效应。

许多文献研究了银行业竞争对企业创新的影响（Benfratello et al.，2008；Chava et al.，2013；Cornaggia et al.，2015；Deng et al.，2020），而银行业竞争与企业绿色创新之间的关系却比较少。绿色创新的内涵和特征均不同于传统创新，二者的区别主要体现在三个方面。第一，绿色创新具有知识溢出和环境溢出的双重正外部性特征（Rennings，2000）。知识溢出是创新（包括绿色创新和非绿色创新）所共有的，环境溢出则是绿色创新所特有的。第二，绿色创新的双重外部性也引出了绿色创新相对于传统创新的另一个特征，即政府政策和公众压力在促进绿色创新方面发挥着特别重要的作用（Borghesi et al.，2015）。第三，与传统创新相比，绿色创新背后的技术更加复杂和新颖（Petruzzelli et al.，2011），因而投资绿色创新的回报不确定性更高。通过元分析，霍瓦索瓦（Horváthová，2010）指出一些研究认为改善环境绩效的经济回报是积极的，而也有一些研究发现这种回报是不存在的，甚至是负的。鉴于以上绿色创新与传统创新的差异，有必要单独讨论银行业竞争对企业绿色创新的影响。

本章通过论证银行业竞争对企业绿色创新的影响，从外部融资环境角度补充企业绿色创新的决定因素。银行业竞争被定义在企业层面，通过企业和银行分支机构的地理坐标来确定。本章的主要研究内容如下：①将中国工业企业数据库与国家知识产权局专利数据库以及企业层面的银行业竞争数据进行匹配，估计了银行业竞争对企业绿色创新的影响及其背后的影响机制；②探讨了不同类型银行分支机构占比和分支机构级别的调节效应以及不同类型银行分支机构数量对绿色创新的直接作用；③分别讨论了银行业竞争对绿色发明专利和绿色实用新型专利的影响，对比分析了银行业竞争对企业创新水平、绿色创新和传统创新的影响。

本章的研究发现如下：第一，银行业竞争加剧增加了企业绿色创新，在考虑了内生性问题和若干稳健性检验后，该结论依然成立；第二，缓解企业融资约束、优化信贷资源配置、提高无形资产占比以及增加企业进入绿色创新部门的概率和绿色创新部门在位企业绿色专利申请数量是银行业竞争促进企业绿色创新的具体机制；第三，国有商业银行占比显著削弱了银行业竞争对企业绿色创新的促进作用，而股份制商业银行占比则显著增强了这种促进作用；企业附近的股份制商业银行分支机构数量显著促进企业绿色创新，二级及以上级的分支机构显著增加了银行业竞争的绿色创新效应；第四，企业的异质性分析发现，银行业竞争的绿色创新效应只存在于非污染行业和绿色行业企业；第五，银行业竞争同时促进绿色专利的数量和质量，银行业竞争对绿色创新的促进作用大于其对传统非绿色创新的促进作用。

5.2　理论分析与研究假设

关于银行业竞争与企业信贷可得性，文献提出了两种对立的理论，信息假说和市场势力假说。信息假说理论认为关系型借贷有利于企业融资，而不断增加的银行业竞争会破坏企业与银行间的借贷关系，导致银行筛选借款人的效率降低，企业难以获得银行贷款（Petersen and Rajan，1995）。市场势力假说理论则认为竞争打破了银行的垄断租金，鼓励银行参与有风险的项目，有助于企业获得银行融资（Beck et al.，2004；Boyd and Nicoló，2005）。许多研究尝试用数据检验这两种理论，但也没有得到一致的结论。

基于这两种对立的观点，许多研究进一步将银行业竞争与企业创新行为联系起来。基于美国的研究，大多采用美国放松银行管制的外生冲击来识别银行业竞争对企业创新的因果效应。这些研究认为州际银行放松管制促进企业创新（Amore et al.，2013；Deng et al.，2020），州内银行放松管制阻碍企业创新（Chava et al.，2013；Hombert and Matray，2017）。夏和刘（Xia and Liu，2021）认为美国州际和州内银行放松管制对企业创新产生相反影响的原因是州内银行撤销管制因为没能引入州外银行，可能导致银行部门过度竞争，过度竞争降低了企业创新；州际银行撤销管制使州外银行可以进入州内运营，增加竞争的同时避免了银行部门的过度竞争，从而导致企业创新增加。基于中国的研究，张杰等（2017）发现银行业竞争对企业创新的影响呈现"U"型效应，只有当银行部门的竞争超过临界值时，才会促进企业创新。戴静等（2020）发现银行业竞争对新进入企业和在位企业均表现出促进企业创新。吕铁和王海成（2019）基于银监会允许股份制商业银行在县域设立分支机构的准自然实验，发现股份制商业银行的进入通过提高银行业竞争促进了企业创新。

在关于企业绿色创新的文献中，绿色创新的驱动因素被广泛讨论，如同行竞争压力（Yalabik and Fairchild，2011）、客户要求（Horbach et al.，2012）、环境法规（Kesidou and Wu，2020）。企业融资可得性也引起了学者们的关注。约翰逊和莱贝克（Johnson and Lybecker，2012）探讨了公共和私人资助形式对环境创新的影响，并建议政策制定者应该平衡公共和私人资金的力量，以消除环境创新的资金障碍。库尔瓦（Cuerva et al.，2014）和吉塞蒂（Ghisetti et al.，2016）的研究也表明金融约束对绿色创新产生了负面影响。虽然外部融资被认为是绿色创新的关键驱动因素，但企业的外部融资环境对其绿色创新的影响还没有得到研究。

由于我国金融体系由银行主导，银行业的竞争水平势必会影响到企业融资的难易度。如上所述，信息假说发挥作用的一个关键前提是稳定的借贷关系有助于银行获取企业的软信息。银企距离较近有利于银行收集软信息，距离与软信息的获取存在显著的正相关关系（Agarwal and Hauswald，2010）。因此，可以假设企业相同半径范围内的银行获得的企业软信息是相同的。信息假说成立的另一个前提是激烈的银行业竞争导致银行对借款人的筛选效率降低，而一些研究发现在中国目前的背景下，银行业竞争加剧并不会损害对借款人的筛选效率（Fungáčová et al.，2013；Chemmanur et al.，2020）。基于以上讨论，信息假设在本书中可能是无效的，而市场势力假说可能起主导作用。另外，银行部门厌恶风险，对技术创新的高风险项目实行信贷配给，贷款前往往更倾向于低创新项目，贷款后又常常进一步抑制企业创新投入，而银行业竞争加剧可以缓解银行信贷的低创新偏好（徐飞，2019；赵军等，2021）。根据以上分析提出假设 5 – 1a 和假设 5 – 1b 两个研究假设。

假设 5 – 1a：在其他条件不变的情况下，银行业竞争增加显著促进企业绿色创新。

假设 5 – 1b：在其他条件不变的情况下，银行业竞争增加显著抑制企业绿色创新。

许多学者发现银行业竞争主要通过改变外部融资环境影响微观企业。伴随着银行业竞争的增加，议价能力会从银行转移至企业，从而提高企业融资可得性，降低企业融资成本（Jiang et al.，2017）。姜付秀等（2019）的研究发现银行业竞争显著降低了企业投资—现金流敏感性，提出银行业竞争通过缓解融资约束影响微观企业。许多研究也印证了融资约束是银行业竞争影响微观企业发展的一个重要渠道。唐清泉和巫岑（2015）发现竞争性的银行业市场结构可以缓解企业研发投资面临的融资约束。方芳和蔡卫星（2016）认为融资约束阻碍了企业成长，而银行业竞争加大有利于企业获得信贷支持，缓解企业面临的融资约束，从而促进企业成长。李志生等（2020）指出银行分支机构数量增加提高了企业负债水平，而对于融资约束高的企业，负债水平提高得更为明显。余静文等（2021）研究了银行业竞争对企业对外直接投资有影响，发现银行业竞争通过降低融资成本促使企业"走出去"。综上所述，可见融资机制是银行业竞争影响微观企业行为的重要渠道。因此，本书提出假设 5 - 2。

假设 5 - 2：银行业竞争通过缓解企业融资约束促进企业绿色创新，即银行业竞争的绿色创新促进作用在受到较高融资约束的企业中更加明显。

除了融资渠道以外，银行业竞争的信贷资源配置渠道也得到了许多研究的支持。商业银行的功能不仅在于资金融通，更在于利用专业手段对投资项目进行评估，进而优化信贷资源配置（Greenwood and Jovanovic，1990）。信息不对称是导致企业创新投资项目难以得到外部资金支持的主要原因，而银行业的激烈竞争能够刺激银行主动收集企业信息，减少银行和企业之间的信息不对称，发现可投资的优质项目（姜付秀等，2019）。而且银行业竞争可以减少银行贷款中的腐败行为（Barth et al.，2009），降低企业获得银行贷款的交易成本。竞争性的银行业能迫使银行改进筛选技术，将受到融资约束的高效率企业识别出来，从而优化银行信贷资源配置（戴静等，2020）。由此，提出假设 5 - 3。

假设 5 - 3：银行业竞争通过优化信贷资源配置提高企业绿色创新，即银行业竞争的绿色创新促进作用在生产效率高的企业中更加明显。

由于借贷双方的信息不对称，信贷风险在信贷市场中普遍存在，具体表现为放贷前的逆向选择和放贷后的道德风险。为了缓解信贷风险，商业银行放贷时常常要求企业以相应的固定资产作为抵押担保。因而，企业为了获得银行贷款，更倾向过度投资于可以作为抵押品的固定资产（Andersen，2017）。抵押贷款的融资模式导致缺乏抵押品的创新项目难以获得外部资金支持，使企业陷入低创新的恶性循环之中（徐飞，2019）。陈等（Chen et al.，2020）验证了银行业竞争增加通过减少企业对有形资产的投资、提高无形资产份额从而促进企业环境绩效。基于此，提出假设5－4。

假设5－4：银行业竞争通过提高无形资产占比影响企业绿色创新。

本章研究的逻辑框架如图5.1所示。

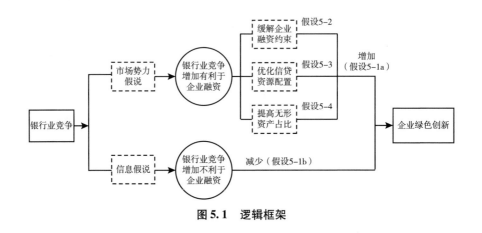

图5.1　逻辑框架

5.3　研究设计

5.3.1　模型设定

为了估计银行业竞争对企业绿色创新的影响，本章建立以下计量模型：

$$\mathrm{GI}_{i,k,c,t} = \alpha_0 + \alpha_1 \mathrm{BankCom}_{i,k,c,t-1} + \alpha_2 X_{i,k,c,t-1} + \alpha_3 Z_{k,c,t-1} + \mathrm{Year}_t$$
$$+ \mathrm{Industry}_j + \mathrm{Province}_k + \varepsilon_{i,k,c,t} \tag{5.1}$$

其中，i、k、c、t分别表示企业、省份、城市和年份。GI是企业绿色创新，以企业绿色专利申请数量代理。BankCom是银行业竞争程度，BankCom的值越小，银行业竞争程度越高。因此，若α_1为负则表明银行业竞争促进了企业绿色创新。以企业附近20千米范围内银行分支机构数量为基础计算的前三大银行的集中度（CR3）和赫芬达尔—赫希曼指数（HHI）度量。X 是企业层面控制变量的集合，Z 是城市层面控制变量的集合。$Year_t$，$Industry_j$，$Province_k$ 分别表示年份、行业和省份固定效应，用以控制随年份、行业和省份而变化的因素。$\varepsilon_{i,c,t}$ 是误差项。模型中的自变量均采用滞后一期的取值以缓解潜在的内生性问题。为了排除异常值的影响，模型中的连续变量均在 1% 和 99% 水平上进行了缩尾处理（变量定义详见表 5.1）。

表 5.1 　　　　　　　　　　　　　　变量定义

变量名称	变量符号	变量定义
创新水平	Innovation	企业专利申请数量
绿色创新	GI	企业绿色专利申请数量
非绿色创新	NGI	企业专利申请数量减去企业绿色专利申请数量
绿色发明专利	IGI	绿色发明专利申请数量
绿色实用新型专利	UGI	绿色实用新型专利申请数量

注：模型中使用但表中未给出定义的变量与表 4.1 的定义一致。

由于绿色专利申请数量是一个计数变量，并且有大量的零值，即使对绿色专利申请数量取对数，OLS 也可能产生有偏估计（Xiang et al.，2020）。因此，本章采用绿色专利申请数量（而不是其对数形式）代理企业绿色创新。同时，用绿色专利申请数量的对数值代理企业绿色创新作为稳健性检验。泊松回归和负二项回归是专门用于估计计数模型的计量经济学模型。泊松回归适于计数变量等分散（即均值与方差相当）的情形，而负二项回归则适用于计数变量存在方差大于均值的过度分散情形（Cameron and Trivedi，2009）。表 5.2 中，绿色创新 GI 的均值为 0.114，标准差为 1.474，标准差远大于均值，故应该采用负二项估计模型。但标准负二项回归无法处理计数变量包含大量零值的情况（Xia et al.，2014）。绿色专利数据中含有大量的零值，所以本研究采用零膨胀负二项回归模型（ZINB）进行估计。参照沈国兵和袁征宇（2020），选取企业规模作为零膨胀因子。模型中所用到变量的定义如表 5.1 所示。

表 5.2 描述性统计

变量	样本量	均值	标准差	最小值	50%的分位数	75%的分位数	99%的分位数
Innovation	300 866	2.300	30.849	0.000	0.000	1.000	30.000
GI	300 866	0.114	1.474	0.000	0.000	0.000	2.000
NGI	300 866	2.186	30.015	0.000	0.000	1.000	29.000
IGI	300 866	0.053	1.005	0.000	0.000	0.000	1.000
UGI	300 866	0.061	0.694	0.000	0.000	0.000	2.000
CR3	300 866	0.632	0.137	0.370	0.618	0.720	1.000
HHI	300 866	0.193	0.072	0.089	0.176	0.233	0.370
CR3_city	300 862	0.563	0.145	0.284	0.563	0.667	0.808
HHI_city	300 866	0.152	0.060	0.048	0.143	0.190	0.276
Size	300 866	10.948	1.527	6.675	10.807	11.953	14.273
Age	300 866	2.240	0.844	0.000	2.197	2.708	3.932
Leverage	300 866	0.576	0.247	0.008	0.585	0.745	1.226
Fixed asset	300 866	0.310	0.191	0.004	0.285	0.431	0.828
ROA	300 866	0.053	0.108	−0.215	0.027	0.077	0.492
SOE	300 866	0.092	0.288	0.000	0.000	0.000	1.000
Export	300 866	0.465	0.499	0.000	0.000	1.000	1.000
PGDP	300 866	10.207	0.758	8.320	10.306	10.849	11.584
SER	300 866	1.425	1.551	0.116	0.722	2.061	7.202
MI	300 866	7.649	1.991	1.150	7.640	9.100	11.710

5.3.2 变量说明

①因变量

本章采用与环境技术相关的专利申请数量来衡量企业绿色创新。沿用邱洋冬（2020）和朱等（Zhu et al.，2019）的做法，根据专利的 IPC 分类号区分绿色专利和非绿色专利。具体而言，通过将专利的分类号与世界知识产权组织（WIPO）公布的 IPC 绿色清单进行对比[①]，如果专利分类号在 IPC 绿色清单里面则该专利为绿色专利；反之，则为非绿色专利。由于所有外观设计专利的分类号都不在 IPC 绿色清单中，所以中国的绿色专利只包括绿色发明专利和绿色实用新型专利。考虑到专利申请与授权之间存在较长的时滞，本章选取专利申请年作为绿色创新产出年份，这样能更准确地反映创新产出的实际时间（Amore and Bennedsen，2016；Xiang et al.，2020）。在本章中仅保留了在样本期间至少有过一次专利申请记录的企业，删除了在样本期间没有专利申请记录的企业[②]，得到 46 360 家在样本期间至少有过一次专利申请记录的企业。表 5.2 中的描述性统计表明只有少数企业—年份产生了绿色专利。

②自变量

本部分银行业竞争的度量方式与第 4 章中的一致。首先，根据每个银行分支机构的地址解析出每个银行分支机构的地理编码。本章研究一共用到了 1 569 家银行控制的 154 236 个银行分支机构[③]。根据银行分支机构的批准成立日期、失控日期和退出日期，构建出了 1998～2009 年随时间变化的银行分支机构数量。其次，通过企业的地址和名称获取企业的地理坐标。最后，使用银行和企业的经纬度计算出同一城市中每个企业与每个银行分支机构之间的距离，然后算出以企业为中心，20 千米为半径范围内的分支机构数量。根据得到的不同银行的分支机构数量构建前三大银行分支机构数量的集中度（CR3）和赫芬达尔—赫希曼指数（HHI），以这两种方式度量本书中的企业层面的银行业竞争程度。表 5.2 展示了变量的描述性统计。企业层面的银行业竞争，无论是 CR3 还是 HHI 均大于城市层面对应的值，说明以城市层面的银行业竞争作为企业面临的银行业竞争程度会高估企业所处的银行业竞争环境。

③控制变量

本章研究的控制变量与第 4 章中的一样。首先，控制了企业的常规特

---

① IPC 绿色清单可以在 https：//www. wipo. int/classifications/ipc/en/green_inventory/下载。
② 样本期间没有专利申请记录的企业被视为非创新企业，不可能产生绿色创新。
③ 这些银行包括大型国有商业银行、股份制商业银行、地方性商业银行、外资银行、村镇银行、民营银行和邮政储蓄银行。

征，包括企业规模、企业年龄、资产负债率、固定资产比例、资产回报率、国有企业虚拟变量和是否出口虚拟变量。其次，控制了城市层面的特征变量，包括城市人均 GDP、科学支出占比和市场化程度。这些变量的描述性统计见表 5.2。

5.3.3　数据说明

本章中所用的数据主要来自以下数据集。第一，企业绿色专利数据来自中国专利数据项目（Chinese patent data project，CPDP）数据集①和 IPC 绿色专利清单。CPDP 数据集的最终来源是中国国家知识产权局官网，由何等（He et al.，2018）构建。第二，企业层面的变量来自中国工业企业数据库。第三，银行网点信息来自中国银行保险监督管理委员会的官方网站金融许可证信息查询数据库。第四，城市层面变量来自历年《中国城市统计年鉴》。第五，市场化指数来自樊纲等（2010）和王小鲁等（2017）编制的《中国市场化指数》。根据企业、城市和省份识别变量将以上数据匹配得到了本章研究所需的综合数据集。由于 CPDP 数据集只整理了 1998～2009 年工业企业的专利数据，所以本研究的样本期间为 1998～2009 年。按照聂辉华等（2012）的做法，对数据进行了如下清洗：剔除了从业人员小于 8 人的观测值；剔除营业状态为非营业的观测值；剔除了不符合会计准则以及变量有缺失值的观测值。最终得到了 1998～2009 年 45 654 家工业企业的 300 866 个观测值的非平衡面板数据。

5.4　实证结果与分析

本节从以下六个方面汇报本章的实证结果：第一是描述性统计分析，展示了模型中变量的统计特征；第二是基准回归结果，汇报了本章研究的

---

① 中国专利数据项目数据集网址为：https://sites.google.com/site/sipopdb。

基本结果；第三是内生性讨论，处理了可能推翻基准回归结果的内生性问题；第四是稳健性检验，通过变换自变量、因变量和估计方法检验基准回归的稳健性；第五是机制检验，分析了银行业竞争影响企业绿色创新的机制。

5.4.1　描述性统计分析

表5.2 对变量进行了描述性统计。虽然这些企业在样本期间都有专利申请，但不同企业—年度专利申请数量差别较大，呈现过度分散的分布特征。绿色发明专利的均值小于绿色实用新型专利，原因可能是发明专利背后的技术更加复杂导致产生发明专利的难度更高。在本章研究的数据中，企业所面临的银行业竞争程度比第 4 章中的更高，原因是本章研究仅保留了在样本期间有过专利申请记录的企业，这些企业的规模相对更大[①]，位于城市中心的比例更高。

5.4.2　基准回归结果

表5.3 报告了模型（5.1）的估计结果。列（1）~列（3）和列（4）~列（6）分别以 CR3 和 HHI 代理企业层面的银行业竞争。Vuong 检验值均显著为正，说明采用零膨胀负二项估计比标准负二项估计更合适（Vuong，1989）。为了便于解释银行业竞争的估计系数，方括号内报告了发生率比（IRRs）[②]。列（1）和列（4）为没有加入控制变量的估计结果，列（2）和列（5）为加入企业层面控制变量的估计结果，列（3）和列（6）为进一步加入城市层面控制变量的估计结果。表中 CR3 和 HHI 的系数估计值均在1% 水平上显著为负，说明银行业竞争程度提高显著促进了企业绿色创新。

---

　① 　由于只保留了样本期间有专利申请记录的企业，样本中的企业规模相对较大。样本中企业的平均资产规模为 4 937.1 元。

　② 　发生率比（IRRs）的计算公式为：$IRR = \exp(\beta)$。

以列（3）为例，IRR 值表明在其他变量保持不变的情况下，CR3 减少 1%（即银行业竞争增加）将导致企业预期绿色专利申请数量增加 0.531%（1 - 0.469 = 0.531）。另一种解释是 CR3 减少一个标准差（0.137），企业预期绿色专利申请数量 GI 将增加 9.8%[①]。因此，基准回归结果支持了假设 5 - 1a。

表 5.3　　　　　因变量为企业绿色专利申请数量时的基准回归结果

变量	(1)	(2)	(3)	(4)	(5)	(6)
CR3	- 1.529 *** (0.146) [0.217]	- 1.005 *** (0.136) [0.366]	- 0.756 *** (0.143) [0.469]			
HHI				- 2.523 *** (0.288) [0.080]	- 1.403 *** (0.276) [0.246]	- 0.884 *** (0.289) [0.413]
Size		0.432 *** (0.019)	0.436 *** (0.019)		0.434 *** (0.019)	0.438 *** (0.019)
Age		- 0.110 *** (0.020)	- 0.111 *** (0.020)		- 0.109 *** (0.020)	- 0.109 *** (0.021)
Leverage		- 0.232 *** (0.074)	- 0.194 *** (0.074)		- 0.241 *** (0.074)	- 0.202 *** (0.074)
Fixed asset		- 0.675 *** (0.091)	- 0.610 *** (0.092)		- 0.702 *** (0.091)	- 0.633 *** (0.092)
ROA		1.009 *** (0.162)	1.020 *** (0.164)		1.005 *** (0.162)	1.013 *** (0.164)
SOE		0.092 (0.060)	0.098 (0.062)		0.087 (0.060)	0.096 (0.062)
Export		- 0.101 *** (0.038)	- 0.124 *** (0.038)		- 0.102 *** (0.038)	- 0.126 *** (0.038)
PGDP			0.236 *** (0.038)			0.263 *** (0.038)

---

① 计算方法：$1 - \exp(-0.756 \times 0.137) = 9.8\%$

续表

变量	(1)	(2)	(3)	(4)	(5)	(6)
SER			0.058 *** (0.022)			0.060 *** (0.022)
MI			0.097 ** (0.038)			0.096 ** (0.038)
常数项	0.984 *** (0.176)	− 4.580 *** (0.323)	− 8.463 *** (0.616)	0.516 *** (0.164)	− 4.933 *** (0.313)	− 9.065 *** (0.597)
Year FE	Yes	Yes	Yes	Yes	Yes	Yes
Industry FE	Yes	Yes	Yes	Yes	Yes	Yes
Province FE	Yes	Yes	Yes	Yes	Yes	Yes
观测值	259 095	259 095	251 702	259 095	259 095	251 702
Vuong 检验	22.21 ***	4.82 ***	4.71 ***	22.23 ***	4.81 ***	4.70 ***

注：回归中的自变量均为滞后一期的值；圆括号内为 Huber – White 稳健标准误，方括号内为发生率比（IRR）；* $p < 0.1$，** $p < 0.05$，*** $p < 0.01$。

5.4.3　内生性问题

通常来说，单个企业无法影响其外部环境。在本书中企业绿色专利数量不太可能影响外部的银行分支机构地理分布，因此，本书中不太可能存在反向因果关系问题。即便如此，遗漏变量偏差也可能导致研究存在内生性问题。本小节讨论可能推翻基准回归结果的内生性问题。

对基准回归的一个关键挑战是企业选址决策可能不是外生的，企业选址时可能会考虑当地的金融发达程度。虽然研究指出企业的选址决策主要取决于原材料、供应商、客户、劳动力成本、租金成本和税收政策（Loughran，2007；John et al.，2011），而不是取决于银行分支机构的分布。尽管如此，本章还是进行了如下检验来排除这种影响。只使用在样本期之前就已经成立的企业（即开业成立年份在 1998 年之前）重新估计模型（5.1）。这些公司的选址决策不会受到样本期间银行分布的影响，因为它们的地址在样本期之前就确定了（Du，2013）。回归结果见表 5.4 中的列（1）和列（2）。CR3 和 HHI 的系数估计值均显著为负，说明在排除了企业选址决策可能内生的情况之后，结果依然支持银行业竞争提高显著促进了企业绿色创新。

另一个威胁到基准回归结果可信度的因素是城市层面的遗漏变量会同时影响银行分支机构的分布和企业的分布。虽然基准回归中控制了城市人均 GDP、科学支出占比和市场化程度，但仍然可能存在其他的城市遗漏变量，例如城市离港口的距离、城市的基础设施、城市的科研机构数量等。为了解决城市层面的遗漏变量问题，表 5.4 中列（3）和列（4）控制了城市—年份固定效应（City - year FE）。CR3 和 HHI 的系数估计值均在 1% 水平上显著为负，表明银行业竞争显著促进了企业绿色创新，依然支持了基准回归结果。

表 5.4　　　　　因变量为企业绿色专利申请数量时的内生性讨论

变量	保留样本期之前成立的企业		控制城市—年份固定效应	
	（1）	（2）	（3）	（4）
CR3	- 0. 944 *** (0. 211)		- 0. 608 *** (0. 160)	
HHI		- 0. 893 ** (0. 424)		- 0. 837 *** (0. 305)
Size	0. 399 *** (0. 027)	0. 401 *** (0. 027)	0. 443 *** (0. 018)	0. 443 *** (0. 018)
Age	- 0. 149 *** (0. 036)	- 0. 148 *** (0. 037)	- 0. 136 *** (0. 019)	- 0. 135 *** (0. 019)
Leverage	0. 075 (0. 104)	0. 058 (0. 105)	- 0. 199 *** (0. 068)	- 0. 201 *** (0. 068)
Fixed asset	- 0. 404 *** (0. 135)	- 0. 433 *** (0. 135)	- 0. 579 *** (0. 085)	- 0. 586 *** (0. 085)
ROA	1. 527 *** (0. 281)	1. 510 *** (0. 282)	0. 979 *** (0. 158)	0. 979 *** (0. 158)
SOE	0. 024 (0. 075)	0. 021 (0. 075)	0. 068 (0. 061)	0. 069 (0. 061)
Export	- 0. 138 *** (0. 051)	- 0. 141 *** (0. 051)	- 0. 133 *** (0. 035)	- 0. 133 *** (0. 035)

续表

变量	保留样本期之前成立的企业		控制城市—年份固定效应	
	(1)	(2)	(3)	(4)
PGDP	0.284 *** (0.052)	0.325 *** (0.052)	—	—
SER	0.088 *** (0.034)	0.089 *** (0.033)	—	—
MI	0.123 ** (0.049)	0.124 ** (0.049)	—	—
常数项	− 8.740 *** (0.866)	− 9.597 *** (0.834)	− 3.272 (7.698)	− 3.532 (7.720)
Year FE	Yes	Yes	No	No
Industry FE	Yes	Yes	Yes	Yes
Province FE	Yes	Yes	No	No
City – year FE	No	No	Yes	Yes
观测值	145 422	145 422	251 702	251 702

注：回归中的自变量均为滞后一期的值；圆括号内为 Huber – White 稳健标准误；* $p < 0.1$，** $p < 0.05$，*** $p < 0.01$。

2007 年银监会①发布了《允许股份制商业银行在县域设立分支机构有关事项的通知》，利用该政策冲击缓解内生性问题，确定银行业竞争对企业绿色创新的因果影响。该政策进一步放松了对商业银行设立分支机构的管制，提高了银行业的竞争程度。如果银行业竞争强度确实是企业绿色创新的驱动因素，那么银行业竞争对企业绿色创新的促进作用在受到该政策冲击后会更加明显（李志生等，2020）。首先，生成 PostStock 变量代理该政策，借鉴吕铁和王海成（2019）的做法，对于某县首次有股份制商业银行进入的当年及其后的年份，PostStock 取值为 1；否则，取值为 0。最后，加入 PostStock 与银行业竞争的交互项进行回归分析。表 5.5 列（1）和列（2）中的交互项的估计系数显著为负，表明股份制商业银行进入后，银行业竞争对

---

① 该部门是中国银行业监督管理委员会的简称，2018 年改为中国银行保险监督管理委员会。2023 年改为国家金融监督管理总局。

企业绿色创新的促进作用更为强烈，这说明银行业竞争的增加确实是企业绿色创新的驱动因素。

此外，我们采用工具变量 2SLS 法重新评估银行业竞争与企业绿色创新之间的因果关系。以同行业同省份不同城市的企业层面银行业竞争的均值作为工具变量（Fisman and Svensson，2007）。当某一地区的银行业竞争加剧时，银行会考虑在其他地区设立新的分支机构；同时，市场分割使得企业很难获得跨地区银行贷款（Chong et al.，2013）。因此，其他城市的分支机构不太可能影响本地企业的绿色创新水平。表 5.5 报告了 2SLS 的估计结果。列（3）和列（5）为第一阶段估计结果，IV 与自变量显著正相关，表明不存在弱工具变量问题，列（4）和列（6）为第二阶段估计结果，CR3和 HHI 均与 GI 显著负相关，表明增加银行业竞争能显著提高企业绿色创新水平。工具变量回归与基准回归的结果一致，再次支持了假设 5-1a。

表 5.5　　　　　　　　　股份制商业银行外生冲击和工具变量回归结果

变量	GI	GI	CR3	GI	CR3	GI
	(1)	(2)	(3)	(4)	(5)	(6)
CR3	-0.141 (0.201)			-0.619 *** (0.157)		
CR3 × PostStock	-1.409 *** (0.301)					
HHI		0.441 (0.394)				-0.599 * (0.312)
HHI × PostStock		-3.827 *** (0.631)				
IV_CR3			0.128 *** (0.008)			
IV_HHI					0.137 *** (0.008)	
PostStock	0.947 *** (0.180)	0.785 *** (0.117)				

续表

变量	GI	GI	CR3	GI	CR3	GI
	(1)	(2)	(3)	(4)	(5)	(6)
Size	0.442 ***	0.443 ***	0.002 ***	0.442 ***	-0.001 ***	0.462 ***
	(0.020)	(0.020)	(0.001)	(0.021)	(0.000)	(0.022)
Age	-0.118 ***	-0.116 ***	-0.000	-0.111 ***	0.000	-0.113 ***
	(0.023)	(0.023)	(0.001)	(0.022)	(0.000)	(0.023)
Leverage	-0.180 **	-0.181 **	-0.002	-0.198 **	-0.001	-0.204 **
	(0.079)	(0.079)	(0.001)	(0.083)	(0.001)	(0.083)
Fixed asset	-0.506 ***	-0.515 ***	0.004 **	-0.692 ***	0.003 ***	-0.724 ***
	(0.099)	(0.099)	(0.002)	(0.105)	(0.001)	(0.106)
ROA	0.905 ***	0.908 ***	0.015 ***	0.964 ***	0.008 ***	0.928 ***
	(0.166)	(0.166)	(0.003)	(0.185)	(0.001)	(0.184)
SOE	0.175 **	0.175 **	0.000	0.013	-0.001 ***	0.027
	(0.079)	(0.079)	(0.001)	(0.062)	(0.001)	(0.063)
Export	-0.132 ***	-0.131 ***	-0.000	-0.117 ***	-0.001 **	-0.114 ***
	(0.042)	(0.042)	(0.001)	(0.041)	(0.000)	(0.042)
PGDP	0.209 ***	0.230 ***	-0.032 ***	0.351 ***	-0.014 ***	0.408 ***
	(0.045)	(0.044)	(0.002)	(0.106)	(0.001)	(0.090)
SER	0.045 *	0.046 *	-0.000	0.068 ***	0.002 ***	0.050 *
	(0.027)	(0.027)	(0.000)	(0.025)	(0.000)	(0.027)
MI	0.066	0.067	-0.001	0.017	-0.001 ***	0.029
	(0.050)	(0.051)	(0.001)	(0.048)	(0.000)	(0.049)
常数项	-8.552 ***	-9.031 ***	0.859 ***	-12.275 ***	0.362 ***	-13.412 ***
	(0.748)	(0.711)	(0.026)	(3.208)	(0.011)	(2.454)
Year FE	Yes	Yes	Yes	Yes	Yes	Yes
Industry FE	Yes	Yes	Yes	Yes	Yes	Yes
Province FE	Yes	Yes	Yes	Yes	Yes	Yes
观测值	188 004	188 004	204 120	204 120	204 120	204 120

注：回归中的自变量均为滞后一期的值；圆括号内为 Huber - White 稳健标准误；* $p < 0.1$，** $p < 0.05$，*** $p < 0.01$。

5.4.4 稳健性检验

本小节分别从变换自变量、因变量和回归方法三方面开展稳健性检验，以验证基准回归结果的稳健性。借鉴李志生和金凌（2021）对银行业竞争的度量方式，表5.6中列（1）~列（4）分别将银行业竞争度量方式换为企业附近5千米、10千米、15千米和20千米半径范围内的银行分支机构数量的自然对数（LnBranches）。结果显示，LnBranches的系数估计值均显著为正，表明企业附近银行业分支机构数量显著促进了企业绿色专利申请量。列（5）和列（6）是基于城市层面银行业竞争（CR3_city和HHI_city）得到的估计结果。CR3_city和HHI_city均与GI显著负相关，表明银行业竞争显著促进了企业绿色创新，银行业竞争越大，企业绿色专利申请量越多。

表5.6　变换自变量来验证因变量为企业绿色专利申请数量时的基准回归结果

变量	5千米	10千米	15千米	20千米	城市层面银行业竞争	
	（1）	（2）	（3）	（4）	（5）	（6）
LnBranches	0.041 *** (0.014) [1.041]	0.066 *** (0.016) [1.068]	0.096 *** (0.018) [1.100]	0.082 *** (0.019) [1.086]		
CR3_city					− 0.382 ** (0.173) [0.683]	
HHI_city						− 0.847 ** (0.390) [0.429]
Size	0.442 *** (0.019)	0.442 *** (0.019)	0.439 *** (0.019)	0.440 *** (0.019)	0.439 *** (0.018)	0.439 *** (0.018)
Age	− 0.113 *** (0.021)	− 0.114 *** (0.021)	− 0.114 *** (0.021)	− 0.112 *** (0.021)	− 0.112 *** (0.021)	− 0.112 *** (0.021)
Leverage	− 0.204 *** (0.074)	− 0.201 *** (0.074)	− 0.201 *** (0.074)	− 0.204 *** (0.074)	− 0.218 *** (0.074)	− 0.218 *** (0.074)

续表

变量	5 千米	10 千米	15 千米	20 千米	城市层面银行业竞争	
	（1）	（2）	（3）	（4）	（5）	（6）
Fixed asset	−0.630 ***	−0.613 ***	−0.604 ***	−0.625 ***	−0.613 ***	−0.612 ***
	（0.093）	（0.093）	（0.092）	（0.092）	（0.095）	（0.095）
ROA	1.013 ***	1.031 ***	1.040 ***	1.031 ***	1.033 ***	1.031 ***
	（0.164）	（0.163）	（0.163）	（0.163）	（0.162）	（0.163）
SOE	0.085	0.082	0.080	0.087	0.101	0.101 *
	（0.061）	（0.061）	（0.061）	（0.061）	（0.061）	（0.061）
Export	−0.128 ***	−0.127 ***	−0.125 ***	−0.125 ***	−0.126 ***	−0.125 ***
	（0.038）	（0.038）	（0.038）	（0.038）	（0.038）	（0.038）
PGDP	0.291 ***	0.268 ***	0.231 ***	0.237 ***	0.268 ***	0.270 ***
	（0.037）	（0.039）	（0.039）	（0.040）	（0.038）	（0.038）
SER	0.059 ***	0.060 ***	0.061 ***	0.059 ***	0.060 ***	0.062 ***
	（0.022）	（0.023）	（0.023）	（0.022）	（0.022）	（0.022）
MI	0.097 **	0.100 ***	0.101 ***	0.098 ***	0.101 ***	0.100 ***
	（0.038）	（0.038）	（0.038）	（0.038）	（0.038）	（0.038）
常数项	−9.710 ***	−9.638 ***	−9.427 ***	−9.441 ***	−9.132 ***	−9.245 ***
	（0.571）	（0.574）	（0.577）	（0.577）	（0.593）	（0.579）
Year FE	Yes	Yes	Yes	Yes	Yes	Yes
Industry FE	Yes	Yes	Yes	Yes	Yes	Yes
Province FE	Yes	Yes	Yes	Yes	Yes	Yes
观测值	251 702	251 702	251 702	251 702	253 803	253 806

注：回归中的自变量均为滞后一期的值；圆括号内为 Huber – White 稳健标准误，方括号内为发生率比（IRR）；＊p < 0.1，＊＊p < 0.05，＊＊＊p < 0.01。

借鉴现有研究（Cornaggia et al. ，2015；Biggerstaff et al. ，2019；Lee，2020）的做法，采用企业绿色专利申请数量加 1 的自然对数代理绿色创新水平，使用 Tobit 模型进行估计，结果呈现在表 5.7 中的列（1）和列（2）。结果显示 CR3 和 HHI 均与因变量显著负相关，依然支持了银行业竞争促进企业绿色创新的基准回归结论。

将回归方法换为标准面板负二项回归（xtnbreg）并控制了年份固定效应和公司个体固定效应的估计结果呈现在表 5.7 中的列（3）和列（4）中。

CR3 和 HHI 与 GI 显著负相关，表明银行业竞争有利于企业绿色创新，支持了基准回归结果。

表 5.7　　　　变换因变量度量方式和回归方法来验证基准回归结果

变量	Ln（GI+1）		GI（xtnbreg）	
	（1）	（2）	（3）	（4）
CR3	-0.387*** (0.074)		-0.416*** [0.660] (0.160)	
HHI		-0.493*** (0.146)		-0.793** [0.452] (0.382)
Size	0.320*** (0.006)	0.320*** (0.006)	0.281*** (0.015)	0.280*** (0.015)
Age	-0.081*** (0.010)	-0.080*** (0.010)	0.083*** (0.023)	0.084*** (0.023)
Leverage	-0.166*** (0.037)	-0.169*** (0.037)	-0.112 (0.076)	-0.111 (0.076)
Fixed asset	-0.456*** (0.049)	-0.463*** (0.049)	-0.127 (0.093)	-0.129 (0.093)
ROA	0.536*** (0.080)	0.532*** (0.080)	0.925*** (0.144)	0.924*** (0.144)
SOE	0.111*** (0.030)	0.112*** (0.030)	0.016 (0.046)	0.015 (0.046)
Export	-0.106*** (0.019)	-0.106*** (0.019)	0.013 (0.036)	0.014 (0.036)
PGDP	0.079*** (0.020)	0.089*** (0.020)	0.056 (0.049)	0.059 (0.049)
SER	0.030*** (0.010)	0.032*** (0.010)	-0.003 (0.014)	-0.002 (0.014)
MI	0.041** (0.019)	0.041** (0.019)	-0.013 (0.018)	-0.013 (0.018)

续表

变量	Ln（GI+1）		GI（xtnbreg）	
	（1）	（2）	（3）	（4）
常数项	-6.099***	-6.371***	-4.243***	-4.381***
	(0.297)	(0.292)	(0.530)	(0.524)
Year FE	Yes	Yes	Yes	Yes
Industry FE	Yes	Yes	No	No
Province FE	Yes	Yes	No	No
Firm FE	No	No	Yes	Yes
观测值	251 702	251 702	41 663	41 663

注：回归中的自变量均为滞后一期的值；圆括号内为 Huber - White 稳健标准误，方括号内为发生率比（IRR）；*p<0.1，**p<0.05，***p<0.01。

此外，定义绿色专利数量占专利总数的比例 GIratio 以及非绿色专利数量占专利总数的比例 NGIratio，考察银行业竞争对于绿色专利相对份额的影响。表 5.8 汇报了银行业竞争影响企业绿色专利和非绿色专利份额的估计结果。结果表明银行业竞争程度增加提高了绿色专利数量占专利总数的比例，但降低了非绿色专利数量占专利总数的比例。故相对于非绿色专利，银行业竞争更能促进企业绿色专利的产出。

表 5.8　　　　　　　银行业竞争对企业绿色创新份额的影响

变量	GIratio	NGIratio	GIratio	NGIratio
	（1）	（2）	（3）	（4）
CR3	-0.109**	0.010		
	(0.053)	(0.008)		
HHI			-0.208*	0.032*
			(0.121)	(0.019)
Size	0.074***	-0.001**	0.074***	-0.001**
	(0.004)	(0.001)	(0.004)	(0.001)
Age	-0.017**	0.003***	-0.017**	0.003***
	(0.007)	(0.001)	(0.007)	(0.001)

续表

变量	GIratio	NGIratio	GIratio	NGIratio
	（1）	（2）	（3）	（4）
Leverage	−0.052 **	0.010 ***	−0.052 **	0.010 ***
	（0.025）	（0.004）	（0.025）	（0.004）
Fixed asset	−0.056 *	0.004	−0.057 *	0.004
	（0.031）	（0.005）	（0.031）	（0.005）
ROA	0.094 *	0.006	0.094 *	0.006
	（0.051）	（0.008）	（0.051）	（0.008）
SOE	0.023	−0.003	0.023	−0.003
	（0.020）	（0.003）	（0.020）	（0.003）
Export	−0.070 ***	0.015 ***	−0.070 ***	0.015 ***
	（0.012）	（0.002）	（0.012）	（0.002）
PGDP	−0.013	0.004	−0.012	0.004
	（0.040）	（0.005）	（0.040）	（0.005）
SER	0.009	−0.002 *	0.010	−0.002 *
	（0.007）	（0.001）	（0.007）	（0.001）
MI	−0.013	0.001	−0.013	0.001
	（0.011）	（0.002）	（0.011）	（0.002）
常数项	−0.629	0.749 ***	−0.667	0.748 ***
	（0.568）	（0.119）	（0.568）	（0.119）
Year FE	Yes	Yes	Yes	Yes
Industry FE	Yes	Yes	Yes	Yes
Province FE	Yes	Yes	Yes	Yes
观测值	76 512	76 512	76 512	76 512

注：回归中的自变量均为滞后一期的值；原括号内为聚类在企业层级的稳健标准误；＊p < 0.1，＊＊p < 0.05，＊＊＊p < 0.01。

5.4.5　机制检验

①融资机制

银行业结构变化影响微观企业的一个重要渠道是改变企业面临的融资约束（姜付秀等，2019）。企业融资会对投资产生较大的影响，对于融资约束严重的企业，因其外部融资成本更高，会更多地依赖于内部现金流，因而表现出较为敏感的投资—现金流敏感性（Fazzari et al.，1988；姜付秀等，2016）。本小节通过以下投资—现金流敏感性模型检验融资机制：

$$\text{Investment}_{i,k,c,t} = \gamma_0 + \gamma_1 \text{BankCom}_{i,k,c,t-1} + \gamma_2 \text{BankCom}_{i,k,c,t-1} \times \text{CF}_{i,k,c,t-1}$$
$$+ \gamma_3 \text{CF}_{i,k,c,t-1} + \beta_4 X_{i,k,c,t-1} + \beta_5 Z_{k,c,t-1} + \text{Year}_t$$
$$+ \text{Industry}_j + \text{Province}_k + \varepsilon_{i,k,c,t} \tag{5.2}$$

其中，Investment 是企业新增投资，度量方法是：（本期固定资产 – 上期固定资产 + 本期折旧）/上期总资产，CF 是企业内部现金流，由于工业企业数据库中缺乏现金流数据，借鉴瓜里利亚（Guariglia et al.，2011）的做法，度量方法是：（营业利润 + 当前折旧）/上期总资产代理企业现金流。交互项中的单独项均进行了中心化处理。表 5.9 中 Panel A 的列（1）和列（2）报告了模型（5.2）的回归结果。结果显示，CF 的系数显著为正，表明现金流越大，企业投资水平越高。交互项显著为正，表明银行业竞争的增加会削弱投资—现金流敏感性。以列（1）为例，当 CR3 取值为样本均值（0.644）时，投资现金流敏感性为 0.486；当 CR3 减少一个标准差时，投资现金流敏感性为 0.319[①]。可见，银行业竞争加剧降低了投资—现金流敏感性。银行业竞争促进了绿色创新效应的融资机制得到了检验。

此外，在模型（5.1）的基础上加入了银行业竞争与外部融资依赖度虚拟变量 EFD 的交互项以验证融资机制。如果银行业竞争通过影响企业融资来提高企业绿色创新，则这种影响在行业外部融资依赖度高的企业中更大。以《中国固定资产投资统计年鉴》（2003 ~ 2009 年）中的国民经济行业小类城镇投资资金来源构成统计的各行业除去自筹资金后的资金来源占总资金的比例衡量各行业的外部融资依赖度，行业融资依赖度不会随年份变化。若某一行业的外部融资依赖度大于全部行业外部融资依赖度的均值，则该行业的 EFD 取值为 1；否则，取值为 0。表 5.9 中 Panel A 的列（3）和列（4）的交互项的估计系数显著为负，说明在融资依赖度高的企业组中，银行业竞争对企业绿色创新的促进作用更为明显。因而，也证实了银行业竞

---

① 计算方法：$0.486 - 0.259 \times 0.644 = 0.319$。

争影响企业绿色创新的融资机制。

表5.9　　机制检验：融资机制、信贷资源配置机制和资产组合机制

	Panel A：融资机制和信贷资源配置机制					
变量	Investment		GI			
	（1）	（2）	（3）	（4）	（5）	（6）
CR3	− 0. 009 （0. 009）		− 0. 495 *** （0. 178）		− 0. 376 （0. 258）	
HHI		− 0. 055 *** （0. 021）		− 0. 775 ** （0. 355）		0. 106 （0. 541）
CF	0. 486 *** （0. 010）	0. 485 *** （0. 010）				
CR3 × CF	0. 259 *** （0. 065）					
HHI × CF		0. 653 *** （0. 123）				
CR3 × EFD			− 0. 520 ** （0. 259）			
HHI × EFD				− 0. 380 （0. 524）		
High TFP					0. 309 （0. 188）	0. 233 * （0. 121）
CR3 × High TFP					− 0. 521 * （0. 292）	
HHI × High TFP						− 1. 331 ** （0. 611）
Size	− 0. 100 *** （0. 002）	− 0. 100 *** （0. 002）	0. 437 *** （0. 019）	0. 438 *** （0. 019）	0. 441 *** （0. 020）	0. 443 *** （0. 020）
Age	− 0. 001 （0. 001）	− 0. 001 （0. 001）	− 0. 109 *** （0. 020）	− 0. 108 *** （0. 020）	− 0. 100 *** （0. 021）	− 0. 098 *** （0. 021）
Leverage	0. 013 ** （0. 005）	0. 012 ** （0. 005）	− 0. 142 ** （0. 070）	− 0. 149 ** （0. 070）	− 0. 199 *** （0. 075）	− 0. 207 *** （0. 075）

续表

Panel A：融资机制和信贷资源配置机制

变量	Investment		GI			
	（1）	（2）	（3）	（4）	（5）	（6）
Fixed asset	−0.218 ***	−0.218 ***	−0.273 ***	−0.290 ***	−0.574 ***	−0.597 ***
	（0.008）	（0.008）	（0.090）	（0.090）	（0.093）	（0.093）
ROA	−0.065 ***	−0.065 ***	0.866 ***	0.861 ***	1.043 ***	1.037 ***
	（0.012）	（0.012）	（0.152）	（0.153）	（0.169）	（0.169）
SOE	0.010 ***	0.010 ***	0.155 ***	0.152 **	0.107 *	0.105 *
	（0.003）	（0.003）	（0.060）	（0.060）	（0.063）	（0.063）
Export	−0.005 ***	−0.005 ***	0.019	0.017	−0.131 ***	−0.133 ***
	（0.002）	（0.002）	（0.037）	（0.037）	（0.038）	（0.038）
PGDP	0.016 ***	0.015 ***	0.198 ***	0.219 ***	0.234 ***	0.264 ***
	（0.004）	（0.004）	（0.037）	（0.038）	（0.039）	（0.039）
SER	−0.002	−0.001	0.043 **	0.047 **	0.056 **	0.057 **
	（0.001）	（0.001）	（0.021）	（0.021）	（0.023）	（0.022）
MI	−0.001	−0.001	0.083 **	0.083 **	0.098 **	0.096 **
	（0.001）	（0.001）	（0.039）	（0.039）	（0.039）	（0.039）
常数项	1.147 ***	1.157 ***	−7.324 ***	−8.005 ***	−8.784 ***	−9.338 ***
	（0.047）	（0.047）	（0.809）	（0.793）	（0.644）	（0.611）
Year FE	Yes	Yes	Yes	Yes	Yes	Yes
Industry FE			Yes	Yes	Yes	Yes
Province FE			Yes	Yes	Yes	Yes
Firm FE	Yes	Yes				
观测值	147 484	147 484	220 125	220 125	245 048	245 048
调整后的 R^2	0.320	0.321				

Panel B：资产组合机制

变量	GI			
	（1）	（2）	（3）	（4）
CR3	−0.820 ***		−1.079 ***	
	（0.188）		（0.193）	
HHI		−0.771 **		−1.503 ***
		（0.369）		（0.404）

续表

变量	GI			
	（1）	（2）	（3）	（4）

Panel B：资产组合机制

变量	GI			
	（1）	（2）	（3）	（4）
无形资产占比	−0.003 （0.005）	−0.004 （0.004）		
CR3×无形资产占比	0.105 *** （0.039）			
HHI×无形资产占比		0.266 *** （0.071）		
高无形资产占比			−0.059 （0.052）	−0.057 （0.052）
CR3×高无形资产占比			0.642 ** （0.266）	
HHI×高无形资产占比				1.247 ** （0.539）
Size	0.393 *** （0.022）	0.394 *** （0.022）	0.436 *** （0.019）	0.438 *** （0.019）
Age	−0.058 ** （0.025）	−0.058 ** （0.025）	−0.113 *** （0.020）	−0.110 *** （0.021）
Leverage	−0.176 * （0.093）	−0.193 ** （0.094）	−0.200 *** （0.074）	−0.208 *** （0.074）
Fixed asset	−0.757 *** （0.119）	−0.782 *** （0.119）	−0.609 *** （0.092）	−0.631 *** （0.092）
ROA	1.344 *** （0.228）	1.330 *** （0.228）	0.989 *** （0.164）	0.979 *** （0.164）
SOE	0.070 （0.066）	0.073 （0.066）	0.091 （0.061）	0.089 （0.061）
Export	−0.072 （0.046）	−0.074 （0.047）	−0.123 *** （0.038）	−0.125 *** （0.038）
PGDP	0.244 *** （0.046）	0.286 *** （0.046）	0.230 *** （0.038）	0.259 *** （0.038）
SER	0.086 * （0.049）	0.078 （0.050）	0.070 *** （0.023）	0.071 *** （0.023）

Panel B：资产组合机制

变量	GI			
	（1）	（2）	（3）	（4）
MI	0. 152 *** （0. 051）	0. 152 *** （0. 051）	0. 094 ** （0. 038）	0. 095 ** （0. 038）
常数项	− 9. 735 *** （0. 792）	− 10. 158 *** （0. 790）	− 8. 805 *** （0. 589）	− 9. 132 *** （0. 586）
Year FE	Yes	Yes	Yes	Yes
Industry FE	Yes	Yes	Yes	Yes
Province FE	Yes	Yes	Yes	Yes
观测值	191 300	191 300	251 702	251 702

注：回归中的自变量均为滞后一期的值；交互项的连续变量单独项均进行了中心化处理圆括号内为 Huber – White 稳健标准误；* $p < 0.1$，** $p < 0.05$，*** $p < 0.01$。

综上所述，假设 5 – 2 得到了实证结果支持。银行业竞争通过缓解企业融资约束促进其绿色创新。

②信贷资源配置机制

银行业金融机构具有分配信贷资源的功能。在模型（5.1）的基础上，加入银行业竞争与生产效率虚拟变量 High TFP 的交互项以检验银行业竞争是否通过银行业的信贷资源配置渠道发挥作用，从而促进企业绿色创新。以 LP 法计算了企业的全要素生产率 TFP。若企业的 TFP 大于样本均值则 High TFP 虚拟变量取值为 1；反之，取值为 0。表 5. 9 中 Panel A 的列（5）和列（6）展示了加入银行业竞争与 High TFP 交互项的估计结果。交互项与 GI 显著负相关，说明银行业竞争的绿色创新促进效应在全要素生产率高的企业中更加明显，即银行业竞争会促使银行通过将信贷资源配置给高效率的企业进而促进此类企业绿色创新。故而，银行业竞争的信贷资源配置机制得到了验证，假设 5 – 3 获得了实证支持。

③资产组合机制

为了获得外部融资，企业倾向于持有更多可用于抵押融资的有形资产，特别是面临严重融资约束的公司会更愿意增加有形资产份额而减少无形资产份额（Andersen，2017）。银行业竞争增加可能会使企业改变资产组合，增加持有无形资产的份额从而促进企业绿色创新产出。如果改变资产组合是银行业竞争影响企业绿色创新的机制，那么对于原本持有较少份额无形资产的企业来说，银行业竞争增加对其绿色创新的促进作用更强。表5.9中Panel B 的列（1）和列（2）、列（3）和列（4）分别汇报了加入银行业竞争与无形资产占比的交互项、银行业竞争与是否高无形资产份额虚拟变量的交互项后的估计结果。无形资产占比以（无形资产/总资产）×100% 衡量；当无形资产占比大于其样本均值时，高无形资产占比虚拟变量取值为1；反之，取值为0。以列（1）为例，当无形资产占比等于样本均值时，在其他变量保持不变的情况下，CR3 减少1%（即银行业竞争增加）将导致企业预期绿色专利申请数量增加0.56%[1]；而当无形资产占比增加一个标准差（即5.397）时，这种影响则变为了0.224%[2]。因而，银行业竞争对企业绿色创新的促进作用在持有无形资产份额较少的企业中更为明显，验证了资产组合机制。

④银行业竞争对绿色创新部门新进企业和在位企业的影响

鉴于研究数据中大量企业—年份绿色专利申请数量的取值都为零，因而相对于绿色专利申请数量来说，企业的绿色专利申请数量从零变为正数（即进入绿色创新部门）也是企业绿色创新的重要表现。定义绿色创新进入虚拟变量 GIdum，企业在研究样本期间第一次申请绿色专利及其后的年份，GIdum 取值为1；否则，取值为0。表5.10 的列（1）和列（2）使用面板 logit 回归（xtlogit）检验了银行业竞争是否影响企业进入绿色专利产出者行业。估计结果显示，CR3 和 HHI 均与 GIdum 显著负相关，表明银行业竞争加剧能够促进企业进入绿色创新者行列，增加企业绿色专利申请数量突破零的概率。

对于已经进入绿色创新部门的企业来说，银行业竞争是否增加了其绿

---

① 计算方法：$1 - \exp(-0.820) = 0.56$。

② 计算方法：$1 - \exp(-0.820 + 0.105 \times 5.397) = 0.224$。

色专利申请量？表 5.10 的列（3）和列（4）利用双向固定效应模型检验了银行业竞争对已经进入绿色创新部门企业的绿色专利申请数量对数形式的影响，结果表明银行业竞争加剧显著增加了在位企业的绿色创新产出。

综上所述，估计结果表明银行业竞争通过提高企业进入绿色创新者行列的概率和促进绿色创新部门在位企业绿色专利申请数量从而影响企业绿色创新。

表 5.10　　机制检验：银行业竞争对绿色创新部门新进企业和在位企业的影响

| 变量 | GIdum | GIdum | ln（GI+1） | ln（GI+1） |
	（1）	（2）	（3）	（4）
CR3	-9.461*** (0.806)		-0.126** (0.056)	
HHI		-21.635*** (1.376)		-0.246* (0.130)
Size	3.169*** (0.230)	3.194*** (0.228)	-0.017* (0.010)	-0.017* (0.010)
Age	1.301*** (0.114)	1.321*** (0.109)	-0.040*** (0.009)	-0.040*** (0.009)
Leverage	-0.340 (0.415)	-0.352 (0.312)	0.024 (0.026)	0.025 (0.026)
Fixed asset	-0.133 (0.435)	-0.051 (0.434)	0.019 (0.033)	0.019 (0.033)
ROA	1.221** (0.569)	1.302** (0.581)	0.069 (0.048)	0.069 (0.048)
SOE	-1.332*** (0.157)	-1.305*** (0.193)	-0.037*** (0.014)	-0.037*** (0.014)
Export	-0.592*** (0.102)	-0.599*** (0.121)	-0.009 (0.011)	-0.009 (0.011)
PGDP	13.093*** (0.480)	13.150*** (0.739)	0.018 (0.031)	0.018 (0.031)
SER	0.526*** (0.052)	0.538*** (0.052)	-0.005 (0.005)	-0.005 (0.005)

变量	GIdum	GIdum	ln（GI+1）	ln（GI+1）
	（1）	（2）	（3）	（4）
MI	0.177 ***	0.176 ***	－0.013	－0.013
	（0.023）	（0.029）	（0.008）	（0.008）
常数项			0.603 *	0.581 *
			（0.340）	（0.341）
Year FE	Yes	Yes	Yes	Yes
Firm FE	Yes	Yes	Yes	Yes
观测值	35 710	35 710	21 671	21 671

注：回归中的自变量均为滞后一期的值；列（1）和列（2）的圆括号内为经拔靴法（Bootstrap）自抽样 50 次调整后的标准误，列（3）~列（7）的原括号内为聚类在企业层级的稳健标准误；* p < 0.1， ** p < 0.05， *** p < 0.01。

5.5　进一步研究

本节首先探讨银行类型和分支机构级别对银行业竞争与企业绿色创新关系的调节作用和银行类型对企业绿色创新的直接影响；其次，探讨银行业竞争对企业绿色创新影响的企业异质性；再次，分别考察银行业竞争对绿色发明专利和绿色实用新型专利的影响；最后，对比了银行业竞争对绿色专利、非绿色专利和专利总数的影响。

5.5.1　银行类型的调节效应

尽管近年来随着国内外银行金融机构的进入和扩张，国有商业银行的市场份额有所下降，但我国银行系统仍然由国有商业银行控制。国有商业银行确保了金融体系稳定发展、为宏观经济发展保驾护航的同时，也有许多研究指出国有商业银行的垄断造成了放贷效率低、信贷歧视、信贷配给、创新项目融资难等问题（宋文昌和童士清，2009；Xiao and Zhao，2012；齐兰和王业斌，2013）。随着银行业改革，股份制商业银行、城市商业银行和外资银行等银行业金融机构相继建立和发展，极大地加剧了我国银行业的竞争程度。本小节通过分别引入企业附近 20 千米半径范围内国有商业银行分支机构数量占比（SOBratio）、股份制商业银行分支机构数量占比（JSBratio）、地方性商业银行分支机构数量占比（LBratio）和外资银行分支机构数量占比（FBratio）与银行业竞争的交互项考察银行类型对银行业竞争绿色创新效应的调节作用。

表 5.11 展示了加入交互项后的估计结果。Panel A 的列（1）和列（2）中，国有商业银行占比 SOBratio 与 CR3 和 HHI 的交互项估计系数值均显著为正，表明国有商业银行占比显著弱化了银行业竞争对企业绿色创新的促进作用。Panel A 的列（3）和列（4）中，股份制商业银行占比 JSBratio 与 CR3 和 HHI 的交互项估计系数值均显著为负，表明股份制商业银行占比显著增强了银行业竞争对企业绿色创新的促进作用。Panel B 的列（1）和列（2）中，地方性银行占比与 CR3 的交互项系数估计值为正，但与 HHI 的交互项不显著，说明地方性商业银行占比 LBratio 没有强化银行业竞争的绿色创新效应。蔡竞和董艳（2016）的研究表明股份制商业银行比国有商业银行和城市商业银行更能促进企业研发创新行为。本章的结果与他们的研究发现一致。Panel B 列（3）和列（4）中，外资银行占比与 CR3 和 HHI 的交互项系数估计值均不显著，说明外资银行占比 FBratio 对银行业竞争的绿色创新效应没有影响。

表 5.11　　　　　银行类型对企业绿色专利申请数量的调节效应

	Panel A：国有商业银行和股份制商业银行			
变量	（1）	（2）	（3）	（4）
CR3	-0.711^{***} (0.154)		-0.335^{*} (0.189)	
HHI		-0.585^{*} (0.309)		-0.252 (0.441)

续表

变量	（1）	（2）	（3）	（4）
	Panel A：国有商业银行和股份制商业银行			
SOBratio	0. 012 （0. 134）	− 0. 203 （0. 133）		
CR3 × SOBratio	2. 125 *** （0. 749）			
HHI × SOBratio		5. 454 *** （1. 382）		
JSBratio			1. 428 *** （0. 484）	1. 284 ** （0. 582）
CR3 × JSBratio			− 4. 395 ** （2. 195）	
HHI × JSBratio				− 15. 379 *** （5. 927）
Size	0. 434 *** （0. 019）	0. 436 *** （0. 018）	0. 426 *** （0. 019）	0. 427 *** （0. 019）
Age	− 0. 116 *** （0. 023）	− 0. 114 *** （0. 023）	− 0. 120 *** （0. 023）	− 0. 120 *** （0. 023）
Leverage	− 0. 201 *** （0. 073）	− 0. 212 *** （0. 074）	− 0. 193 *** （0. 073）	− 0. 197 *** （0. 073）
Fixed asset	− 0. 602 *** （0. 091）	− 0. 626 *** （0. 091）	− 0. 599 *** （0. 090）	− 0. 607 *** （0. 091）
ROA	1. 030 *** （0. 164）	1. 023 *** （0. 164）	0. 976 *** （0. 164）	0. 966 *** （0. 164）
SOE	0. 093 （0. 061）	0. 093 （0. 061）	0. 060 （0. 062）	0. 061 （0. 062）
Export	− 0. 122 *** （0. 038）	− 0. 122 *** （0. 038）	− 0. 099 *** （0. 038）	− 0. 097 *** （0. 038）
PGDP	0. 244 *** （0. 038）	0. 270 *** （0. 038）	0. 173 *** （0. 039）	0. 190 *** （0. 038）
SER	0. 051 ** （0. 023）	0. 050 ** （0. 022）	0. 051 ** （0. 023）	0. 051 ** （0. 023）

续表

Panel A：国有商业银行和股份制商业银行			
变量	（1）	（2）	（3）	（4）
MI	0.095 ** （0.038）	0.093 ** （0.038）	0.096 ** （0.038）	0.094 ** （0.038）
常数项	− 8.938 *** （0.584）	− 9.208 *** （0.579）	− 8.016 *** （0.594）	− 8.208 *** （0.589）
Year FE	Yes	Yes	Yes	Yes
Industry FE	Yes	Yes	Yes	Yes
Province FE	Yes	Yes	Yes	Yes
观测值	251 702	251 702	248 716	248 716

Panel B：地方性商业银行和外资银行			
变量	（1）	（2）	（3）	（4）
CR3	− 0.757 *** （0.146）		− 0.591 *** （0.171）	
HHI		− 0.846 *** （0.307）		− 0.567 （0.429）
LBratio	− 0.542 *** （0.127）	− 0.513 *** （0.130）		
CR3 × LBratio	1.576 ** （0.751）			
HHI × LBratio		1.756 （1.360）		
FBratio			9.749 （6.413）	9.544 （9.910）
CR3 × FBratio			15.332 （29.806）	
HHI × FBratio				5.620 （106.642）
Size	0.435 *** （0.019）	0.437 *** （0.019）	0.438 *** （0.019）	0.440 *** （0.019）
Age	− 0.121 *** （0.023）	− 0.119 *** （0.023）	− 0.122 *** （0.023）	− 0.121 *** （0.023）

续表

Panel B：地方性商业银行和外资银行				
变量	(1)	(2)	(3)	(4)
Leverage	− 0.199 *** (0.074)	− 0.209 *** (0.074)	− 0.200 *** (0.074)	− 0.206 *** (0.074)
Fixed asset	− 0.623 *** (0.091)	− 0.649 *** (0.091)	− 0.633 *** (0.091)	− 0.650 *** (0.091)
ROA	0.967 *** (0.165)	0.964 *** (0.165)	1.000 *** (0.164)	0.990 *** (0.164)
SOE	0.074 (0.063)	0.071 (0.063)	0.071 (0.063)	0.071 (0.063)
Export	− 0.108 *** (0.038)	− 0.111 *** (0.038)	− 0.116 *** (0.038)	− 0.118 *** (0.038)
PGDP	0.235 *** (0.038)	0.266 *** (0.039)	0.242 *** (0.038)	0.268 *** (0.038)
SER	0.056 ** (0.023)	0.058 ** (0.022)	0.036 (0.025)	0.029 (0.024)
MI	0.098 ** (0.038)	0.099 ** (0.038)	0.099 *** (0.038)	0.100 *** (0.038)
常数项	− 8.801 *** (0.599)	− 9.157 *** (0.596)	− 8.952 *** (0.591)	− 9.238 *** (0.587)
Year FE	Yes	Yes	Yes	Yes
Industry FE	Yes	Yes	Yes	Yes
Province FE	Yes	Yes	Yes	Yes
观测值	248 716	248 716	248 716	248 716

注：回归中的自变量均为滞后一期的值；交互项的单独项均进行了中心化处理；圆括号内为 Huber – White 稳健标准误；* $p < 0.1$，** $p < 0.05$，*** $p < 0.01$。

5.5.2 银行类型的直接影响

本小节分别统计出企业附近 5 千米、10 千米、15 千米和 20 千米半径范围内国有商业银行分支机构数量（SOBnum）、股份制商业银行分支机构数量（JSBnum）、城市商业银行分支机构数量（LBnum）和外资银行分支机构数量（FBnum），将各个类型银行分支机构数量的自然对数值同时纳入估计方程中。表 5.12 展示了估计结果。根据表 5.12，股份制商业银行数量与企业绿色创新显著正相关，外资银行数量对企业绿色创新的影响在不同范围内方向不同，而国有商业银行数量与地方性商业银行数量对企业绿色创新的影响基本不显著。原因可能是银行业内部存在基于规模的专业分工，即大银行服务大企业，小银行服务小企业（林毅夫等，2009），本章的数据仅保留了在 1998~2009 年有过专利申请记录的企业，这部分企业规模相对较大，正是股份制商业银行服务的对象。因而，利用本章的数据，观察到了股份制商业银行促进企业绿色创新的作用最强。国有商业银行实力强、分布广的优势使其不缺乏稳定优质的项目，而不愿意为风险较大的创新项目提供贷款。股份制商业银行受政府影响较小，在贷款决策上更有自主权；同时，其在全国范围内经营可以增加资金来源并分散风险，这些优势都使得股份制商业银行在促进企业绿色创新上比国有商业银行和地方性商业银行更有效（Chong et al.，2013；蔡竞和董艳，2016）。

表 5.12　　　　　不同类型银行对企业绿色专利申请数量的影响

变量	5 千米	10 千米	15 千米	20 千米
	（1）	（2）	（3）	（4）
SOBnum	-0.031	-0.029	0.003	0.006
	(0.021)	(0.024)	(0.028)	(0.030)
JSBnum	0.144***	0.115***	0.071***	0.048**
	(0.021)	(0.020)	(0.020)	(0.020)
LBnum	-0.020	-0.007	-0.021	-0.024*
	(0.016)	(0.014)	(0.014)	(0.013)
FBnum	-0.081**	-0.008	0.107***	0.117***
	(0.040)	(0.033)	(0.028)	(0.026)
Size	0.434***	0.433***	0.428***	0.431***
	(0.018)	(0.018)	(0.018)	(0.019)

续表

变量	5 千米	10 千米	15 千米	20 千米
	(1)	(2)	(3)	(4)
Age	-0.125 ***	-0.125 ***	-0.124 ***	-0.123 ***
	(0.023)	(0.023)	(0.023)	(0.023)
Leverage	-0.195 ***	-0.187 **	-0.190 ***	-0.195 ***
	(0.074)	(0.073)	(0.072)	(0.073)
Fixed asset	-0.549 ***	-0.532 ***	-0.516 ***	-0.538 ***
	(0.095)	(0.095)	(0.094)	(0.094)
ROA	1.042 ***	1.071 ***	1.083 ***	1.074 ***
	(0.161)	(0.161)	(0.159)	(0.160)
SOE	0.088	0.082	0.088	0.090
	(0.060)	(0.060)	(0.059)	(0.060)
Export	-0.113 ***	-0.109 ***	-0.109 ***	-0.113 ***
	(0.038)	(0.038)	(0.037)	(0.037)
PGDP	0.227 ***	0.200 ***	0.182 ***	0.195 ***
	(0.039)	(0.040)	(0.040)	(0.041)
SER	0.060 ***	0.054 **	0.044 *	0.036
	(0.023)	(0.023)	(0.024)	(0.023)
MI	0.103 ***	0.107 ***	0.107 ***	0.102 ***
	(0.038)	(0.038)	(0.037)	(0.038)
Year FE	Yes	Yes	Yes	Yes
Industry FE	Yes	Yes	Yes	Yes
Province FE	Yes	Yes	Yes	Yes
常数项	-8.763 ***	-8.587 ***	-8.513 ***	-8.654 ***
	(0.583)	(0.587)	(0.597)	(0.604)
观测值	253 898	253 898	253 898	253 898

注：回归中的自变量均为滞后一期的值；圆括号内为 Huber – White 稳健标准误；* $p < 0.1$，** $p < 0.05$，*** $p < 0.01$。

5.5.3 分支机构级别的调节效应

本书在构建银行业竞争变量时，并没有区分银行分支机构的级别。然而，不同级别的分支机构，其经营业务范围、贷款额度、审批权限等都不相同。级别越高的分支机构其审批权限和贷款额度往往越大。借鉴李志生等（2020）的做法，根据金融许可证里的机构编码将银行分支机构划分为是否二级及以上级的分支机构，统计出企业附近 20 千米半径范围内二级及以上级的分支机构的占比和是否有二级及以上级的分支机构分别构建出二级及以上级的占比变量和有二级及以上级的虚拟变量。然后将这两个变量与银行业竞争的交互项纳入回归，估计结果如表 5.13 所示。交互项的估计系数均显著为负，表明企业附近二级及以上级的分支机构占比和有二级及以上级的分支机构均可以显著加强银行业竞争对企业绿色创新的促进作用。原因可能是二级及以上级的分支机构拥有更大的审批权限和更高的贷款额度，其为企业提供贷款的效率更高（李志生等，2020）。

表 5.13　　　分支机构级别对企业绿色专利申请数量的调节效应

变量	（1）	（2）	（3）	（4）
CR3	-0.769 *** (0.155)		-0.286 (0.331)	
HHI		-1.050 *** (0.314)		1.195 * (0.627)
二级及以上级的占比	0.532 (0.679)	0.937 (0.686)		
CR3 × 二级及以上级的占比	-11.944 *** (3.912)			
HHI × 二级及以上级的占比		-38.374 *** (8.400)		
有二级及以上级的			0.011 (0.062)	0.095 (0.062)

续表

变量	（1）	（2）	（3）	（4）
CR3 × 有二级及以上级的			− 0. 658 * （0. 356）	
HHI × 有二级及以上级的				− 2. 819 *** （0. 687）
Size	0. 436 *** （0. 019）	0. 438 *** （0. 019）	0. 437 *** （0. 019）	0. 440 *** （0. 018）
Age	− 0. 111 *** （0. 020）	− 0. 110 *** （0. 020）	− 0. 111 *** （0. 020）	− 0. 111 *** （0. 020）
Leverage	− 0. 191 *** （0. 074）	− 0. 194 *** （0. 074）	− 0. 189 ** （0. 074）	− 0. 193 *** （0. 074）
Fixed asset	− 0. 607 *** （0. 091）	− 0. 623 *** （0. 091）	− 0. 602 *** （0. 092）	− 0. 613 *** （0. 092）
ROA	1. 023 *** （0. 164）	1. 024 *** （0. 163）	1. 023 *** （0. 165）	1. 024 *** （0. 164）
SOE	0. 098 （0. 062）	0. 098 （0. 062）	0. 097 （0. 061）	0. 095 （0. 061）
Export	− 0. 121 *** （0. 038）	− 0. 121 *** （0. 038）	− 0. 123 *** （0. 038）	− 0. 123 *** （0. 038）
PGDP	0. 229 *** （0. 038）	0. 253 *** （0. 038）	0. 230 *** （0. 038）	0. 254 *** （0. 038）
SER	0. 055 ** （0. 022）	0. 055 ** （0. 022）	0. 058 ** （0. 023）	0. 059 *** （0. 023）
MI	0. 098 *** （0. 038）	0. 099 *** （0. 038）	0. 098 *** （0. 038）	0. 100 *** （0. 038）
常数项	− 8. 880 *** （0. 589）	− 9. 143 *** （0. 585）	− 8. 927 *** （0. 585）	− 9. 301 *** （0. 577）
Year FE	Yes	Yes	Yes	Yes
Industry FE	Yes	Yes	Yes	Yes
Province FE	Yes	Yes	Yes	Yes
观测值	251 702	251 702	251 702	251 702

注：回归中的自变量均为滞后一期的值；交互项的单独项均进行了中心化处理；圆括号内为 Huber – White 稳健标准误；* $p < 0.1$，** $p < 0.05$，*** $p < 0.01$。

5.5.4　企业的异质性分析

按照第 4 章中的划分方法，根据企业特征将企业分为是否为国有企业，是否为污染行业企业和是否为绿色行业企业考察银行业竞争对企业绿色创新影响的企业异质性。表 5.14 汇报了企业异质性分析的估计结果。Panel A 展示的是根据是否为国有企业的分组估计结果。结果显示在国有企业和非国有企业中，银行业竞争增加均能促进企业绿色创新，银行业竞争对企业绿色创新的促进效应在国有企业与非国有企业组没有显著差异。Panel B 汇报的是根据是否为污染行业企业的分组回归结果。结果表明银行业竞争对企业绿色创新的促进作用只存在于非污染行业企业中。Panel C 是根据是否为绿色行业企业分组的估计结果。结果表明只在绿色行业组中发现了银行业竞争对企业绿色创新的促进作用，在非绿色行业组中则没有发现这种促进作用。

表 5.14　　　企业的异质性对企业绿色专利申请数量的分析

	Panel A：是否为国企			
变量	SOEs		Non – SOEs	
	（1）	（2）	（3）	（4）
CR3	− 0.846 ** （0.372）		− 0.744 *** （0.149）	
HHI		− 1.473 * （0.780）		− 0.855 *** （0.298）
Size	0.012 （0.049）	0.008 （0.049）	0.469 *** （0.019）	0.470 *** （0.019）
Age	− 0.057 （0.047）	− 0.056 （0.047）	− 0.125 *** （0.021）	− 0.123 *** （0.021）
Leverage	− 0.258 （0.207）	− 0.248 （0.207）	− 0.194 ** （0.077）	− 0.204 *** （0.077）
Fixed asset	− 0.558 ** （0.253）	− 0.566 ** （0.253）	− 0.668 *** （0.096）	− 0.692 *** （0.096）

续表

	Panel A：是否为国企			
变量	SOEs		Non－SOEs	
	（1）	（2）	（3）	（4）
ROA	3.511*** （0.779）	3.578*** （0.779）	0.886*** （0.168）	0.877*** （0.168）
Export	0.180* （0.096）	0.184* （0.097）	－0.144*** （0.040）	－0.146*** （0.040）
PGDP	0.132 （0.096）	0.144 （0.098）	0.218*** （0.040）	0.244*** （0.040）
SER	0.020 （0.093）	0.019 （0.094）	0.066*** （0.023）	0.068*** （0.023）
MI	0.227** （0.096）	0.229** （0.096）	0.084** （0.041）	0.083** （0.041）
常数项	－2.104 （1.712）	－2.475 （1.710）	－8.684*** （0.671）	－9.255*** （0.650）
Year FE	Yes	Yes	Yes	Yes
Industry FE	Yes	Yes	Yes	Yes
Province FE	Yes	Yes	Yes	Yes
观测值	21 855	21 855	229 847	229 847

	Panel B：是否为污染行业企业			
变量	污染行业		非污染行业	
	（1）	（2）	（3）	（4）
CR3	0.205 （0.250）		－1.053*** （0.167）	
HHI		0.970* （0.508）		－1.624*** （0.331）
Size	0.284*** （0.041）	0.288*** （0.041）	0.460*** （0.020）	0.460*** （0.020）
Age	0.031 （0.041）	0.030 （0.041）	－0.167*** （0.023）	－0.165*** （0.023）

续表

Panel B：是否为污染行业企业				
变量	污染行业		非污染行业	
	（1）	（2）	（3）	（4）
Leverage	− 0. 375 ***	− 0. 388 ***	− 0. 188 **	− 0. 194 **
	（0. 140）	（0. 142）	（0. 083）	（0. 083）
Fixed asset	− 0. 162	− 0. 178	− 0. 814 ***	− 0. 834 ***
	（0. 164）	（0. 165）	（0. 106）	（0. 106）
ROA	0. 259	0. 219	1. 096 ***	1. 099 ***
	（0. 330）	（0. 334）	（0. 183）	（0. 183）
SOE	0. 054	0. 065	0. 091	0. 087
	（0. 094）	（0. 094）	（0. 077）	（0. 077）
Export	− 0. 042	− 0. 041	− 0. 145 ***	− 0. 145 ***
	（0. 077）	（0. 077）	（0. 042）	（0. 042）
PGDP	− 0. 018	0. 003	0. 298 ***	0. 319 ***
	（0. 066）	（0. 065）	（0. 044）	（0. 044）
SER	0. 115 ***	0. 114 ***	0. 040	0. 044 *
	（0. 044）	（0. 044）	（0. 025）	（0. 025）
MI	0. 084	0. 087	0. 086 **	0. 086 **
	（0. 076）	（0. 076）	（0. 042）	（0. 042）
常数项	− 4. 551 ***	− 4. 883 ***	− 8. 879 ***	− 9. 466 ***
	（1. 130）	（1. 078）	（0. 720）	（0. 709）
Year FE	Yes	Yes	Yes	Yes
Industry FE	Yes	Yes	Yes	Yes
Province FE	Yes	Yes	Yes	Yes
观测值	62 717	62 717	188 970	188 970

Panel C：是否为绿色行业企业				
变量	绿色行业		非绿色行业	
	（1）	（2）	（3）	（4）
CR3	− 1. 024 ***		− 0. 272	
	（0. 183）		（0. 227）	
HHI		− 1. 731 ***		0. 301
		（0. 365）		（0. 441）

	Panel C：是否为绿色行业企业			
变量	绿色行业		非绿色行业	
	(1)	(2)	(3)	(4)
Size	0.491 ***	0.490 ***	0.249 ***	0.252 ***
	(0.020)	(0.020)	(0.037)	(0.038)
Age	−0.178 ***	−0.177 ***	0.040	0.043
	(0.023)	(0.023)	(0.035)	(0.036)
Leverage	−0.112	−0.116	−0.467 ***	−0.481 ***
	(0.089)	(0.089)	(0.122)	(0.123)
Fixed asset	−0.908 ***	−0.922 ***	−0.043	−0.066
	(0.115)	(0.116)	(0.142)	(0.143)
ROA	0.925 ***	0.932 ***	0.890 ***	0.839 ***
	(0.202)	(0.202)	(0.269)	(0.271)
SOE	−0.044	−0.049	0.268 ***	0.276 ***
	(0.073)	(0.073)	(0.091)	(0.091)
Export	−0.191 ***	−0.190 ***	0.007	0.006
	(0.045)	(0.045)	(0.064)	(0.065)
PGDP	0.307 ***	0.320 ***	0.036	0.070
	(0.049)	(0.049)	(0.058)	(0.058)
SER	0.039	0.042	0.096 ***	0.096 ***
	(0.027)	(0.027)	(0.036)	(0.036)
MI	0.097 **	0.098 **	0.079	0.079
	(0.046)	(0.046)	(0.063)	(0.063)
常数项	−9.410 ***	−9.881 ***	−4.418 ***	−5.021 ***
	(0.771)	(0.762)	(1.017)	(0.996)
Year FE	Yes	Yes	Yes	Yes
Industry FE	Yes	Yes	Yes	Yes
Province FE	Yes	Yes	Yes	Yes
观测值	149 249	149 249	102 453	102 453

注：回归中的自变量均为滞后一期的值；交互项的单独项均进行了中心化处理；圆括号内为 Huber – White 稳健标准误；* $p < 0.1$，** $p < 0.05$，*** $p < 0.01$。

5.5.5　专利类型的异质性分析

①绿色发明专利与绿色实用新型专利

本小节进一步将绿色专利（GI）分为绿色发明专利（IGI）和绿色实用新型专利（UGI），分别探讨银行业竞争对这两种绿色专利的影响。表 5.15 展示了估计结果。所有模型中 CR3 和 HHI 的估计系数均显著为负，说明银行业竞争加大对绿色发明专利和绿色实用新型专利均有显著正向促进作用。相对于绿色实用新型专利，绿色发明专利中 CR3 和 HHI 的系数估计值更大，表明银行业竞争加剧对绿色发明专利的促进更强。发明专利因其需要进行实质审查，与实用新型专利相比，发明专利具有更高的原创性标准（寇宗来和刘学悦，2020）。因此，许多研究将发明专利申请数量作为专利质量的代理变量（孔东民等，2017）。表 5.15 的结果表明银行业竞争不仅显著增加了专利数量同时也显著提升了专利质量，且对专利质量的促进作用更为强烈。

表 5.15　　　因变量分别为绿色发明专利（IGI）与绿色实用
新型专利（UGI）的回归结果

变量	IGI		UGI	
	（1）	（2）	（3）	（4）
CR3	−1.151 *** (0.198)		−0.573 *** (0.154)	
HHI		−1.474 *** (0.393)		−0.681 ** (0.310)
Size	0.519 *** (0.033)	0.521 *** (0.034)	0.418 *** (0.019)	0.418 *** (0.019)
Age	−0.099 *** (0.029)	−0.095 *** (0.029)	−0.130 *** (0.021)	−0.129 *** (0.021)
Leverage	−0.201 ** (0.099)	−0.209 ** (0.099)	−0.162 ** (0.078)	−0.169 ** (0.078)

续表

变量	IGI		UGI	
	(1)	(2)	(3)	(4)
Fixed asset	− 0.566 ***	− 0.598 ***	− 0.639 ***	− 0.654 ***
	(0.126)	(0.126)	(0.098)	(0.098)
ROA	0.712 ***	0.708 ***	1.200 ***	1.194 ***
	(0.232)	(0.232)	(0.166)	(0.166)
SOE	0.056	0.054	0.127 **	0.126 **
	(0.097)	(0.097)	(0.058)	(0.058)
Export	− 0.115 **	− 0.118 **	− 0.122 ***	− 0.123 ***
	(0.055)	(0.055)	(0.038)	(0.038)
PGDP	0.210 ***	0.247 ***	0.276 ***	0.296 ***
	(0.049)	(0.048)	(0.043)	(0.044)
SER	0.085 ***	0.089 ***	0.021	0.023
	(0.030)	(0.029)	(0.024)	(0.023)
MI	0.162 ***	0.164 ***	0.049	0.048
	(0.055)	(0.055)	(0.039)	(0.039)
常数项	− 10.544 ***	− 11.413 ***	− 8.767 ***	− 9.206 ***
	(0.893)	(0.858)	(0.678)	(0.665)
Year FE	Yes	Yes	Yes	Yes
Industry FE	Yes	Yes	Yes	Yes
Province FE	Yes	Yes	Yes	Yes
观测值	251 702	251 702	251 702	251 702

注：回归中的自变量均为滞后一期的值；圆括号内为 Huber – White 稳健标准误；＊$p < 0.1$，＊＊$p < 0.05$，＊＊＊$p < 0.01$。

②绿色专利与非绿色专利

现有研究对银行业竞争与企业创新的影响做了广泛的讨论。为了更清晰地了解银行业竞争对创新水平（Innovation）、非绿色创新（NGI）和绿色创新（GI）的影响，表 5.16 进一步对比了银行业竞争对这三种创新的影响。CR3 与三种创新均显著负相关但对绿色创新的影响最大，而 HHI 只发现与绿色创新显著相关，说明在三种创新中，银行业竞争对绿色创新的推动最多。

表 5.16　　　　　　　　　　绿色专利、非绿色专利与专利总数

变量	GI	NGI	Innovation	GI	NGI	Innovation
	（1）	（2）	（3）	（4）	（5）	（6）
CR3	− 0. 756 ***	− 0. 192 **	− 0. 209 ***			
	（0. 143）	（0. 080）	（0. 079）			
HHI				− 0. 884 ***	0. 023	0. 003
				（0. 289）	（0. 161）	（0. 159）
Size	0. 436 ***	0. 475 ***	0. 475 ***	0. 438 ***	0. 477 ***	0. 476 ***
	（0. 019）	（0. 007）	（0. 007）	（0. 019）	（0. 007）	（0. 007）
Age	− 0. 111 ***	− 0. 125 ***	− 0. 126 ***	− 0. 109 ***	− 0. 124 ***	− 0. 125 ***
	（0. 020）	（0. 011）	（0. 011）	（0. 021）	（0. 011）	（0. 011）
Leverage	− 0. 194 ***	0. 039	0. 026	− 0. 202 ***	0. 034	0. 020
	（0. 074）	（0. 041）	（0. 040）	（0. 074）	（0. 041）	（0. 040）
Fixed asset	− 0. 610 ***	− 0. 237 ***	− 0. 255 ***	− 0. 633 ***	− 0. 250 ***	− 0. 268 ***
	（0. 092）	（0. 053）	（0. 052）	（0. 092）	（0. 053）	（0. 052）
ROA	1. 020 ***	0. 999 ***	0. 990 ***	1. 013 ***	0. 992 ***	0. 983 ***
	（0. 164）	（0. 085）	（0. 084）	（0. 164）	（0. 085）	（0. 084）
SOE	0. 098	− 0. 160 ***	− 0. 141 ***	0. 096	− 0. 158 ***	− 0. 139 ***
	（0. 062）	（0. 032）	（0. 031）	（0. 062）	（0. 032）	（0. 032）
Export	− 0. 124 ***	0. 262 ***	0. 241 ***	− 0. 126 ***	0. 261 ***	0. 240 ***
	（0. 038）	（0. 022）	（0. 022）	（0. 038）	（0. 022）	（0. 022）
PGDP	0. 236 ***	0. 313 ***	0. 310 ***	0. 263 ***	0. 329 ***	0. 326 ***
	（0. 038）	（0. 021）	（0. 020）	（0. 038）	（0. 021）	（0. 020）
SER	0. 058 ***	0. 017	0. 018	0. 060 ***	0. 016	0. 018
	（0. 022）	（0. 015）	（0. 014）	（0. 022）	（0. 015）	（0. 015）
MI	0. 097 **	0. 124 ***	0. 124 ***	0. 096 **	0. 124 ***	0. 124 ***
	（0. 038）	（0. 022）	（0. 021）	（0. 038）	（0. 022）	（0. 021）
常数项	− 8. 463 ***	− 8. 551 ***	− 8. 386 ***	− 9. 065 ***	− 8. 835 ***	− 8. 682 ***
	（0. 616）	（0. 339）	（0. 333）	（0. 597）	（0. 337）	（0. 331）
Year FE	Yes	Yes	Yes	Yes	Yes	Yes
Industry FE	Yes	Yes	Yes	Yes	Yes	Yes
Province FE	Yes	Yes	Yes	Yes	Yes	Yes
观测值	251 702	251 702	251 702	251 702	251 702	251 702

注：回归中的自变量均为滞后一期的值；圆括号内为 Huber − White 稳健标准误；* p < 0.1，** p < 0.05，*** p < 0.01。

5.6 本章小结

本章通过将专利分类号与 WIPO 发布的 IPC 绿色清单进行匹配，识别出工业企业专利申请中的绿色专利，得到工业企业绿色专利申请数量。再将得到的工业企业绿色专利申请数量与工业企业数据库及企业层面的银行业竞争数据进行匹配构建出本章研究所需的综合数据库。本章首先详细讨论了银行业竞争对企业绿色创新的影响及其机制；其次，考察了不同类型银行分支机构数量占比对银行业竞争与企业绿色创新关系的调节效应，并区分了不同类型银行分支机构数量对企业绿色创新的直接影响；再次，探讨了银行分支机构级别的调节效应和企业的异质性效应；最后，将绿色专利分为绿色发明专利和绿色实用新型专利考察银行业竞争对绿色专利数量和质量的影响；此外，还对比了银行业竞争对绿色创新、非绿色创新和创新水平的影响强度。本章的研究发现如下：第一，银行业竞争显著促进了企业绿色创新，经过内生性检验和稳健性检验后该结论依然成立，这种影响背后的机制是：一方面，银行业竞争通过缓解企业融资约束，使企业有更多资金投入绿色创新研发中；另一方面，银行业竞争通过提升银行的信贷资源配置能力，将信贷资源配置给高效率的企业，以促使这部分企业产出更多的绿色专利；此外，银行业竞争还能通过提高无形资产份额作用于企业绿色创新。银行业竞争提高了企业进入绿色创新部门的概率，增加了绿色创新部门在位企业的绿色专利申请数量。第二，股份制商业银行是促进企业绿色创新能力提升的主要力量，企业附近二级及以上级的银行分支机构占比和有二级及以上级的银行分支机构显著加强了银行业竞争对企业绿色创新的促进作用。第三，银行业竞争不仅促进了绿色专利数量同时也提升了绿色专利质量。第四，银行业竞争对绿色专利的促进作用大于对非绿色专利的促进作用。

第6章

银行业竞争对企业绿色全要素
生产率的影响研究

第4章和第5章从污染减排和绿色创新角度探讨了银行业竞争对企业绿色发展的影响，本章从绿色全要素生产率角度继续分析银行业竞争的绿色发展效应。本章的内容安排如下。第一部分引言，介绍本章研究的背景；第二部分理论分析与研究假设，通过理论分析提出本章的研究假设；第三部分研究设计，陈述本章研究的实证模型、变量和数据；第四部分实证结果与分析，汇报基准回归结果、内生性讨论、稳健性检验和机制检验；第五部分进一步研究，打开银行业竞争的"黑箱"，探讨不同类型银行分支机构的影响；第六部分为本章小结，总结研究内容和研究结论。

6.1 引　言

在亚伯拉墨菲斯（1956）和索洛（1957）首创的增长核算分析框架中，第一次剥离出各种投入要素对经济增长的贡献程度（Abramovitz，1956；Solow，1957）。除去资本要素和劳动要素的贡献度后剩下的其他因素导致的经济增长被称作索洛剩余（即全要素生产率）。产出增长中投入要素和全要素生产率所占的份额被用以判断经济质量和经济发展方式，研究认为依靠投入要素扩张带动的粗放型增长是不可持续的，必须不断提高全要素生产率，转向集约型增长才具有长期可持续性（Young，1995；Hsieh，2002；王小鲁等，2009）。此后，越来越多的研究对全要素生产率进行了测算，并探讨了可能影响全要素生产率的因素（郭庆旺和贾俊雪，2005；杨汝岱，2015；黄大为，2021；盛安琪和耿献辉，2021）。

然而传统的全要素生产率没有考虑污染物排放等非期望产出，不能正确全面地评价经济绩效，甚至会扭曲对未来发展方向的指引，最终损害社会福利（李长青等，2018）。随着经济增长带来了越来越多的环境和生态问题，学术界开始考虑将能源投入和污染产出纳入增长核算框架中，进一步衍生出了绿色全要素生产率的概念。与传统的全要素生产率相比，绿色全要素生产率主要具有以下特点。首先，除了资本投入和劳动投入以外，能源投入也被纳入了绿色全要素生产率的测算框架中；同时，除了考虑产出值（"好"产出）以外，还考虑了污染物排放的非期望产出（"坏"产出）（陈诗一，2010；吴磊等，2020）。其次，研究指出不考虑污染排放测算出的全要素生产率会被高估，绿色全要素生产率往往低于传统全要素生产率（Li and Lin，2015；陈超凡，2016）。最后，绿色全要素生产率被视为资源环境约束下经济转向绿色发展模式的判断依据（李鹏升和陈艳莹，2019）。

对于绿色全要素生产率的研究主要集中在省份层面（王兵等，2010；Xia and Xu，2020）和行业层面（陈诗一，2010；Li and Lin，2015）。有一些学者开始将研究拓展到城市层面（彭小辉和王静怡，2019；关海玲和武祯妮，2020）。在企业层面，特别是工业企业这类需要大体量数据来支撑的绿色全要素生产率的文章相对较少。近年来，涌现了一些企业层面的研究，这些研究主要探讨了环境规制（李鹏升和陈艳莹，2019）、外商直接投资（崔兴华和林明裕，2019）、绿色创新补贴（熊爱华等，2020）、碳排放权交易机制（胡玉凤和丁友强，2020）、出口（李长青等，2018）等对企业绿色全要素生产率的影响，而企业所处的银行业竞争程度对其绿色全要素生产率的影响还未得到研究者的关注，本章研究正是致力于这一领域的研究。

本章测算了中国工业企业数据库中各企业的绿色全要素生产率，并与企业层面的银行业竞争数据合并，研究了如下内容。首先，实证检验了银行业竞争对于企业绿色全要素生产率的影响方向和强度；其次，考察了银行业竞争影响企业绿色全要素生产率的机制；最后，对银行业竞争进行拆解，探讨了不同类型银行的影响。研究发现，激烈的银行业竞争有助于企业提高绿色全要素生产率，其背后的机制是提高融资可得性、降低融资成本、缓解融资约束。股份制商业银行占比和外资银行占比显著增强了银行业竞争对企业绿色全要素生产率的促进作用。

6.2　理论分析与研究假设

企业绿色全要素生产率的提高一方面需要提高总产出，另一方面需要减少生产过程中产生的污染物。企业单位产出伴随的非期望产出即污染物排放越少，且能源消耗越少，则企业的绿色全要素生产率越高。无论是提高总产出，还是控制污染物排放，都需要投入资金。如果企业面临融资约束，内部资金不足时，企业会减少污染控制投入（Zhang et al.，2019）。优序融资理论认为企业优先利用内部资金，当内部资金不足时，企业偏好债务融资大于股权融资（Myers and Majluf，1984）。提高投入产出比的关键是创新，研发投入是促进创新的主要手段。融资约束会导致企业无法通过增加研发投入来提高绿色全要素生产率。虽然企业倾向于优先使用内部融资来支持研发投资，但大多数企业仅靠内部资金进行研发投资是远远不够的（Yang et al.，2014）。银行是我国目前企业外部融资的主要来源，银行业的结构会影响企业的外部融资可得性及贷款成本，从而影响企业面临的融资约束水平。

银行业市场结构影响企业发展的最基本路径是通过改变企业的外部融资环境作用于企业融资并最终作用于企业行为。关于银行业结构对企业融资的影响，已有文献提出了两种观点。一种观点（信息假说）认为银行业结构集中有利于减少银行和企业之间的信息不对称、形成银行和企业之间稳定的借贷关系，从而银行能在企业需要外部资金时为其提供贷款（Petersen and Rajan，1995）。另一种观点（市场势力假说）认为银行业结构分散可以发挥市场的力量提高信贷资源配置效率，避免因银行业垄断造成放贷的低效率（Beck et al.，2004）。已有基于中国数据的研究发现大多与市场势力假说观点一致，即银行业竞争增加能够缓解企业融资约束（Chong et al.，2013；Zhang et al.，2019；姜付秀等，2019）。

围绕以上两个竞争性观点，学者们从企业融资、投资、创新投入、创新产出、生产率等角度检验了银行业结构对企业发展的影响（蔡卫星，2019；戴静等，2020；祝继高等，2020）。与本章研究最为相关的是银行业竞争对企业全要素生产率的影响。以 10 个欧洲国家为样本，勒罗伊（Leroy，2019）发现在银行业竞争较为激烈的国家中，最依赖外部融资的行业的全要素生产率增长较慢，支持了信息假说的观点。而现有基于中国数据的研究大多支持竞争性的银行业结构有利于提高企业全要素生产率（蔡卫星，2019；盛安琪和耿献辉，2021；杨玥和江春，2021）。基于以上讨论提出如下研究假设。

假设 6 - 1a：在其他条件不变的情况下，提高银行业竞争能够促进企业绿色全要素生产率。

假设 6 - 1b：在其他条件不变的情况下，提高银行业竞争会降低企业绿色全要素生产率。

假设 6 - 2：在其他条件不变的情况下，银行业竞争通过缓解企业融资约束影响企业绿色全要素生产率。

银行业金融机构的一个最重要的功能便是信贷资源的集中与分配。戴静等（2020）认为银行业竞争能够优化银行部门的信贷资源配置功能，促使银行提高对高效率企业的信贷资金支持，让更多高效率的企业进入创新者行列并增加了高效率在位企业的创新投入。张璇等（2020）也提出银行业竞争增加有利于市场在资源配置中发挥基础性作用，优化劳动与资本的匹配度，减少资源错配，从而提高企业的全要素生产率。因此，提出如下假设。

假设 6 - 3：在其他条件不变的情况下，银行业竞争通过优化信贷资源配置影响企业绿色全要素生产率。

本章研究的逻辑框架如图6.1所示。

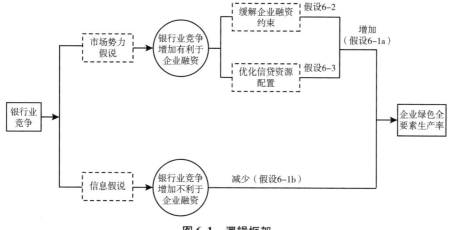

图 6.1　逻辑框架

6.3　研究设计

6.3.1　模型设定

本章研究通过估计以下模型探索银行业竞争对企业绿色全要素生产率的因果效应。

$$\text{GTFP}_{i,c,t} = \alpha_0 + \alpha_1 \text{BankCom}_{i,c,t-1} + \alpha_2 X_{i,c,t-1} + \alpha_3 Z_{c,t-1} + \eta_i + \eta_t + \varepsilon_{i,c,t}$$

$$(6.1)$$

其中，下标 i、c、t 分别表示企业、城市和年份。GTFP 是企业绿色全要素生产率。BankCom 是企业层面的银行业竞争，采用企业附近 20 千米半径范围内前三大银行分支机构数量占比（CR3）和基于银行分支机构数量计算的赫芬达尔—赫希曼指数（HHI）度量。X 是企业层面的控制变量集合，Z 是城市层面的控制变量集合，X 和 Z 中包含的变量均与第 4 章和第 5 章一样。所有控制变量均滞后一期，以避免反向因果引起的内生性问题。η_i 和 η_t 分别表示企业固定效应和年份固定效应，分别控制随企业变化和随年份变化的因素。α_1 为待估系数，如果为正，则表示银行业竞争增加会减少企业绿色全要素生产率；如果为负，则表示银行业竞争增加能促进企业绿色全要素生产率。表 6.1 给出了各变量的定义。

表 6.1　　　　　　　　　　　　变量定义

变量名称	变量符号	变量定义
绿色全要素生产率	GTFP	考虑企业能源消耗和污染产出的绿色全要素生产率
全要素生产率	TFP	没有考虑企业能源消耗和污染产出的全要素生产率

注：模型中使用但表中未给出定义的变量与表 4.1 的定义一致。

6.3.2　变量说明

①因变量

全要素生产率的测度主要分为宏观和微观层面，宏观层面主要运用增长核算法、增长率回归法、数据包络分析（DEA）和随机前沿分析（SFA），微观层面主要运用控制函数法（OP 法，LP 法以及 ACF 法等）、DEA 和 SFA 方法（鲁晓东和连玉君，2012）。虽然 DEA 和 SFA 法也可以用于测算微观企业层面的全要素生产率，但 DEA 和 SFA 需要根据数据构造生产前沿面，而当使用工业企业微观数据库这样的大样本量数据库时，这两种方法都显得很没有效率，微观企业的全要素生产率测算更多的是采用 OP 法和 LP 法。

对于企业绿色全要素生产率的测度，因为现有文献还没有基于工业企业数据库的研究，所用到的数据量均较小，所以他们主要采用 Luenberger 生产率指数方法，这种方法同时考虑了"好"产出和"坏"产出。例如，李鹏升和陈艳莹（2019）运用 SBM Luenberger 测算了企业的绿色全要素生产率。但对于大样本的微观数据来说，Luenberger 生产率指数方法的劣势则很明显。李长青等（2018）通过绿色系数将传统的全要素生产率转换为绿色全要素生产率。本章对企业绿色全要素生产率的测算结合了李鹏升和陈艳莹（2019）和李长青等（2018）的方法。

具体来说，本章企业层面的绿色全要素生产率的测算主要分为以下几步。首先，产出部分同时考虑了"好"产出和"坏"产出。工业总产值是"好"产出，污染物排放是"坏"产出。各种污染物的排放量数据来自工业企业污染数据库。根据《排污费征收标准管理办法》公布的各种污染物的当量值，计算出每种污染物排放量当量[①]，再将所有污染物当量值加总成一个污染排放总量变量[②]。由于《排污费征收标准管理办法》规定废水每一污染当量收费 0.7 元，废气每一污染当量收费 0.6 元，因此，在废水污染当量与废气污染当量加总时根据收费比例进行了调整。然后，用工业总产值除以污染排放总量得到每单位污染排放产出的工业总产值，用以表示考虑了污染后的产出。每单位污染排放产出的工业总产值越大，说明企业的生产过程越绿色。其次，在投入方面，除了资本要素和劳动要素以外，能源要素也被纳入考虑。根据《综合能耗计算通则》（GBT2589 – 2020）将各种能源消耗折算成统一的标准煤后相加得到总的能源投入量[③]。最后，参照李长青等（2018），使用 LP 法计算企业绿色全要素生产率，并运用阿克伯格、凯夫斯和弗雷泽（Ackerberg，Caves and Frazer，2015）修正 LP 法在第一步估计中可能产生的共线性问题。表 6.2 报告了绿色全要素生产率（GTFP）的描述性统计。

表 6.2　　　　　　　　　　　　　描述性统计

变量	样本量	均值	标准差	最小值	50% 的分位数	最大值
GTFP	381 032	3.994	1.117	1.252	3.845	7.489
CR3	381 032	0.685	0.152	0.375	0.677	1.000
HHI	381 032	0.236	0.101	0.093	0.211	0.500
Size	381 032	10.817	1.557	7.753	10.669	15.174
Age	381 032	2.338	0.877	0.000	2.303	4.127

---

①　某污染物的污染当量数 = 该污染物的排放量/该污染物的污染当量值。

②　各种污染物排放量包括：水污染指标，化学需氧量排放量和氨氮排放量；大气污染指标，二氧化硫排放量、氮氧化物排放量、烟粉尘排放量。

③　各种能源消耗包括：煤炭消费总量、燃料油消费总量、洁净燃气消费总量、工业用新水总量。

变量	样本量	均值	标准差	最小值	50%的分位数	最大值
Leverage	381 032	0.620	0.289	0.028	0.625	1.587
Fixed asset	381 032	0.402	0.211	0.019	0.383	0.907
ROA	381 032	0.050	0.129	−0.233	0.017	0.706
SOE	381 032	0.136	0.342	0.000	0.000	1.000
Export	381 032	0.305	0.460	0.000	0.000	1.000
PGDP	381 032	9.854	0.824	8.067	9.855	11.584
SER	381 032	1.157	1.180	0.082	0.634	5.346
MI	381 032	6.886	1.937	0.060	6.770	11.390

资料来源：笔者根据综合数据库，利用 stata 15.0 软件统计结果绘制。

②自变量

本章研究中用到的银行业竞争与第 4 章和第 5 章一样，以企业附近 20 千米半径范围内前三大银行分支机构数量占比（CR3）和基于所有银行分支机构数量计算的赫芬达尔—赫希曼指数（HHI）代理。CR3 只能反映最大三家银行的市场份额，不能反映银行业中所有银行的市场占有状况。HHI 指数可以反映所有银行的市场占有率的分布状况。因此，将 CR3 与 HHI 结合使用，既能够反映市场中最大几家银行的市场占有状况，又能够描述整个银行业的总体分布状况。

③控制变量

本章所用的控制变量包含企业层面和城市层面。企业层面的控制变量有企业规模、年龄、资产负债率、固定资产比例、资产回报率、国有企业虚拟变量和是否出口虚拟变量，城市层面的控制变量有城市人均 GDP、科学支出占比和市场化指数。各个控制变量的定义与第 4 章和第 5 章中的一致。

6.3.3 数据说明

本章研究所用到的企业生产过程中的各种能源消耗和污染物排放数据

来自工业企业污染数据库。企业特征变量来自工业企业数据库。城市层面的变量来自历年《中国城市统计年鉴》，其中城市的市场化指数以省级层面代替，数据来自樊纲等（2010）和王小鲁等（2017）编制的《中国市场化指数》。银行业竞争数据来自国家金融监督管理总局（原中国银行保险监督管理委员会）公布的金融许可证信息。金融许可证信息里面包含了各个银行分支的地址和名称，根据地址和名称通过地理编码匹配出了单个企业面临的银行业竞争程度。对数据的清洗与第 4 章相同。最终，得到了 1998 ~ 2009 年由 112 609 家企业组成的 381 032 条数据。

6.4　实证结果与分析

本节报告了本章研究的实证结果，可以分为五个部分。分别为描述性统计分析、基准回归结果、内生性问题、稳健性检验和机制检验。

6.4.1　描述性统计分析

表 6.2 列示了本章研究所用到变量的描述性统计，绿色全要素生产率的均值为 3.994，中位数为 3.845，均值与中位数接近，说明绿色全要素生产率的分布较对称。绿色全要素生产率的均值与李长青等（2018）中测算的较为接近。CR3 的均值为 0.685，与贝克等（Beck et al., 2004）报告的我国 1995 ~ 1999 年的 CR3（为 0.8）相比，本章的银行业结构更加分散，说明我国的银行业改革显著降低了银行业集中度。按照彼得森和拉詹（Petersen and Rajan, 1995）的分类，HHI 的值小于 0.1、在 0.1 到 0.18 之间、大于 0.18 分别对应竞争性、中间级别和垄断性的银行信贷市场。表 6.2 中 HHI 的均值为 0.236，大于 0.18，说明本章研究中的企业处于垄断性的银行信贷市场之中。

6.4.2 基准回归结果

表6.3报告了基准回归结果。列（1）和列（4）汇报了没有加入控制变量的结果，列（2）和列（5）汇报了加入企业层面控制变量的结果，列（3）和列（6）汇报了进一步加入城市层面控制变量的结果。各列中，CR3和HHI的系数大小相差不大，说明如果控制了企业固定效应和年份固定效应，就控制了大部分影响企业绿色全要素生产率的因素，因而再加入企业特征和城市特征后对系数估计值的影响不大。所有模型中，CR3和HHI的系数估计值均显著为负，说明银行业竞争增加有利于企业提高绿色全要素生产率。以列（3）和列（6）为例，CR3减少10%，GTFP将上升0.71%，HHI减少10%，GTFP将增加1.14%。

表6.3   企业绿色全要素生产率（GTFP）为因变量时的基准回归结果

变量	（1）	（2）	（3）	（4）	（5）	（6）
CR3	−0.071 *** （0.022）	−0.077 *** （0.026）	−0.071 *** （0.027）			
HHI				−0.101 *** （0.037）	−0.104 ** （0.046）	−0.114 ** （0.048）
Size		0.045 *** （0.006）	0.044 *** （0.006）		0.044 *** （0.006）	0.043 *** （0.006）
Age		−0.027 *** （0.004）	−0.027 *** （0.004）		−0.027 *** （0.004）	−0.027 *** （0.004）
Leverage		0.028 ** （0.011）	0.018 （0.012）		0.028 ** （0.011）	0.018 （0.012）
Fixed asset		−0.155 *** （0.015）	−0.142 *** （0.016）		−0.155 *** （0.015）	−0.142 *** （0.016）
ROA		0.523 *** （0.025）	0.516 *** （0.026）		0.522 *** （0.025）	0.516 *** （0.026）
SOE		−0.031 *** （0.009）	−0.026 *** （0.010）		−0.031 *** （0.009）	−0.026 *** （0.010）

续表

变量	（1）	（2）	（3）	（4）	（5）	（6）
Export		0.012 （0.008）	0.011 （0.009）		0.012 （0.008）	0.011 （0.009）
PGDP			0.081 *** （0.022）			0.081 *** （0.022）
SER			0.010 *** （0.003）			0.011 *** （0.003）
MI			− 0.007 * （0.004）			− 0.008 * （0.004）
常数项	4.026 *** （0.015）	3.624 *** （0.066）	2.892 *** （0.219）	4.002 *** （0.009）	3.599 *** （0.064）	2.875 *** （0.218）
Firm FE	Yes	Yes	Yes	Yes	Yes	Yes
Year FE	Yes	Yes	Yes	Yes	Yes	Yes
观测值	394 646	246 516	215 138	394 646	246 516	215 138
调整后的 R²	0.621	0.663	0.659	0.621	0.663	0.659

注：回归中的自变量均为滞后一期的值；括号内为 Huber – White 稳健标准误；＊p＜0.1，＊＊p＜0.05，＊＊＊p＜0.01。
资料来源：笔者根据回归结果整理而得。

6.4.3　内生性问题

虽然企业的绿色全要素生产率不太可能影响银行分支机构的分布决策，因而反向因果引起的内生性问题在本章中不明显，但仍旧存在遗漏变量引起的内生性问题。一个可能推翻基准结果的遗漏变量便是企业选址决策，如果企业选址决策是内生的，也就是说企业在选址时会考虑银行业的分布及其竞争程度，那么本章的基准结果将受到严重的内生性威胁。与第 4 章和第 5 章的做法一样，我们考虑仅保留开业成立年份在样本期间（即 1998 年）以前的企业重新估计模型（6.1）。因为这些企业的成立年份在 1998 年以前，选址在样本期以前就已经确定，不会受到样本期间的银行业分布及结构的影响。表 6.4 的列（1）和列（2）展示了仅保留 1998 年前成立企业的估计结果。结果表明，CR3 和 HHI 均与 GTFP 显著负相关，即银行业竞争加剧增加了企业绿色全要素生产率，与基准回归结果一致。

除了企业选址决策外，另一个可能存在的遗漏变量是城市层面的因素。虽然基准模型中已经控制了城市人均 GDP、科学支出占比和市场化指数，但仍然可能存在其他城市层面的同时影响银行分支机构分布和企业绿色全要素生产率的遗漏变量，如城市的地理位置、产业结构、环境规制强度等。为了解决城市层面遗漏变量可能引起的内生性问题，表 6.4 列（3）和列（4）控制了城市—年份固定效应（City - year FE）。城市—年份固定效应可以捕捉所有时变和时不变的城市特征。结果表明，CR3 和 HHI 依然与 GTFP 显著负相关，进一步支持了基准回归结果。

表 6.4　　　　企业绿色全要素生产率（GTFP）为因变量时的
基准回归结果的内生性讨论

变量	保留样本期之前成立的企业		控制城市—年份固定效应	
	（1）	（2）	（3）	（4）
CR3	- 0.132 *** (0.035)		- 0.084 *** (0.024)	
HHI		- 0.279 *** (0.062)		- 0.133 *** (0.035)
Size	0.066 *** (0.008)	0.066 *** (0.008)	0.080 *** (0.003)	0.079 *** (0.003)
Age	- 0.027 *** (0.008)	- 0.028 *** (0.008)	- 0.087 *** (0.003)	- 0.087 *** (0.003)
Leverage	0.031 * (0.016)	0.030 * (0.016)	- 0.014 (0.010)	- 0.014 (0.010)
Fixed asset	- 0.167 *** (0.023)	- 0.167 *** (0.023)	- 0.738 *** (0.014)	- 0.738 *** (0.014)
ROA	0.708 *** (0.040)	0.708 *** (0.040)	1.541 *** (0.027)	1.541 *** (0.027)
SOE	- 0.026 ** (0.011)	- 0.026 ** (0.011)	- 0.235 *** (0.009)	- 0.235 *** (0.009)
Export	0.017 (0.011)	0.017 (0.011)	0.054 *** (0.008)	0.054 *** (0.008)
PGDP	0.048 * (0.026)	0.047 * (0.026)	—	—

续表

变量	保留样本期之前成立的企业		控制城市—年份固定效应	
	（1）	（2）	（3）	（4）
SER	0.008 * （0.004）	0.009 ** （0.004）	—	—
MI	− 0.010 * （0.006）	− 0.011 * （0.006）	—	—
常数项	2.997 *** （0.265）	2.996 *** （0.264）	3.639 *** （0.033）	3.615 *** （0.030）
Firm FE	Yes	Yes	No	No
Year FE	Yes	Yes	No	No
City – year FE	No	No	Yes	Yes
Industry FE	No	No	Yes	Yes
观测值	130 962	130 962	269 374	269 374
调整后的 R^2	0.654	0.654	0.295	0.295

注：回归中的自变量均为滞后一期的值；括号内为 Huber – White 稳健标准误差； * $p < 0.1$ ， ** $p < 0.05$ ， *** $p < 0.01$ 。

资料来源：笔者根据回归结果整理而得。

再次，借鉴吕铁和王海成（2019）的做法，利用 2007 年银监会①发布的《允许股份制商业银行在县域设立分支机构有关事项的通知》作为政策外生冲击来缓解内生性问题。定义虚拟变量 Poststock，若样本处于股份制银行进入其所在县的当年及以后的年份，则取值为 1；否则，取值为 0。若银行业竞争确实是引起企业绿色全要素生产率上升的原因，那么银行业竞争对企业绿色全要素生产率的促进作用在股份制商业银行进入后会更加强烈。通过加入 Poststock 与银行业竞争的交互项，表 6.5 中的列（1）和列（2）重新进行了回归分析。结果表明银行业竞争对企业绿色全要素生产率的促进作用在股份制商业银行进入后更强，说明银行业竞争确实是企业提升绿色全要素生产率的驱动因素。

① 该部门是中国银行监督管理委员会的简称，2018 年改为中国银行保险监督管理委员会，2023 年改为国家金融监督管理总局。

最后，进一步采用工具变量回归来验证银行业竞争与企业绿色全要素生产率的因果关系。以同行业同省份不同城市企业的银行业竞争均值作为工具变量（IV）。当同一省份中的某一城市的银行分支机构较多时，银行可能会考虑在其他城市布局分支机构，而由于城市间的业务分割企业难以获得跨城市的银行贷款，所以 IV 满足相关性和外生性。表 6.5 中的列（3）～列（6）报告了工具变量的两阶段最小二乘法回归（2SLS）。第一阶段结果表明 IV 与自变量显著正相关，说明工具变量的相关性成立。第二阶段结果表明 CR3 和 HHI 的系数估计值显著为负，表明银行业竞争程度越高，企业绿色全要素生产率水平越高。综上所述，工具变量回归也验证了银行业竞争加剧促进企业绿色全要素生产率的因果效应。

表 6.5　　　股份制商业银行进入的政策冲击和工具变量回归结果

变量	GTFP	GTFP	CR3 第一阶段	GTFP 第二阶段	HHI 第一阶段	GTFP 第二阶段
	（1）	（2）	（3）	（4）	（5）	（6）
CR3	− 0. 082 ** (0. 036)			− 1. 506 *** (− 3. 102)		
CR3 × PostStock	− 0. 126 * (0. 074)					
HHI		− 0. 031 (0. 067)				− 2. 534 ** (− 2. 559)
HHI × PostStock		− 0. 273 ** (0. 130)				
IV_CR3			0. 133 *** (17. 970)			
IV_HHI					0. 101 *** (15. 616)	
PostStock	0. 091 * (0. 049)	0. 066 ** (0. 030)				
Size	0. 041 *** (0. 007)	0. 040 *** (0. 007)	0. 001 (1. 262)	0. 045 *** (7. 476)	− 0. 002 *** (− 4. 196)	0. 040 *** (6. 354)

变量	GTFP	GTFP	CR3 第一阶段	GTFP 第二阶段	HHI 第一阶段	GTFP 第二阶段
	(1)	(2)	(3)	(4)	(5)	(6)
Age	-0.010 *	-0.010 *	0.001	-0.025 ***	-0.000	-0.027 ***
	(0.006)	(0.006)	(1.090)	(-5.558)	(-0.425)	(-5.865)
Leverage	0.035 **	0.035 **	-0.001	0.016	-0.001 *	0.013
	(0.014)	(0.014)	(-0.610)	(1.296)	(-1.702)	(1.106)
Fixed asset	-0.005	-0.005	0.001	-0.141 ***	-0.000	-0.143 ***
	(0.019)	(0.019)	(0.435)	(-8.584)	(-0.384)	(-8.733)
ROA	0.311 ***	0.309 ***	0.016 ***	0.535 ***	0.006 ***	0.528 ***
	(0.028)	(0.028)	(5.562)	(19.552)	(3.837)	(19.522)
SOE	0.014	0.013	0.001	-0.027 ***	-0.001	-0.030 ***
	(0.014)	(0.014)	(0.959)	(-2.685)	(-1.055)	(-3.030)
Export	0.004	0.004	-0.003 ***	0.007	-0.001 **	0.008
	(0.011)	(0.011)	(-2.626)	(0.793)	(-2.425)	(0.845)
PGDP	0.147 ***	0.147 ***	-0.016 ***	0.056 **	-0.012 ***	0.049 *
	(0.030)	(0.030)	(-6.873)	(2.296)	(-9.098)	(1.858)
SER	0.025 ***	0.025 ***	-0.003 ***	0.006 *	0.002 ***	0.016 ***
	(0.005)	(0.005)	(-7.006)	(1.704)	(8.832)	(4.001)
MI	0.014 ***	0.013 **	0.001 **	-0.004	-0.000	-0.008 *
	(0.005)	(0.005)	(2.475)	(-0.934)	(-1.385)	(-1.794)
常数项	2.083 ***	2.042 ***	0.774 ***	3.929 ***	0.374 ***	3.626 ***
	(0.309)	(0.308)	(33.056)	(8.084)	(28.151)	(7.802)
Firm FE	Yes	Yes	Yes	Yes	Yes	Yes
Year FE	Yes	Yes	Yes	Yes	Yes	Yes
观测值	136 640	136 640	232 255	232 255	232 255	232 255

注：回归中的自变量均为滞后一期的值；括号内为 Huber – White 稳健标准误；＊p < 0.1，＊＊p < 0.05，＊＊＊p < 0.01。

资料来源：笔者根据回归结果整理而得。

6.4.4　稳健性检验

本节从三方面检验了基准回归结果的稳健性。首先，由于工业企业数据库只包含规模以上的企业，每年都会有企业进入和退出数据库的情况，这使得工业企业数据库成为一个非平衡面板数据。为了避免每年企业进入和退出对结果的影响，使用样本期间一直在工业企业数据库中的企业重新估计了模型（6.1）。结果呈现在表 6.6 中 Panel A 的列（1）和列（2）中，CR3 和 HHI 的系数估计值显著为负，支持了基准回归结果的稳健性。其次，以 OP 法测算的企业绿色全要素生产率作为因变量，估计结果呈现在 Panel A 的列（3）和列（4）。CR3 和 HHI 与 GTFP_OP 显著负相关，仍旧验证了基准回归结果的稳健性。最后，将自变量分别换为企业附近 20 千米半径内银行分支机构的数量和城市层面的银行业竞争（CR3_City 和 HHI_City），估计结果分别报告在 Panel B 的列（1）、列（2）和列（3）中。估计结果再次支持了基准结果的稳健性。

表 6.6 稳健性检验

Panel A：更换样本和变换因变量的测度方法			
变量	GTFP		GTFP_OP	
	（1）	（2）	（3）	（4）
CR3	− 0.256 *** (0.083)		− 0.146 *** (0.033)	
HHI		− 0.497 *** (0.159)		− 0.232 *** (0.059)
Size	0.089 *** (0.020)	0.087 *** (0.020)	0.046 *** (0.008)	0.046 *** (0.008)
Age	− 0.059 *** (0.013)	− 0.059 *** (0.013)	− 0.037 *** (0.006)	− 0.037 *** (0.006)
Leverage	0.040 (0.042)	0.040 (0.042)	0.032 ** (0.015)	0.032 ** (0.015)
Fixed asset	− 0.408 *** (0.059)	− 0.408 *** (0.059)	− 0.103 *** (0.020)	− 0.103 *** (0.020)
ROA	0.769 *** (0.115)	0.777 *** (0.115)	0.478 *** (0.030)	0.477 *** (0.030)
SOE	− 0.030 (0.027)	− 0.032 (0.027)	− 0.038 *** (0.013)	− 0.038 *** (0.013)

续表

Panel A：更换样本和变换因变量的测度方法

变量	GTFP		GTFP_OP	
	（1）	（2）	（3）	（4）
Export	− 0. 016 （0. 024）	− 0. 017 （0. 024）	0. 004 （0. 011）	0. 004 （0. 011）
PGDP	− 0. 056 （0. 052）	− 0. 059 （0. 052）	0. 139 *** （0. 029）	0. 138 *** （0. 029）
SER	0. 016 * （0. 009）	0. 019 ** （0. 009）	0. 015 *** （0. 004）	0. 015 *** （0. 004）
MI	− 0. 018 （0. 014）	− 0. 020 （0. 014）	0. 018 *** （0. 005）	0. 018 *** （0. 005）
常数项	4. 108 *** （0. 556）	4. 119 *** （0. 555）	− 1. 352 *** （0. 285）	− 1. 382 *** （0. 284）
Firm FE	Yes	Yes	Yes	Yes
Year FE	Yes	Yes	Yes	Yes
观测值	20 235	20 235	194 105	194 105
调整后的 R^2	0. 619	0. 619	0. 810	0. 810

Panel B：变换自变量的测度方法

变量	GTFP		
	（1）	（2）	（3）
20 千米内银行分支机构数量	0. 006 * （0. 003）		
CR3_city		− 0. 094 ** （0. 044）	
HHI_city			− 0. 198 ** （0. 086）
Size	0. 080 *** （0. 003）	0. 075 *** （0. 009）	0. 075 *** （0. 009）
Age	− 0. 087 *** （0. 003）	− 0. 074 *** （0. 008）	− 0. 074 *** （0. 008）
Leverage	− 0. 014 （0. 010）	− 0. 022 （0. 016）	− 0. 022 （0. 016）

续表

Panel B：变换自变量的测度方法

变量	GTFP		
	（1）	（2）	（3）
Fixed asset	-0.738^{***} (0.014)	-0.715^{***} (0.038)	-0.715^{***} (0.038)
ROA	1.539^{***} (0.027)	1.520^{***} (0.087)	1.520^{***} (0.087)
SOE	-0.235^{***} (0.009)	-0.232^{***} (0.019)	-0.232^{***} (0.019)
Export	0.055^{***} (0.008)	0.041^{***} (0.015)	0.041^{***} (0.015)
PGDP		0.083^{**} (0.041)	0.082^{**} (0.041)
SER		0.025^{***} (0.008)	0.026^{***} (0.008)
MI		-0.012 (0.010)	-0.012 (0.010)
常数项	3.552^{***} (0.030)	2.904^{***} (0.407)	2.889^{***} (0.407)
Firm FE	Yes	Yes	Yes
Year FE	Yes	Yes	Yes
观测值	269 374	237069	237 092
调整后的 R^2	0.295	0.276	0.276

注：回归中的自变量均为滞后一期的值；括号内为 Huber - White 稳健标准误；* $p < 0.1$，** $p < 0.05$，*** $p < 0.01$。

资料来源：笔者根据回归结果整理而得。

6.4.5　机制检验

银行业竞争通过改变企业外部融资环境，影响企业融资可得性、融资成本，缓解企业融资约束，使企业有更多资金用于投资。融资机制是银行业结构影响企业行为的最基本和最常见的机制。如果银行业竞争通过缓解企业融资约束影响企业绿色全要素生产率，那么对于那些原本面临比较高的融资约束的企业，银行业竞争的影响应该会更加强烈。表 6.7 的列（1）和列（2）通过加入银行业竞争与融资约束虚拟变量 FCD 的交互项验证融资约束渠道。融资约束以 SA 指数度量，计算方式与第 4 章中的一致。若 SA 指数大于其均值，则 FCD 取值为 1；否则，取值为 0。交互项系数显著为负，说明对于面临融资约束高的企业而言，银行业竞争对它们的绿色全要素生产率的促进作用更加明显。因而，融资约束机制得到了实证结果支持。

表 6.7　　　　　　　银行业竞争对企业绿色全要素生产率的机制检验

变量	（1）	（2）	（3）	（4）
CR3	−0.0004 （0.035）		−0.009 （0.032）	
HHI		−0.031 （0.058）		−0.011 （0.052）
FCD	0.067 ** （0.030）	0.036 * （0.018）		
CR3 × FCD	−0.087 ** （0.041）			
HHI × FCD		−0.122 ** （0.062）		
High TFP			0.118 *** （0.020）	0.093 *** （0.011）
CR3 × High TFP			−0.098 *** （0.027）	
HHI × High TFP				−0.176 *** （0.040）
Size	0.039 *** （0.007）	0.039 *** （0.007）	0.041 *** （0.006）	0.041 *** （0.006）
Age	−0.027 *** （0.006）	−0.027 *** （0.006）	−0.027 *** （0.005）	−0.027 *** （0.005）

变量	（1）	（2）	（3）	（4）
Leverage	0.001 (0.013)	0.001 (0.013)	0.022 * (0.012)	0.022 * (0.012)
Fixed asset	−0.124 *** (0.018)	−0.124 *** (0.018)	−0.128 *** (0.016)	−0.129 *** (0.016)
ROA	0.495 *** (0.028)	0.495 *** (0.028)	0.488 *** (0.026)	0.488 *** (0.026)
SOE	−0.022 ** (0.011)	−0.022 ** (0.011)	−0.025 ** (0.010)	−0.025 ** (0.010)
Export	0.019 * (0.010)	0.019 * (0.010)	0.009 (0.009)	0.009 (0.009)
PGDP	0.074 *** (0.025)	0.074 *** (0.025)	0.084 *** (0.022)	0.084 *** (0.022)
SER	0.006 (0.004)	0.006 * (0.004)	0.010 *** (0.003)	0.010 *** (0.003)
MI	−0.005 (0.005)	−0.005 (0.005)	−0.005 (0.005)	−0.005 (0.005)
常数项	2.908 *** (0.251)	2.921 *** (0.250)	2.792 *** (0.219)	2.798 *** (0.218)
Firm FE	Yes	Yes	Yes	Yes
Year FE	Yes	Yes	Yes	Yes
观测值	167 915	167 915	208 578	208 578
调整后的 R^2	0.659	0.659	0.660	0.660

注：回归中的自变量均为滞后一期的值；括号内为 Huber – White 稳健标准误；* p < 0.1，** p < 0.05，*** p < 0.01。

资料来源：笔者根据回归结果整理而得。

表6.7 的列（3）和列（4）中加入了银行业竞争与企业生产效率虚拟变量 High TFP 的交互项以检验银行业竞争影响企业绿色全要素生产率的信贷资源配置机制。High TFP 的定义与第4章和第5章中的一致。交互项的估计系数显著为负，说明银行业竞争对高效率企业绿色全要素生产率的促进

作用强于对低效率企业绿色全要素生产率的促进作用，即银行业竞争增加能够提高银行辨别高效率企业的能力，使银行将更多信贷资源配置给高效率企业。因而，银行业竞争通过优化银行的信贷资源配置促进企业绿色全要素生产率的渠道得到了实证结果支持。

6.5 进一步研究

本节在以上基准回归和机制检验的基础上，进一步研究了银行和企业的异质性影响，以及不同银行分支机构数量对企业绿色全要素生产率的影响，并对比了银行业竞争对绿色全要素生产率和全要素生产率的影响。

6.5.1 银行类型的调节效应

我国银行业改革效果的主要表现是银行分支机构数量的急剧增加以及股份制商业银行和城市商业银行的蓬勃发展。本小节探讨不同类型银行分支机构占比对银行业竞争与企业绿色全要素生产率的调节效应。具体而言，实证检验了国有商业银行分支机构占比（SOBratio）、股份制商业银行分支机构占比（JSBratio）、地方性商业银行分支机构占比（LBratio）以及外资银行分支机构占比（FBratio）对银行业竞争与企业绿色全要素生产率关系的影响。估计结果汇报于表 6.8 中。

表 6.8　　银行业竞争对企业绿色全要素生产率的银行类型的影响

Panel A：国有商业银行和股份制商业银行				
变量	（1）	（2）	（3）	（4）
CR3	-0.074^{***} （0.027）		-0.090^{***} （0.030）	
HHI		-0.111^{**} （0.048）		-0.167^{***} （0.060）

变量	(1)	(2)	(3)	(4)
	Panel A：国有商业银行和股份制商业银行			
SOBratio	-0.018 (0.023)	-0.008 (0.024)		
CR3 × SOBratio	0.263^{**} (0.109)			
HHI × SOBratio		0.154 (0.147)		
JSBratio			0.204 (0.131)	0.109 (0.144)
CR3 × JSBratio			-1.869^{***} (0.612)	
HHI × JSBratio				-4.257^{***} (1.251)
Size	0.044^{***} (0.006)	0.043^{***} (0.006)	0.044^{***} (0.006)	0.044^{***} (0.006)
Age	-0.027^{***} (0.004)	-0.027^{***} (0.004)	-0.026^{***} (0.005)	-0.027^{***} (0.005)
Leverage	0.018 (0.012)	0.018 (0.012)	0.019 (0.012)	0.019 (0.012)
Fixed asset	-0.142^{***} (0.016)	-0.142^{***} (0.016)	-0.145^{***} (0.016)	-0.145^{***} (0.016)
ROA	0.518^{***} (0.026)	0.516^{***} (0.026)	0.519^{***} (0.026)	0.519^{***} (0.026)
SOE	-0.026^{***} (0.010)	-0.026^{***} (0.010)	-0.030^{***} (0.010)	-0.030^{***} (0.010)
Export	0.011 (0.009)	0.011 (0.009)	0.009 (0.009)	0.010 (0.009)
PGDP	0.082^{***} (0.022)	0.081^{***} (0.022)	0.084^{***} (0.022)	0.083^{***} (0.022)
SER	0.010^{***} (0.003)	0.010^{***} (0.003)	0.010^{***} (0.003)	0.010^{***} (0.003)

续表

Panel A：国有商业银行和股份制商业银行				
变量	（1）	（2）	（3）	（4）
MI	−0.008 * （0.004）	−0.008 * （0.004）	−0.010 ** （0.005）	−0.010 ** （0.005）
常数项	2.832 *** （0.218）	2.844 *** （0.218）	2.817 *** （0.221）	2.825 *** （0.221）
Firm FE	Yes	Yes	Yes	Yes
Year FE	Yes	Yes	Yes	Yes
观测值	215 138	215 138	209 338	209 338
调整后的 R^2	0.659	0.659	0.661	0.661

Panel B：地方性商业银行和外资银行				
变量	（1）	（2）	（3）	（4）
CR3	−0.084 *** （0.028）		−0.123 *** （0.031）	
HHI		−0.111 ** （0.049）		−0.334 *** （0.067）
LBratio	−0.027 （0.023）	−0.036 （0.023）		
CR3 × LBratio	−0.066 （0.112）			
HHI × LBratio		0.061 （0.148）		
FBratio			0.018 （2.508）	−10.506 *** （3.826）
CR3 × FBratio			−49.088 *** （10.757）	
HHI × FBratio				−180.638 *** （32.547）
Size	0.044 *** （0.006）	0.044 *** （0.006）	0.045 *** （0.006）	0.045 *** （0.006）

续表

变量	(1)	(2)	(3)	(4)
	Panel B：地方性商业银行和外资银行			
Age	−0.026 ***	−0.026 ***	−0.026 ***	−0.026 ***
	(0.005)	(0.005)	(0.005)	(0.005)
Leverage	0.019	0.019	0.020 *	0.020 *
	(0.012)	(0.012)	(0.012)	(0.012)
Fixed asset	−0.146 ***	−0.146 ***	−0.145 ***	−0.145 ***
	(0.016)	(0.016)	(0.016)	(0.016)
ROA	0.518 ***	0.517 ***	0.526 ***	0.525 ***
	(0.026)	(0.026)	(0.026)	(0.026)
SOE	−0.029 ***	−0.029 ***	−0.029 ***	−0.029 ***
	(0.010)	(0.010)	(0.010)	(0.010)
Export	0.010	0.010	0.009	0.009
	(0.009)	(0.009)	(0.009)	(0.009)
PGDP	0.084 ***	0.084 ***	0.100 ***	0.097 ***
	(0.022)	(0.022)	(0.022)	(0.022)
SER	0.010 ***	0.010 ***	0.001	0.002
	(0.003)	(0.003)	(0.003)	(0.003)
MI	−0.008 *	−0.009 *	−0.009 *	−0.009 **
	(0.005)	(0.005)	(0.005)	(0.005)
常数项	2.820 ***	2.822 ***	2.646 ***	2.675 ***
	(0.222)	(0.222)	(0.221)	(0.220)
Firm FE	Yes	Yes	Yes	Yes
Year FE	Yes	Yes	Yes	Yes
观测值	209 338	209 338	209 338	209 338
调整后的 R^2	0.661	0.661	0.661	0.661

注：回归中的自变量均为滞后一期的值；括号内为 Huber – White 稳健标准误；* p < 0.1，** p < 0.05，*** p < 0.01。

资料来源：笔者根据回归结果整理而得。

结果表明，国有商业银行分支机构占比不仅没有加强银行业竞争对企业绿色全要素生产率的促进作用，甚至弱化了这种促进作用。地方性商业银行分支机构占比不影响银行业竞争对企业绿色全要素生产率的效应。股份制商业银行分支机构占比和外资银行分支机构占比显著强化了银行业竞争对企业绿色全要素生产率的促进作用。

6.5.2　银行类型的直接影响

为了打开银行业竞争的"黑箱"，本小节进一步将企业附近 5 千米、10 千米、15 千米和 20 千米的银行分为国有商业银行、股份制商业银行、地方性商业银行和外资银行，分别统计出各种类型银行的分支机构数量（分别记为 SOBnum、JSBnum、LBnum 和 FBnum），然后将不同类型的银行分支机构数量一起纳入模型中回归。表 6.9 报告了回归结果。10 千米、15 千米和 20 千米范围内的外资银行数量均显著有利于企业提高绿色全要素生产率。其余类型银行分支机构数量对企业绿色全要素生产率的影响则不太明显。结果说明外资银行在促进企业绿色全要素生产率方面的扮演着重要作用。

表 6.9　　　　不同类型银行对企业绿色全要素生产率的影响

变量	5 千米 (1)	10 千米 (2)	15 千米 (3)	20 千米 (4)
SOBnum	-0.005 (0.004)	-0.008 * (0.005)	-0.010 * (0.005)	-0.007 (0.006)
JSBnum	0.004 (0.007)	0.011 * (0.006)	0.008 (0.006)	0.001 (0.006)
LBnum	-0.000 (0.004)	-0.001 (0.003)	0.001 (0.003)	0.002 (0.003)
FBnum	0.027 (0.019)	0.057 *** (0.014)	0.068 *** (0.012)	0.076 *** (0.011)
Size	0.043 *** (0.006)	0.044 *** (0.006)	0.044 *** (0.006)	0.044 *** (0.006)
Age	-0.028 *** (0.004)	-0.028 *** (0.004)	-0.028 *** (0.004)	-0.028 *** (0.004)

续表

变量	5 千米	10 千米	15 千米	20 千米
	（1）	（2）	（3）	（4）
Leverage	0.020 * （0.012）	0.019 * （0.012）	0.020 * （0.012）	0.020 * （0.012）
Fixed asset	− 0.142 *** （0.016）	− 0.141 *** （0.016）	− 0.141 *** （0.016）	− 0.141 *** （0.016）
ROA	0.518 *** （0.026）	0.521 *** （0.026）	0.522 *** （0.026）	0.523 *** （0.026）
SOE	− 0.027 *** （0.010）	− 0.026 *** （0.010）	− 0.026 *** （0.010）	− 0.026 *** （0.010）
Export	0.012 （0.009）	0.012 （0.009）	0.012 （0.009）	0.012 （0.009）
PGDP	0.080 *** （0.022）	0.081 *** （0.022）	0.083 *** （0.022）	0.086 *** （0.022）
SER	0.009 *** （0.003）	0.007 ** （0.003）	0.004 （0.003）	0.003 （0.003）
MI	− 0.008 * （0.004）	− 0.009 * （0.004）	− 0.009 ** （0.004）	− 0.009 ** （0.004）
常数项	2.873 *** （0.216）	2.858 *** （0.216）	2.848 *** （0.216）	2.819 *** （0.216）
Firm FE	Yes	Yes	Yes	Yes
Year FE	Yes	Yes	Yes	Yes
观测值	216 986	216 986	216 986	216 986
调整后的 R^2	0.658	0.658	0.658	0.658

注：回归中的自变量均为滞后一期的值；括号内为 Huber – White 稳健标准误；* $p<0.1$，** $p<0.05$，*** $p<0.01$。

资料来源：笔者根据回归结果整理而得。

6.5.3 分支机构级别的调节效应

不同级别的银行分支机构，其经营范围、业务权限和贷款额度等都可能会存在差异。级别越高的分支机构往往其权限越高、贷款额度越大。基于金融许可证信息中的机构编码，识别出商业银行的级别并构建企业附近20千米半径范围内二级及以上级的分支机构占比和是否有二级及以上级的分支机构虚拟变量，以探讨银行分支机构级别的调节效应。将银行业竞争与分支机构级别变量的交互项纳入回归模型中，估计结果报告在表6.10中。交互项的估计系数均显著为负，表明二级及以上级的分支机构占比和有二级及以上级的分支机构均能够增强银行业竞争对企业绿色全要素生产率的促进作用。因而，适当的分支机构级别的布置可以放大银行业竞争的作用。

表 6.10　　银行业竞争对企业绿色全要素生产率的分支机构级别的影响

变量	(1)	(2)	(3)	(4)
CR3	-0.097^{***} (0.028)		-0.011 (0.036)	
HHI		-0.185^{***} (0.055)		-0.128^{**} (0.065)
二级及以上级的占比	0.190 (0.145)	0.135 (0.150)		
CR3 × 二级及以上级的占比	-4.314^{***} (0.754)			
HHI × 二级及以上级的占比		-6.557^{***} (1.543)		
有二级及以上级的			-0.017^{*} (0.009)	-0.028^{***} (0.010)
CR3 × 有二级及以上级的			-0.145^{***} (0.050)	
HHI × 有二级及以上级的				-0.075 (0.085)
Size	0.043^{***} (0.006)	0.043^{***} (0.006)	0.044^{***} (0.006)	0.044^{***} (0.006)
Age	-0.027^{***} (0.004)	-0.027^{***} (0.004)	-0.027^{***} (0.004)	-0.027^{***} (0.004)

续表

变量	（1）	（2）	（3）	（4）
Leverage	0.018 (0.012)	0.018 (0.012)	0.018 (0.012)	0.018 (0.012)
Fixed asset	-0.142^{***} (0.016)	-0.142^{***} (0.016)	-0.141^{***} (0.016)	-0.142^{***} (0.016)
ROA	0.518^{***} (0.026)	0.516^{***} (0.026)	0.518^{***} (0.026)	0.516^{***} (0.026)
SOE	-0.026^{***} (0.010)	-0.026^{***} (0.010)	-0.026^{***} (0.010)	-0.026^{***} (0.010)
Export	0.011 (0.009)	0.011 (0.009)	0.011 (0.009)	0.011 (0.009)
PGDP	0.083^{***} (0.022)	0.082^{***} (0.022)	0.081^{***} (0.022)	0.081^{***} (0.022)
SER	0.010^{***} (0.003)	0.011^{***} (0.003)	0.009^{***} (0.003)	0.010^{***} (0.003)
MI	-0.007 (0.004)	-0.007 (0.004)	-0.007^{*} (0.004)	-0.008^{*} (0.004)
常数项	2.814^{***} (0.217)	2.819^{***} (0.217)	2.844^{***} (0.218)	2.861^{***} (0.218)
Firm FE	Yes	Yes	Yes	Yes
Year FE	Yes	Yes	Yes	Yes
观测值	215 138	215 138	215 138	215 138
调整后的 R^2	0.659	0.659	0.659	0.659

注：回归中的自变量均为滞后一期的值；括号内为 Huber – White 稳健标准误；$*p<0.1$，$**p<0.05$，$***p<0.01$。

资料来源：笔者根据回归结果整理而得。

6.5.4　企业的异质性分析

本小节考察了不同企业行业特征下，银行业竞争对企业绿色全要素生产率的异质性效应。具体而言，根据企业是否属于污染行业和绿色行业探讨银行业竞争对企业绿色全要素生产率的企业异质性影响。污染行业和绿色行业的定义与第4章中的一致。表6.11中Panel A的估计结果表明银行业竞争对企业绿色全要素生产率的促进作用在非污染行业企业中更加明显。原因可能是银行业竞争加剧的同时可能并没有缓解污染行业企业的融资约束，或者污染行业企业可能将获得的资金用于污染物处理而没有用于提高效率，因而银行业竞争的绿色全要素生产率促进作用只存在于非污染行业。Panel B的估计结果表明银行业竞争对企业绿色全要素生产率的促进作用只存在于绿色行业中，而在非绿色行业则没有发现银行业竞争对绿色全要素生产率的显著影响，说明应加大对绿色行业的资金支持以助推经济绿色转型。

表 6.11　银行业竞争对企业绿色全要素生产率的企业的异质性分析

变量	Panel A：是否为污染行业企业			
	污染行业		非污染行业	
	（1）	（2）	（3）	（4）
CR3	−0.023 (0.031)		−0.135 *** (0.052)	
HHI		−0.042 (0.055)		−0.247 *** (0.093)
Size	0.023 *** (0.007)	0.023 *** (0.007)	0.081 *** (0.011)	0.081 *** (0.011)
Age	−0.019 *** (0.005)	−0.019 *** (0.005)	−0.043 *** (0.009)	−0.043 *** (0.009)
Leverage	−0.005 (0.013)	−0.005 (0.013)	0.051 ** (0.023)	0.051 ** (0.023)
Fixed asset	−0.120 *** (0.018)	−0.120 *** (0.018)	−0.155 *** (0.032)	−0.155 *** (0.032)
ROA	0.444 *** (0.029)	0.443 *** (0.029)	0.616 *** (0.048)	0.616 *** (0.048)
SOE	−0.005 (0.012)	−0.005 (0.012)	−0.054 *** (0.017)	−0.055 *** (0.017)

续表

Panel A：是否为污染行业企业				
变量	污染行业		非污染行业	
	（1）	（2）	（3）	（4）
Export	0.022 **	0.022 **	−0.013	−0.013
	(0.010)	(0.010)	(0.015)	(0.015)
PGDP	0.075 ***	0.075 ***	0.133 ***	0.132 ***
	(0.026)	(0.026)	(0.038)	(0.038)
SER	0.006	0.006	0.017 ***	0.018 ***
	(0.004)	(0.004)	(0.006)	(0.006)
MI	0.005	0.005	−0.027 ***	−0.027 ***
	(0.005)	(0.005)	(0.008)	(0.008)
常数项	2.911 ***	2.907 ***	2.365 ***	2.348 ***
	(0.258)	(0.257)	(0.385)	(0.384)
Firm FE	Yes	Yes	Yes	Yes
Year FE	Yes	Yes	Yes	Yes
观测值	126 046	126 046	87 824	87 824
调整后的 R^2	0.651	0.651	0.652	0.652

Panel B：是否为绿色行业企业				
变量	绿色行业		非绿色行业	
	（1）	（2）	（3）	（4）
CR3	−0.184 **		−0.042	
	(0.077)		(0.029)	
HHI		−0.432 ***		−0.066
		(0.136)		(0.051)
Size	0.087 ***	0.087 ***	0.034 ***	0.034 ***
	(0.017)	(0.017)	(0.006)	(0.006)
Age	−0.067 ***	−0.067 ***	−0.015 ***	−0.015 ***
	(0.012)	(0.012)	(0.005)	(0.005)
Leverage	0.109 ***	0.109 ***	−0.006	−0.006
	(0.033)	(0.033)	(0.012)	(0.012)

续表

变量	Panel B：是否为绿色行业企业			
	绿色行业		非绿色行业	
	（1）	（2）	（3）	（4）
Fixed asset	− 0.212 ***	− 0.212 ***	− 0.122 ***	− 0.123 ***
	（0.045）	（0.045）	（0.017）	（0.017）
ROA	0.793 ***	0.795 ***	0.463 ***	0.462 ***
	（0.072）	（0.072）	（0.027）	（0.027）
SOE	− 0.048 **	− 0.049 **	− 0.013	− 0.013
	（0.019）	（0.019）	（0.011）	（0.011）
Export	− 0.012	− 0.013	0.019 **	0.019 **
	（0.020）	（0.020）	（0.010）	（0.010）
PGDP	0.134 ***	0.131 ***	0.072 ***	0.072 ***
	（0.048）	（0.048）	（0.025）	（0.025）
SER	0.023 ***	0.025 ***	0.006 *	0.007 *
	（0.008）	（0.008）	（0.004）	（0.004）
MI	− 0.028 **	− 0.028 ***	− 0.002	− 0.002
	（0.011）	（0.011）	（0.005）	（0.005）
常数项	2.387 ***	2.396 ***	2.925 ***	2.915 ***
	（0.506）	（0.505）	（0.243）	（0.242）
Firm FE	Yes	Yes	Yes	Yes
Year FE	Yes	Yes	Yes	Yes
观测值	49 931	49 931	164 530	164 530
调整后的 R^2	0.641	0.641	0.659	0.659

注：回归中的自变量均为滞后一期的值；括号内为 Huber – White 稳健标准误；* $p < 0.1$，** $p < 0.05$，*** $p < 0.01$。

资料来源：笔者根据回归结果整理而得。

6.5.5　绿色全要素生产率与全要素生产率

本小节分别将绿色全要素生产率和传统的全要素生产率对银行业竞争进行回归。传统全要素生产率 TFP 以 LP 方法测算。表 6.12 中的回归结果显示，银行业竞争加剧显著增加了企业绿色全要素生产率，但对全要素生产率没有明显影响。这一结果肯定了银行业竞争在促进企业绿色发展方面的正向影响，也说明银行业金融机构在选择借款企业时会考虑企业的环境因素。

表 6.12　　　　　　　　　绿色全要素生产率与全要素生产率

变量	GTFP	TFP	GTFP	TFP
	(1)	(2)	(3)	(4)
CR3	-0.065 ** (0.027)	0.020 (0.029)		
HHI			-0.104 ** (0.048)	0.024 (0.051)
Size	0.043 *** (0.006)	0.132 *** (0.007)	0.043 *** (0.006)	0.132 *** (0.007)
Age	-0.028 *** (0.004)	-0.015 *** (0.005)	-0.028 *** (0.005)	-0.015 *** (0.005)
Leverage	0.021 * (0.012)	0.020 (0.014)	0.021 * (0.012)	0.020 (0.014)
Fixed asset	-0.142 *** (0.016)	-0.201 *** (0.019)	-0.142 *** (0.016)	-0.201 *** (0.019)
ROA	0.515 *** (0.026)	1.219 *** (0.036)	0.514 *** (0.026)	1.219 *** (0.036)
SOE	-0.024 ** (0.010)	-0.046 *** (0.010)	-0.024 ** (0.010)	-0.046 *** (0.010)
Export	0.011 (0.009)	0.030 *** (0.009)	0.011 (0.009)	0.030 *** (0.009)
PGDP	0.091 *** (0.022)	0.093 *** (0.020)	0.091 *** (0.022)	0.093 *** (0.020)
SER	0.010 *** (0.003)	0.012 *** (0.004)	0.010 *** (0.003)	0.012 *** (0.004)
MI	-0.008 * (0.004)	-0.031 *** (0.006)	-0.008 * (0.004)	-0.031 *** (0.006)
常数项	2.798 *** (0.218)	2.497 *** (0.203)	2.783 *** (0.217)	2.505 *** (0.202)
Firm FE	Yes	Yes	Yes	Yes

续表

变量	GTFP	TFP	GTFP	TFP
	（1）	（2）	（3）	（4）
Year FE	Yes	Yes	Yes	Yes
观测值	212 626	143 589	212 626	143 589
调整后的 R^2	0.659	0.744	0.659	0.744

注：回归中的自变量均为滞后一期的值；括号内为 Huber – White 稳健标准误；＊p < 0.1，＊＊p < 0.05，＊＊＊p < 0.01。

资料来源：笔者根据回归结果整理而得。

6.5.6　污染减排和绿色创新的中介效应

本小节检验污染减排和绿色创新在银行业竞争影响企业绿色全要素生产率中的中介效应作用。表 6.13 是运用三步法检验中介效应的估计结果，分别检验了二氧化硫排放、单位产出二氧化硫排放和绿色创新在银行业竞争影响企业绿色全要素生产率中的中介效应作用。结果表明，二氧化硫减排和单位产出二氧化硫减排在银行业竞争影响企业绿色全要素生产率中起着部分中介效应作用，绿色创新在银行业竞争影响企业绿色全要素生产率中起着完全中介效应作用。

表 6.13　污染减排和绿色创新在银行业竞争影响企业绿色全要素生产率中的中介效应

变量	GTFP	Log SO_2	GTFP	Log SO_2 per unit	GTFP	GI	GTFP
	（1）	（2）	（3）	（4）	（5）	（6）	（7）
CR3	− 0.071 *** (0.027)	0.343 *** (0.094)	− 0.068 ** (0.027)	0.354 *** (0.095)	− 0.066 ** (0.027)	− 0.680 *** (0.147)	− 0.064 (0.068)
Log SO_2			− 0.013 *** (0.002)				
Log SO_2 per unit				− 0.018 *** (0.002)			
GI							0.005 ** (0.002)

续表

变量	GTFP	Log SO$_2$	GTFP	Log SO$_2$ per unit	GTFP	GI	GTFP
	(1)	(2)	(3)	(4)	(5)	(6)	(7)
Size	0.044 *** (0.006)	0.284 *** (0.021)	0.047 *** (0.006)	− 0.053 *** (0.020)	0.042 *** (0.006)	0.424 *** (0.018)	0.065 *** (0.015)
Age	− 0.027 *** (0.004)	0.085 *** (0.016)	− 0.026 *** (0.004)	0.084 *** (0.017)	− 0.026 *** (0.004)	− 0.114 *** (0.021)	− 0.027 *** (0.010)
Leverage	0.018 (0.012)	− 0.030 (0.040)	0.017 (0.012)	− 0.031 (0.041)	0.017 (0.012)	− 0.170 ** (0.076)	0.026 (0.035)
Fixed asset	− 0.142 *** (0.016)	0.095 * (0.054)	− 0.141 *** (0.016)	0.090 * (0.055)	− 0.141 *** (0.016)	− 0.748 *** (0.095)	− 0.240 *** (0.045)
ROA	0.516 *** (0.026)	0.473 *** (0.076)	0.523 *** (0.026)	− 0.080 (0.077)	0.516 *** (0.026)	1.022 *** (0.168)	0.994 *** (0.079)
SOE	− 0.026 *** (0.010)	0.072 ** (0.034)	− 0.025 *** (0.010)	0.102 *** (0.034)	− 0.025 ** (0.010)	0.110 * (0.066)	− 0.014 (0.018)
Export	0.011 (0.009)	0.012 (0.028)	0.012 (0.009)	− 0.053 * (0.029)	0.010 (0.009)	− 0.117 *** (0.038)	− 0.007 (0.018)
PGDP	0.081 *** (0.022)	− 0.283 *** (0.072)	0.077 *** (0.022)	− 0.342 *** (0.074)	0.074 *** (0.022)	0.240 *** (0.039)	0.087 * (0.047)
SER	0.010 *** (0.003)	− 0.108 *** (0.012)	0.009 *** (0.003)	− 0.100 *** (0.012)	0.009 ** (0.003)	0.052 ** (0.022)	0.013 * (0.008)
MI	− 0.007 * (0.004)	− 0.131 *** (0.015)	− 0.009 ** (0.004)	− 0.121 *** (0.015)	− 0.010 ** (0.004)	0.086 ** (0.040)	− 0.021 ** (0.011)
常数项	2.892 *** (0.219)	7.963 *** (0.729)	3.004 *** (0.218)	3.890 *** (0.745)	2.974 *** (0.217)	− 8.304 *** (0.625)	2.894 *** (0.488)
Firm FE	Yes	Yes	Yes	Yes	Yes	—	Yes
Year FE	Yes	Yes	Yes	Yes	Yes	Yes	Yes
Industry FE	—	—	—	—	—	Yes	—
Province FE	—	—	—	—	—	Yes	—
观测值	215 138	228 918	215 138	228 916	215 136	233 296	43 859
Sobel Z	—	− 3.182 ***		− 3.443 ***		− 2.199 **	
间接效应占比	—	6.28%		8.97%		4.79%	

注：回归中的自变量均为滞后一期的值；括号内为 Huber – White 稳健标准误；* p < 0.1，** p < 0.05，*** p < 0.01。

资料来源：笔者根据回归结果整理而得。

6.6　本章小结

本章在测算传统企业全要素生产率的基础上，进一步通过纳入企业的能源投入和污染物排放测算了企业的绿色全要素生产率。通过将银行业竞争与工业企业数据库合并，实证检验了企业所处的银行业竞争程度对于其绿色全要素生产率的影响。实证结果发现：第一，银行业竞争增加提高了企业的绿色全要素生产率，经过内生性检验和稳健性检验后该结论依然成立；第二，机制检验表明银行业竞争通过缓解企业融资约束和提高银行信贷资源配置效率影响企业绿色全要素生产率；第三，股份制商业银行和外资银行占比可以显著增强银行业竞争对企业绿色全要素生产率的促进作用，二级及以上级的银行分支机构能够增强银行业竞争对企业绿色全要素生产率的促进效应；第四，银行业竞争对非污染行业企业和绿色行业企业的绿色全要素生产率的推动作用更大；第五，企业附近外资银行的数量显著促进其绿色全要素生产率增加；第六，区分传统全要素生产率和绿色全要素生产率的情况下，发现银行业竞争显著促进企业绿色全要素生产率的提高，但对传统全要素生产率没有显著影响。

第7章

银行业竞争与企业绿色发展：
考虑环境规制与绿色信贷政策的影响

　　第4章、第5章和第6章从企业污染物排放、绿色创新和绿色全要素生产率三个方面考察了银行业竞争对企业绿色发展的影响。为了促进绿色可持续发展，我国先后出台了许多相关政策，最吸引研究者的便是环境规制和绿色信贷政策。已有很多研究对环境规制和绿色信贷政策的效果进行了多方面的评估（Cai et al.，2016；沈坤荣等，2017；Shi and Xu，2018）。本章不评估环境规制和绿色信贷政策的单独影响，而是检验环境规制和绿色信贷政策在银行业竞争对企业绿色发展影响中的作用。

7.1　引　　言

　　传统观点认为为了满足环境规制的要求，企业不得不支付更高成本对产生的污染进行治理，在有限的资金约束下，这种"合规成本"会挤出企业进行其他生产类和营利性的投资，降低企业生产力水平，不利于企业提高竞争力（Palmer et al.，1995；Gray and Shadbegian，2003）。"波特假说"挑战了这种传统观点，提出设计良好的环境规制政策可以鼓励企业从事绿色技术创新活动，提高资源利用效率，这种"创新补偿"效应不仅可以抵消"合规成本"，还可以提高企业生产力水平，最终实现环境和技术双赢的局面（Porter, 1991; Porter and Van Der Linde, 1995）。

许多研究对"波特假说"进行了实证检验得出了不一致的结论。吕鑫等（Lv et al., 2020）以加拿大分别于 2002 年和 2012 年加入和退出《京都议定书》为例，评估了严格和宽松的环境规制政策对油气企业创新的影响。他们的研究发现严格的环境规制政策会促进企业创新，而宽松的环境规制政策会减少企业创新。与之相反的是，"绿色悖论"认为环境监管不仅不能减缓反而可能会加速全球变暖，因为在环境规制的压力下，企业会有提前开采资源的动机（Eichner and Pethig, 2011; Ritter and Schopf, 2014）。此外，也有研究发现环境规制的"波特假说"和"绿色悖论"同时存在，在环境规制实行的初期，主要表现为"绿色悖论"，而随着环境规制的加强，"波特假说"得以发挥作用，倒逼企业绿色创新（张华和魏晓平，2014）。

关于我国环境规制影响企业绿色发展的研究得出的结论也不一致。杜和李（Du and Li, 2020）基于中国工业企业数据库的研究发现环境规制措施能够有效减少工业企业的二氧化碳排放，验证了环境政策的有效性。沈坤荣等（2017）的研究则发现环境规制导致了污染企业的迁移，并没有提高全局环境治理。科西杜和吴（Kesidou and Wu, 2020）的研究表明环境监管制度越严格，制造业企业的绿色专利数量就越多。而唐凯等（Tang et al., 2020）基于 A 股上市公司的研究发现环境规制在短期内对绿色创新有负向影响。李鹏升和陈艳莹（2019）的实证结果表明短期内环境规制会降低企业绿色全要素生产率，而长期内则会促进企业绿色全要素生产率。鉴于环境规制会影响企业绿色发展，本章将考察不同环境规制水平下，银行业竞争对企业绿色发展的影响。

绿色金融发挥着金融资源配置和环境规制的双重功能（陆菁等，2021）。作为对环境规制政策的有效补充，绿色信贷政策吸引了大量文献的关注。马妍妍和俞毛毛（2020a）以 2007 年颁布的《关于落实环保政策法规防范信贷风险的意见》作为外生冲击，探讨了绿色信贷政策对企业污染排放的影响。他们的结果发现绿色信贷政策通过迫使企业缩减生产规模显著抑制了重污染企业的污染排放。谢乔昕和张宇（2021）的研究认为绿色信贷政策总体上促进了企业创新，但这种促进作用在非污染企业中更强。

刘强等（2020）指出《绿色信贷指引》显著促进了重污染企业的创新产出，但对创新投入没有影响，即绿色信贷政策提高了重污染企业的创新效率。张（Zhang，2021）发现环境诱导的绿色信贷政策显著促进了企业绿色全要素生产率的提高。鉴于已有研究发现绿色信贷政策对企业发展的显著影响，本章进一步讨论绿色信贷政策对银行业竞争与企业绿色发展之间关系的调节作用。本章的逻辑框架如图 7.1 所示。

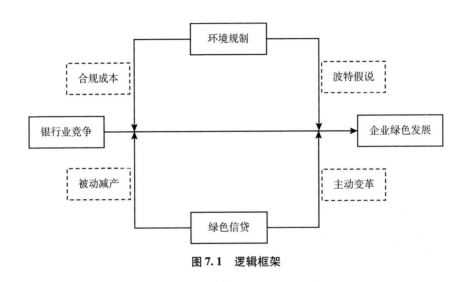

图 7.1　逻辑框架

7.2　环境规制的影响

本节考察环境规制水平在银行业竞争与企业绿色发展关系中的作用。分别从企业污染物排放、绿色创新和绿色全要素生产率三个方面考察了环境规制强度对于银行业竞争影响企业绿色发展的异质性效应。

7.2.1　环境规制水平的度量

环境规制水平（ER）被定义在城市层面。参照现有研究（沈坤荣等，

2017；Zhang et al.，2020），利用二氧化硫去除率和烟粉尘去除率构建城市级别的环境规制强度变量。具体分为以下三个步骤。

第一步，对二氧化硫去除率和烟粉尘去除率指标进行标准化处理。

$$PI_{k,c,t}^s = [PI_{k,c,t} - \min(PI_{k,t})]/[\max(PI_{k,t}) - \min(PI_{k,t})] \quad (7.1)$$

其中，$PI_{k,c,t}^s$ 为 c 城市 k 指标在 t 年的标准化值。$PI_{k,c,t}$ 是 c 城市 k 指标在 t 年的原值。$\min(PI_{k,t})$ 和 $\max(PI_{k,t})$ 分别代表所有城市中 t 年 k 指标的最小值和最大值。

第二步，基于二氧化硫排放量和烟粉尘排放量分别计算二氧化硫去除率和烟粉尘去除率单项指标的调整系数。

$$W_{k,c,t} = [PE_{k,c,t}/\sum_c PE_{k,c,t}]/[GDP_{c,t}/\sum_c GDP_{c,t}] \quad (7.2)$$

其中，$W_{k,c,t}$ 为 t 年 c 城市 k 指标的调整系数，$PE_{k,c,t}$ 代表城市 c 在 t 年污染物指标 k 的排放量。污染物排放量指标包括二氧化硫排放量和烟粉尘排放量。$GDP_{c,t}$ 是 c 城市 t 年的生产总值。c 城市在 t 年的污染物 k 排放量越高，则赋予的权重也越大。

第三步，利用标准化值和调整系数计算环境规制综合指数。

$$ER_{c,t} = \left(\sum_{k=1}^2 W_{k,c,t}PI_{k,c,t}^s\right)/2 \quad (7.3)$$

至此，得到了环境规制综合指数 ER。计算 ER 指数中用到的城市级的二氧化硫去除率、烟粉尘去除率、二氧化硫排放量和烟粉尘排放量数据来自《中国城市统计年鉴》。

7.2.2　环境规制对银行业竞争与企业污染物排放关系的影响

①研究设计

不同环境规制水平下，银行业竞争对企业污染物排放的影响可能不同。本小节采用汉森（Hansen，1999）开发的面板门槛模型来检验银行业竞争对不同程度环境规制下企业污染减排的影响。面板门槛模型的设定如式（7.4）~式（7.6）所示：

$$
\begin{aligned}
\log E_{i,c,t} = & \alpha_0 + \alpha_1 \mathrm{BankCom}_{i,c,t-1} \cdot I(\mathrm{ER}_{c,t-1} \leqslant q_1) \\
& + \alpha_2 \mathrm{BankCom}_{i,c,t-1} \cdot I(q_1 < \mathrm{ER}_{c,t-1} \leqslant q_2) + \cdots \\
& + \alpha_{n+1} \mathrm{BankCom}_{i,c,t-1} \cdot I(\mathrm{ER}_{c,t-1} > q_n) + \beta_1 X_{i,c,t-1} \\
& + \beta_2 Z_{c,t-1} + \eta_i + \eta_t + \varepsilon_{i,c,t}
\end{aligned}
\tag{7.4}
$$

$$
\begin{aligned}
\log Y_{i,c,t} = & \alpha_0 + \alpha_1 \mathrm{BankCom}_{i,c,t-1} \cdot I(\mathrm{ER}_{c,t-1} \leqslant q_1) \\
& + \alpha_2 \mathrm{BankCom}_{i,c,t-1} \cdot I(q_1 < \mathrm{ER}_{c,t-1} \leqslant q_2) + \cdots \\
& + \alpha_{n+1} \mathrm{BankCom}_{i,c,t-1} \cdot I(\mathrm{ER}_{c,t-1} > q_n) + \beta_1 X_{i,c,t-1} \\
& + \beta_2 Z_{c,t-1} + \eta_i + \eta_t + \varepsilon_{i,c,t}
\end{aligned}
\tag{7.5}
$$

$$
\begin{aligned}
\log(E_{i,c,t}/Y_{i,c,t}) = & \alpha_0 + \alpha_1 \mathrm{BankCom}_{i,c,t-1} \cdot I(\mathrm{ER}_{c,t-1} \leqslant q_1) \\
& + \alpha_2 \mathrm{BankCom}_{i,c,t-1} \cdot I(q_1 < \mathrm{ER}_{c,t-1} \leqslant q_2) + \cdots \\
& + \alpha_{n+1} \mathrm{BankCom}_{i,c,t-1} \cdot I(\mathrm{ER}_{c,t-1} > q_n) + \beta_1 X_{i,c,t-1} \\
& + \beta_2 Z_{c,t-1} + \eta_i + \eta_t + \varepsilon_{i,c,t}
\end{aligned}
\tag{7.6}
$$

其中，ER 代表环境规制，是模型中的门槛变量，由 c 城市的环境规制水平衡量。$I(\cdot)$ 是示性函数，其取值取决于是否满足括号里面的条件，满足则取值为 1，不满足则取值为 0。示性函数括号中的 q_1、q_2、……、q_n 为待估计的门槛值。α_1、α_2 和 α_3 分别是处于不同门槛区间范围内的银行业竞争的斜率参数。模型中其余变量的定义与第 4 章中的一致。

本小节研究中有三个因变量，分别是企业污染物排放量（总效应）、总产出（规模效应）和单位产出污染物排放量（治理效应），对应于式（7.4）、式（7.5）和式（7.6）。他们的定义与第 4 章中的一样。污染物分别采用化学需氧量和二氧化硫。银行业竞争是式（7.4）、式（7.5）和式（7.6）中的自变量，仍然采用集中度（CR3）和赫芬达尔—赫希曼指数（HHI）来度量，CR3 和 HHI 的计算方式与第 4 章中的一致。

②实证结果

利用式（7.4）~式（7.6）中的面板门槛模型检验了银行业竞争在不同环境规制强度下对企业污染减排的影响。采用王（Wang，2015）提出的估计方法对面板固定效应门槛模型的门槛个数和门槛值进行检验。表 7.1 报告了不同自变量和因变量组合下，经过门槛检验得出的环境规制的门槛个数。结果表明，当二氧化硫排放量或化学需氧量排放量作为因变量时，无论 CR3

还是 HHI 作为自变量均有两个门槛值；当单位产出二氧化硫排放量或单位产出化学需氧量排放量作为因变量时，无论 CR3 还是 HHI 作为自变量均有一个门槛值；当企业产值作为因变量，CR3 作为自变量时，有两个门槛值，而 HHI 作为自变量时，有一个门槛值。

表 7.1　　　银行业竞争与企业污染减排：环境规制的门槛个数检验

变量	模型	F 统计量	P 值	拔靴法次数	临界值		
					10%	5%	1%
Panel A：二氧化硫排放量（Log SO_2）作为因变量							
CR3	单一门槛	57.65	0.0000	500	16.7811	19.7209	28.9120
	双重门槛	17.42	0.0500	500	14.7349	17.2170	21.1918
HHI	单一门槛	45.91	0.0020	500	16.4323	19.9820	26.8570
	双重门槛	18.53	0.0400	500	15.4057	17.3158	22.6494
Panel B：单位产出二氧化硫排放量（Log SO_2 per unit）作为因变量							
CR3	单一门槛	50.80	0.0000	500	17.8283	20.8091	29.3817
HHI	单一门槛	43.25	0.0000	500	16.7011	20.4824	27.0881
Panel C：化学需氧量排放量（Log COD）作为因变量							
CR3	单一门槛	54.20	0.0000	500	15.5162	18.0021	22.4248
	双重门槛	32.60	0.0040	500	14.8089	17.4465	25.5173
HHI	单一门槛	37.09	0.0000	500	14.5014	16.5228	24.9548
	双重门槛	26.62	0.0040	500	14.1159	16.5409	21.3928
Panel D：单位产出化学需氧量排放量（Log COD per unit）作为因变量							
CR3	单一门槛	48.75	0.0000	500	15.2782	18.2207	24.4627
HHI	单一门槛	36.17	0.0000	500	14.3534	16.5880	25.9869
Panel E：企业产值（Log Output）作为因变量							
CR3	单一门槛	22.89	0.0140	500	14.5707	18.3452	23.9011
	双重门槛	21.14	0.0080	500	13.3615	15.0612	20.4272
HHI	单一门槛	26.26	0.0080	500	14.4577	16.7670	24.0333

注：P 值是基于 500 次 bootstrap 的相伴概率；* $p < 0.1$，** $p < 0.05$，*** $p < 0.01$。
资料来源：根据模型运算结果整理而得。

表 7.2 汇报了不同因变量和自变量组合下，环境规制的门槛值。二氧化硫排放量（Log SO_2）作为因变量时，环境规制的两个门槛值分别为 0.0314 和 0.1480；化学需氧量排放量（Log COD）作为因变量时，环境规制的两个门槛值分别为 0.1630 和 0.9730；单位产出二氧化硫排放量（Log SO_2 per unit）作为因变量时，环境规制的门槛值为 0.1480；单位产出化学需氧量排放量（Log COD per unit）作为因变量时，环境规制的门槛值为 0.1630；企业产值（Log Output）作为因变量，CR3 作为自变量时，环境规制的门槛值分别为 0.0271 和 0.9633，HHI 作为自变量时，环境规制的门槛值为 0.0271。

表 7.2　　　　　　　　银行业竞争与企业污染减排：环境规制的门槛值

变量	检验	门槛估计值	95% 置信区间
Panel A：二氧化硫排放量（Log SO_2）作为因变量			
CR3	第一个门槛值	0.0314	[0.0271, 0.1446]
	第二个门槛值	0.1480	[0.1304, 0.1538]
HHI	第一个门槛值	0.0314	[0.0271, 0.0543]
	第二个门槛值	0.1480	[0.1304, 0.1538]
Panel B：单位产出二氧化硫排放量（Log SO_2 per unit）作为因变量			
CR3	第一个门槛值	0.1480	[0.1334, 0.1538]
HHI	第一个门槛值	0.1480	[0.1304, 0.1538]
Panel C：化学需氧量排放量（Log COD）作为因变量			
CR3	第一个门槛值	0.1630	[0.1567, 0.1699]
	第二个门槛值	0.9730	[0.9350, 1.0308]
HHI	第一个门槛值	0.1630	[0.1567, 0.1699]
	第二个门槛值	0.9730	[0.9350, 1.0308]
Panel D：单位产出化学需氧量排放量（Log COD per unit）作为因变量			
CR3	第一个门槛值	0.1630	[0.1567, 0.1699]
HHI	第一个门槛值	0.1630	[0.1567, 0.1699]

续表

变量	检验	门槛估计值	95% 置信区间
Panel E：企业产值（Log Output）作为因变量			
CR3	第一个门槛值	0.0271	[0.0271, 0.0271]
	第二个门槛值	0.9633	[0.9266, 1.0308]
HHI	第一个门槛值	0.0271	[0.0271, 0.0271]

资料来源：根据模型运算结果整理而得。

表 7.3 展示了门槛回归的结果。Panel A 汇报的是不同环境规制下银行业竞争对企业污染减排的总效应的门槛回归。列（1）、列（2）以二氧化硫排放量为因变量。当环境规制 ER 小于第一个门槛值 q_1 时，银行业竞争增加会显著促进企业二氧化硫排放；当环境规制 ER 大于第一个门槛值 q_1 且小于第二个门槛值 q_2 时，银行业竞争对企业二氧化硫排放的促进作用变为不显著；当环境规制 ER 大于第二门槛值 q_2 时，银行业竞争加剧会抑制企业二氧化硫排放，在 HHI 作为自变量时，这种抑制作用在 5% 水平上显著。列（3）、列（4）以化学需氧量排放量为因变量。随着环境规制依次跨过两个门槛值，银行业竞争对企业化学需氧量排放量的减少作用越来越大。因此，Panel A 表明环境规制程度越高，银行业竞争污染减排的总效应越大。

表 7.3　　　银行业竞争与企业污染减排：环境规制的门槛回归

变量	Log SO$_2$	Log SO$_2$	Log COD	Log COD
	Panel A：环境规制对总效应的门槛回归			
	（1）	（2）	（3）	（4）
CR3 · I(ER ≤ q_1)	-1.002 *** (0.273)		0.407 * (0.222)	
CR3 · I(q_1 < ER ≤ q_2)	-0.277 (0.223)		0.857 *** (0.217)	
CR3 · I(ER > q_2)	0.209 (0.213)		1.447 *** (0.269)	

续表

	Panel A：环境规制对总效应的门槛回归			
变量	Log SO$_2$	Log SO$_2$	Log COD	Log COD
	(1)	(2)	(3)	(4)
HHI · I(ER ≤ q$_1$)		− 2.298 ***		− 0.041
		(0.675)		(0.353)
HHI · I(q$_1$ < ER ≤ q$_2$)		− 0.415		0.876 ***
		(0.333)		(0.326)
HHI · I(ER > q$_2$)		0.653 **		2.135 ***
		(0.280)		(0.462)
Size	0.257 ***	0.261 ***	0.333 ***	0.336 ***
	(0.049)	(0.049)	(0.046)	(0.046)
Age	0.024	0.029	0.014	0.017
	(0.039)	(0.039)	(0.037)	(0.037)
Leverage	0.012	0.012	0.210 **	0.213 **
	(0.097)	(0.097)	(0.095)	(0.095)
Fixed asset	− 0.196	− 0.201	0.035	0.037
	(0.132)	(0.132)	(0.127)	(0.127)
ROA	0.600 ***	0.599 ***	0.326 *	0.336 **
	(0.203)	(0.203)	(0.170)	(0.171)
SOE	0.115	0.115	0.093	0.096
	(0.080)	(0.080)	(0.073)	(0.073)
Export	− 0.031	− 0.030	− 0.024	− 0.027
	(0.066)	(0.066)	(0.059)	(0.059)
PGDP	− 0.671 ***	− 0.655 ***	− 0.101	− 0.100
	(0.074)	(0.074)	(0.086)	(0.085)
SER	− 0.146 ***	− 0.142 ***	− 0.017	− 0.019
	(0.020)	(0.020)	(0.017)	(0.017)
MI	− 0.055 ***	− 0.056 ***	0.005	0.002
	(0.011)	(0.011)	(0.010)	(0.010)
常数项	12.276 ***	12.044 ***	3.784 ***	4.108 ***
	(0.829)	(0.801)	(0.911)	(0.879)
观测值	36 432	36 432	36 384	36 384
调整后的 R^2	0.019	0.019	0.007	0.006

续表

变量	Log Output (1)	Log Output (2)	Log SO$_2$ per unit (3)	Log SO$_2$ per unit (4)	Log COD per unit (5)	Log COD per unit (6)
CR3 · I(ER ≤ q$_1$)	-0.413*** (0.110)		-0.149 (0.224)		0.618*** (0.228)	
CR3 · I(q$_1$ < ER ≤ q$_2$)	-0.141** (0.058)		0.339 (0.214)		1.056*** (0.223)	
CR3 · I(ER > q$_2$)	0.004 (0.068)					
HHI · I(ER ≤ q$_1$)		-0.870*** (0.230)		-0.339 (0.334)		0.270 (0.359)
HHI · I(ER > q$_1$)		-0.162* (0.088)		0.813*** (0.280)		1.215*** (0.329)
Size	0.316*** (0.015)	0.317*** (0.015)	-0.062 (0.049)	-0.058 (0.049)	0.020 (0.046)	0.023 (0.046)
Age	0.029*** (0.011)	0.029*** (0.011)	-0.003 (0.039)	0.000 (0.039)	-0.014 (0.038)	-0.011 (0.038)
Leverage	0.017 (0.028)	0.016 (0.028)	-0.002 (0.098)	-0.001 (0.098)	0.193* (0.099)	0.194** (0.098)
Fixed asset	0.063* (0.038)	0.063* (0.038)	-0.261** (0.133)	-0.265** (0.133)	-0.031 (0.128)	-0.029 (0.128)
ROA	0.476*** (0.061)	0.476*** (0.061)	0.134 (0.203)	0.129 (0.202)	-0.146 (0.178)	-0.137 (0.178)
SOE	-0.000 (0.020)	-0.002 (0.020)	0.118 (0.083)	0.119 (0.083)	0.090 (0.075)	0.095 (0.075)
Export	0.046** (0.019)	0.047** (0.019)	-0.078 (0.068)	-0.079 (0.068)	-0.070 (0.061)	-0.074 (0.061)
PGDP	0.305*** (0.022)	0.312*** (0.022)	-0.975*** (0.075)	-0.961*** (0.075)	-0.390*** (0.087)	-0.399*** (0.087)
SER	-0.004 (0.005)	-0.004 (0.005)	-0.141*** (0.020)	-0.138*** (0.020)	-0.015 (0.017)	-0.016 (0.017)
MI	0.046*** (0.003)	0.046*** (0.003)	-0.105*** (0.011)	-0.106*** (0.011)	-0.042*** (0.010)	-0.045*** (0.010)

Panel B：环境规制对规模效应和治理效应的门槛回归

续表

	Panel B：环境规制对规模效应和治理效应的门槛回归					
变量	Log Output	Log Output	Log SO$_2$ per unit	Log SO$_2$ per unit	Log COD per unit	Log COD per unit
	(1)	(2)	(3)	(4)	(5)	(6)
常数项	1.674 *** (0.241)	1.560 *** (0.234)	10.626 *** (0.838)	10.467 *** (0.812)	1.919 ** (0.918)	2.393 *** (0.885)
观测值	36 708	36 708	36 432	36 432	36 384	36 384
调整后的 R^2	0.106	0.106	0.038	0.038	0.008	0.007

注：回归中的自变量（包含核心解释变量和控制变量）和门槛变量均为滞后一期的值；圆括号内为稳健标准误；$*p<0.1$，$**p<0.05$，$***p<0.01$。

资料来源：根据模型运算结果整理而得。

　　Panel B 报告了规模效应和治理效应的环境规制门槛回归。对于规模效应而言，环境规制越强，银行业竞争增加对企业总产出的促进作用越弱。对于治理效应而言，环境规制越强，银行业竞争提高对企业单位产出二氧化硫排放量和单位产出化学需氧量排放量的减少作用越大。Panel B 表明环境规制程度越高，银行业竞争污染减排的规模效应越小，而银行业竞争污染减排的治理效应越大。

　　综上所述，银行业竞争对企业污染减排的影响并不是线性的，其影响强度受到城市环境规制水平的影响。城市环境规制强度越大，银行业竞争对企业污染减排的总效应和治理效应越强，而规模效应越弱，说明环境规制挤出了企业的生产性投资。因此为了减少污染物排放，政府应该实行严格的环境规制，使企业将获取的外部资金用于污染控制，与此同时也要注意环境规制强度对企业生产性投资的挤出效应。

7.2.3　环境规制对银行业竞争与企业绿色创新关系的影响

①研究设计

本小节根据上一节获得的环境规制门槛值定义环境规制强度虚拟变量

ERdum，用虚拟变量与银行业竞争交乘以研究环境规制强度对银行业竞争与企业绿色创新关系的影响。计量模型的设定如式（7.7）所示：

$$\begin{aligned} GI_{i,k,c,t} = & \alpha_0 + \alpha_1 BankCom_{i,k,c,t-1} + \alpha_2 BankCom_{i,k,c,t-1} \times ERdum_{c,t-1} \\ & + \alpha_3 ERdum_{c,t-1} + \alpha_4 X_{i,k,c,t-1} + \alpha_5 Z_{k,c,t-1} + Year_t + Industry_j \\ & + Province_k + \varepsilon_{i,k,c,t} \end{aligned} \tag{7.7}$$

在第 5 章式（5.1）的基础上引入了环境规制虚拟变量和银行业竞争的交互项。依据二氧化硫排放量（Log SO_2）作为因变量时的两个门槛值（0.0314 和 0.1480）分别定义三个环境规制虚拟变量。当环境规制水平处于两个门槛值之间时，ERdum1 取值为 1；否则，取值为 0。当环境规制水平大于最大的门槛值时，ERdum2 取值为 1；否则，取值为 0。当环境规制水平小于最小的门槛值时，ERdum3 取值为 1；否则，取值为 0。分别将三个环境规制虚拟变量及其与银行业竞争的交互项纳入式（7.7）。

②实证结果

式（7.7）的估计结果展示在表 7.4 中。列（1）和列（4）分别为加入 ERdum1 及其与银行业竞争 CR3 和 HHI 的交互项后的估计结果。结果表明，当环境规制处于两个门槛值之间时，提高环境规制水平能强化银行业竞争对企业绿色创新的促进作用。列（2）和列（5）分别为加入 ERdum2 及其与银行业竞争 CR3 和 HHI 的交互项后的估计结果。结果表明，当环境规制水平超过最大的门槛值时，环境规制强度增加弱化了银行业竞争对企业绿色创新的促进作用。列（3）和列（6）为分别加入 ERdum3 及其与银行业竞争 CR3 和 HHI 的交互项后的估计结果。结果表明，当环境规制水平低于最小的门槛值时，环境规制强度变化不影响银行业竞争对企业绿色创新的促进作用。

表 7.4 银行业竞争与企业绿色专利申请数量：环境规制的作用

变量	（1）	（2）	（3）	（4）	（5）	（6）
CR3	-0.532 *** (0.152)	-2.053 *** (0.342)	-0.670 *** (0.144)			
HHI				-0.431 (0.307)	-3.750 *** (0.702)	-0.727 ** (0.289)

变量	(1)	(2)	(3)	(4)	(5)	(6)
ERdum1	0. 704 *** (0. 231)			0. 408 *** (0. 142)		
CR3 × ERdum1	− 1. 427 *** (0. 393)					
HHI × ERdum1				− 3. 205 *** (0. 782)		
ERdum2		− 0. 972 *** (0. 215)			− 0. 625 *** (0. 134)	
CR3 × ERdum2		1. 626 *** (0. 366)				
HHI × ERdum2					3. 497 *** (0. 748)	
ERdum3			0. 739 * (0. 423)			0. 734 *** (0. 279)
CR3 × ERdum3			− 0. 477 (0. 851)			
HHI × ERdum3						− 1. 471 (1. 886)
Size	0. 435 *** (0. 019)	0. 434 *** (0. 018)	0. 428 *** (0. 018)	0. 436 *** (0. 018)	0. 436 *** (0. 018)	0. 429 *** (0. 018)
Age	− 0. 109 *** (0. 020)	− 0. 111 *** (0. 020)	− 0. 110 *** (0. 020)	− 0. 107 *** (0. 021)	− 0. 110 *** (0. 021)	− 0. 108 *** (0. 021)
Leverage	− 0. 190 *** (0. 074)	− 0. 189 ** (0. 073)	− 0. 197 *** (0. 074)	− 0. 197 *** (0. 074)	− 0. 196 *** (0. 074)	− 0. 205 *** (0. 074)
Fixed asset	− 0. 597 *** (0. 091)	− 0. 590 *** (0. 091)	− 0. 589 *** (0. 091)	− 0. 617 *** (0. 091)	− 0. 610 *** (0. 091)	− 0. 609 *** (0. 091)
ROA	1. 011 *** (0. 163)	1. 002 *** (0. 162)	1. 012 *** (0. 164)	1. 006 *** (0. 163)	0. 998 *** (0. 162)	1. 004 *** (0. 164)
SOE	0. 091 (0. 061)	0. 091 (0. 061)	0. 099 (0. 062)	0. 090 (0. 061)	0. 091 (0. 061)	0. 098 (0. 062)

续表

变量	（1）	（2）	（3）	（4）	（5）	（6）
Export	−0.125 ***	−0.123 ***	−0.125 ***	−0.126 ***	−0.124 ***	−0.127 ***
	（0.038）	（0.038）	（0.038）	（0.038）	（0.038）	（0.038）
PGDP	0.252 ***	0.252 ***	0.232 ***	0.281 ***	0.282 ***	0.257 ***
	（0.038）	（0.039）	（0.038）	（0.038）	（0.039）	（0.039）
SER	0.054 **	0.046 *	0.056 **	0.057 **	0.049 **	0.057 ***
	（0.023）	（0.023）	（0.022）	（0.022）	（0.023）	（0.022）
MI	0.114 ***	0.087 **	0.081 **	0.107 ***	0.079 **	0.079 **
	（0.039）	（0.039）	（0.038）	（0.039）	（0.039）	（0.038）
常数项	−8.864 ***	−7.763 ***	−8.195 ***	−9.396 ***	−8.623 ***	−8.742 ***
	（0.625）	（0.648）	（0.605）	（0.603）	（0.615）	（0.586）
Year FE	Yes	Yes	Yes	Yes	Yes	Yes
Industry FE	Yes	Yes	Yes	Yes	Yes	Yes
Province FE	Yes	Yes	Yes	Yes	Yes	Yes
观测值	251 702	251 702	251 702	251 702	251 702	251 702
chi^2	8 912.475	8 994.493	9 049.400	8 805.918	9 028.527	8 337.616

注：回归中的自变量均为滞后一期的值；圆括号内为稳健标准误；* $p<0.1$, ** $p<0.05$, *** $p<0.01$。

资料来源：根据模型运算结果整理而得。

7.2.4　环境规制对银行业竞争与企业绿色全要素生产率关系的影响

①研究设计

通过引入门槛回归模型检验不同环境规制下，银行业竞争对企业绿色全要素生产率的异质性效应。模式设定如式（7.8）所示：

$$
\begin{aligned}
GTFP_{i,c,t} = {} & \alpha_0 + \alpha_1 BankCom_{i,c,t-1} \cdot I(ER_{c,t-1} \leq q_1) \\
& + \alpha_2 BankCom_{i,c,t-1} \cdot I(q_1 < ER_{c,t-1} \leq q_2) + \cdots \\
& + \alpha_{n+1} BankCom_{i,c,t-1} \cdot I(ER_{c,t-1} > q_n) + \beta_1 X_{i,c,t-1} \\
& + \beta_2 Z_{c,t-1} + \eta_i + \eta_t + \varepsilon_{i,c,t}
\end{aligned} \tag{7.8}
$$

其中，q_1、q_2、……、q_n 为待估计的门槛值。示性函数 I（·） 在满足括号内的条件时，取值为 1，反之取值为 0。示性函数的目的在于根据环境规制的门槛值将样本分段。模型中其余变量的定义与第 6 章中的一致。

②实证结果

表 7.5 检验了环境规制门槛值个数，门槛检验表明银行业竞争对企业绿色创新存在环境规制的双重门槛效应。表 7.6 确定了环境规制的门槛值，两个门槛值分别为 0.2009 和 0.2668。

表 7.5　　　　银行业竞争与企业绿色全要素生产率：环境规制的门槛个数检验

变量	模型	F 统计量	P 值	拔靴次数	临界值		
					10%	5%	1%
CR3	单一门槛	22.83	0.0060	500	15.3784	17.5150	21.5805
	双重门槛	27.47	0.0040	500	14.7091	17.9989	23.6392
HHI	单一门槛	15.41	0.0920	500	15.1542	17.2275	23.5911
	双重门槛	29.96	0.0020	500	14.1616	16.8934	25.5635

注：P 值是基于 500 次 bootstrap 的相伴概率；* p<0.1，** p<0.05，*** p<0.01。
资料来源：根据模型运算结果整理而得。

表 7.6　　　　银行业竞争与企业绿色全要素生产率：环境规制的门槛值检验

变量	检验	门槛估计值	95% 置信区间
CR3	第一个门槛值	0.2009	[0.1934，0.2038]
	第二个门槛值	0.2668	[0.2599，0.2791]
HHI	第一个门槛值	0.2009	[0.1886，0.2038]
	第二个门槛值	0.2668	[0.2599，0.2791]

资料来源：根据模型运算结果整理而得。

表 7.7 报告了门槛回归结果。结果显示，当环境规制强度小于最小门槛值或者大于最大门槛值时，加强环境规制可以强化银行业竞争对企业绿色

全要素生产率的促进作用，且当环境规制超过最大门槛值时，这种强化作用更强。而当环境规制强度处于两个门槛值之间时，对银行业竞争促进企业绿色全要素生产率的影响则不明显。

表 7.7　银行业竞争与企业绿色全要素生产率：环境规制的门槛回归

变量	（1）	（2）
CR3 · I(ER ≤ q_1)	-0.278^{**} （0.122）	
CR3 · I(q_1 < ER ≤ q_2)	-0.009 （0.116）	
CR3 · I(ER > q_3)	-0.294^{***} （0.109）	
HHI · I(ER ≤ q_1)		-0.163^{**} （0.064）
HHI · I(q_1 < ER ≤ q_2)		-0.074 （0.063）
HHI · I(ER > q_3)		-0.184^{***} （0.060）
Size	0.034^{**} （0.014）	0.034^{**} （0.014）
Age	-0.030^{***} （0.011）	-0.030^{***} （0.011）
Leverage	0.016 （0.027）	0.016 （0.027）
Fixed asset	-0.111^{***} （0.036）	-0.111^{***} （0.036）
ROA	0.572^{***} （0.061）	0.572^{***} （0.061）
SOE	-0.016 （0.024）	-0.015 （0.024）
Export	0.018 （0.020）	0.017 （0.020）
PGDP	0.054^{**} （0.022）	0.055^{**} （0.022）
SER	0.025^{***} （0.005）	0.025^{***} （0.005）

变量	(1)	(2)
MI	− 0. 006 ** (0. 003)	− 0. 007 ** (0. 003)
常数项	3. 290 *** (0. 236)	3. 333 *** (0. 238)
观测值	33 582	33 582
调整后的 R^2	0. 014	0. 015

注：回归中的自变量均为滞后一期的值；圆括号内为稳健标准误；* p < 0.1，** p < 0.05，*** p < 0.01。
资料来源：根据模型运算结果整理而得。

7.3　绿色信贷政策的影响

本节将绿色信贷政策纳入分析框架，探讨绿色信贷政策的实施是否影响了银行业竞争对企业绿色发展的作用。企业的绿色发展从企业污染物排放、绿色创新和绿色全要素生产率三个方面进行考察。

7.3.1　绿色信贷政策的度量

为了促进企业绿色发展，国家环境保护总局①、中国人民银行、原中国银行业监督管理委员会于 2007 年 7 月联合颁布了《关于落实环保政策法规防范信贷风险的意见》希望通过限制银行业金融机构向高污染高耗能企业贷款，抑制污染企业发展，以达到减少环境污染、促进绿色发展的目标。银监会于 2012 年 1 月颁布《绿色信贷指引》再次强调了银行业金融机构在促进企业绿色发展方面的责任和作用，加大了绿色信贷政策的实施力度。由于中国工业企业数据库的时间区间限制，本节基于 2007 年颁发的文件捕捉绿色信贷政策。2007 年，原中国银行业监督管理委员会出台了一系列相

---

①　该单位名称 2008 年改为环境保护部，2018 年改为生态环境部。

关政策法规限制银行向非绿色企业发放贷款，污染行业企业的外部融资环境在 2007 年以后彻底发生了改变。张等（Zhang et al.，2019）发现 2007 年是高污染企业杠杆率、投资和盈利能力的转折点。另外，绿色信贷政策主要针对的是污染行业企业，因此，本节研究将整个样本分为污染行业企业和非污染行业企业，其划分标准依照何等（He et al.，2020）的研究。故而，本节研究根据是否污染行业企业和是否 2007 年以后两个虚拟变量捕捉绿色信贷政策的影响。

7.3.2　绿色信贷政策对银行业竞争与企业污染物排放关系的影响

绿色信贷政策明确了金融机构有通过控制对污染行业企业放贷支持环保工作的责任。绿色信贷政策通过信贷渠道影响污染行业企业的运营，那么绿色信贷政策实施前后对银行业竞争污染减排效应的影响如何呢？本小节通过引入银行业竞争与 2007 年以后虚拟变量（Post2007）的交互项以及是否污染行业企业（污染行业企业记为 PI，非污染行业企业记为 NPI）分组回归探讨绿色信贷政策对银行业竞争与企业污染减排之间关系的影响。

表 7.8 报告了加入交互项和按是否污染行业企业分组后的回归结果。Panel A 和 Panel B 中的列（1）和列（2）是对绿色信贷政策影响银行业竞争污染减排总效应的检验；列（3）和列（4）是对绿色信贷政策影响银行业竞争污染减排规模效应的检验；列（5）和列（6）是对绿色信贷政策影响银行业竞争污染减排治理效应的检验。结果显示，绿色信贷政策显著加强了银行业竞争污染减排的总效应，意味着实施绿色信贷政策以后，增加银行业竞争对企业污染物排放的抑制作用比实施绿色信贷政策以前更强。以 HHI 为自变量时，绿色信贷政策还强化了银行业竞争污染减排的治理效应。而绿色信贷政策对银行业竞争污染减排的规模效应则起着弱化作用，即实施绿色信贷政策以后银行业竞争越高，企业总产出越低，说明绿色信贷政策挤出了污染行业企业的生产性投资，污染行业企业主动减少了产量。

综上所述，绿色信贷政策能够强化银行业竞争对企业污染减排的总效应和治理效应，但会弱化银行业竞争对企业污染减排的规模效应。以上结果说明实施绿色信贷政策以后，竞争性银行业环境下，银行放贷时会考虑企业的环境问题，企业会将更多资金用于污染控制，从而表现出显著的银行业竞争污染减排的总效应和治理效应。

表 7.8　　　　　银行业竞争与企业污染减排：绿色信贷政策的作用

变量	Log SO_2	Log SO_2	Log Output	Log Output	Log SO_2 per unit	Log SO_2 per unit
	PI	NPI	PI	NPI	PI	NPI
	（1）	（2）	（3）	（4）	（5）	（6）
CR3	0.033 （0.128）	0.460 *** （0.163）	− 0.058 * （0.033）	− 0.046 （0.048）	0.091 （0.128）	0.506 *** （0.168）
CR3 × Post2007	0.280 ** （0.137）	0.283 （0.177）	0.153 *** （0.036）	0.069 （0.049）	0.127 （0.137）	0.213 （0.183）
Size	0.297 *** （0.027）	0.259 *** （0.032）	0.313 *** （0.008）	0.372 *** （0.011）	− 0.016 （0.026）	− 0.114 *** （0.033）
Age	0.039 * （0.021）	0.161 *** （0.027）	− 0.005 （0.005）	0.010 （0.008）	0.044 ** （0.021）	0.151 *** （0.028）
Leverage	0.067 （0.050）	− 0.185 *** （0.066）	− 0.008 （0.014）	0.009 （0.020）	0.075 （0.051）	− 0.194 *** （0.068）
Fixed asset	0.042 （0.067）	0.154 * （0.090）	0.020 （0.019）	− 0.028 （0.029）	0.022 （0.067）	0.182 * （0.093）
ROA	0.549 *** （0.098）	0.313 ** （0.123）	0.531 *** （0.030）	0.565 *** （0.044）	0.018 （0.098）	− 0.252 ** （0.126）
SOE	− 0.015 （0.043）	0.211 *** （0.053）	− 0.024 ** （0.012）	− 0.036 ** （0.014）	0.009 （0.044）	0.247 *** （0.055）
Export	0.001 （0.038）	0.035 （0.042）	0.064 *** （0.011）	0.065 *** （0.012）	− 0.064 * （0.038）	− 0.030 （0.044）
PGDP	− 0.344 *** （0.088）	− 0.225 * （0.120）	0.085 *** （0.025）	0.012 （0.033）	− 0.429 *** （0.089）	− 0.236 * （0.124）

续表

<table>
<tr><td colspan="7" align="center">Panel A：以 CR3 作为自变量</td></tr>
<tr><td rowspan="3">变量</td><td>Log SO$_2$</td><td>Log SO$_2$</td><td>Log Output</td><td>Log Output</td><td>Log SO$_2$
per unit</td><td>Log SO$_2$
per unit</td></tr>
<tr><td>PI</td><td>NPI</td><td>PI</td><td>NPI</td><td>PI</td><td>NPI</td></tr>
<tr><td>（1）</td><td>（2）</td><td>（3）</td><td>（4）</td><td>（5）</td><td>（6）</td></tr>
<tr><td rowspan="2">SER</td><td>−0.173 ***</td><td>−0.008</td><td>−0.002</td><td>−0.008</td><td>−0.171 ***</td><td>0.000</td></tr>
<tr><td>（0.017）</td><td>（0.018）</td><td>（0.004）</td><td>（0.005）</td><td>（0.017）</td><td>（0.018）</td></tr>
<tr><td rowspan="2">MI</td><td>−0.201 ***</td><td>−0.029</td><td>−0.011 **</td><td>−0.009</td><td>−0.190 ***</td><td>−0.020</td></tr>
<tr><td>（0.019）</td><td>（0.024）</td><td>（0.006）</td><td>（0.007）</td><td>（0.019）</td><td>（0.025）</td></tr>
<tr><td rowspan="2">常数项</td><td>10.464 ***</td><td>5.263 ***</td><td>4.047 ***</td><td>4.181 ***</td><td>6.417 ***</td><td>1.083</td></tr>
<tr><td>（0.889）</td><td>（1.211）</td><td>（0.254）</td><td>（0.328）</td><td>（0.901）</td><td>（1.249）</td></tr>
<tr><td>Firm FE</td><td>Yes</td><td>Yes</td><td>Yes</td><td>Yes</td><td>Yes</td><td>Yes</td></tr>
<tr><td>Year FE</td><td>Yes</td><td>Yes</td><td>Yes</td><td>Yes</td><td>Yes</td><td>Yes</td></tr>
<tr><td>观测值</td><td>133 943</td><td>94 281</td><td>133 943</td><td>94 281</td><td>133 943</td><td>94 281</td></tr>
<tr><td>调整后的 R^2</td><td>0.770</td><td>0.816</td><td>0.857</td><td>0.857</td><td>0.764</td><td>0.808</td></tr>
<tr><td colspan="7" align="center">Panel B：以 HHI 作为自变量</td></tr>
<tr><td rowspan="3">变量</td><td>Log SO$_2$</td><td>Log SO$_2$</td><td>Log Output</td><td>Log Output</td><td>Log SO$_2$
per unit</td><td>Log SO$_2$
per unit</td></tr>
<tr><td>PI</td><td>NPI</td><td>PI</td><td>NPI</td><td>PI</td><td>NPI</td></tr>
<tr><td>（1）</td><td>（2）</td><td>（3）</td><td>（4）</td><td>（5）</td><td>（6）</td></tr>
<tr><td rowspan="2">HHI</td><td>0.019</td><td>0.472 **</td><td>−0.030</td><td>−0.025</td><td>0.050</td><td>0.497 **</td></tr>
<tr><td>（0.149）</td><td>（0.202）</td><td>（0.039）</td><td>（0.055）</td><td>（0.149）</td><td>（0.211）</td></tr>
<tr><td rowspan="2">HHI × Post2007</td><td>0.486 ***</td><td>0.156</td><td>0.153 ***</td><td>0.123 **</td><td>0.333 **</td><td>0.033</td></tr>
<tr><td>（0.160）</td><td>（0.244）</td><td>（0.044）</td><td>（0.057）</td><td>（0.159）</td><td>（0.252）</td></tr>
<tr><td rowspan="2">Size</td><td>0.298 ***</td><td>0.262 ***</td><td>0.313 ***</td><td>0.372 ***</td><td>−0.016</td><td>−0.110 ***</td></tr>
<tr><td>（0.026）</td><td>（0.032）</td><td>（0.008）</td><td>（0.011）</td><td>（0.026）</td><td>（0.033）</td></tr>
<tr><td rowspan="2">Age</td><td>0.039 *</td><td>0.162 ***</td><td>−0.005</td><td>0.010</td><td>0.044 **</td><td>0.153 ***</td></tr>
<tr><td>（0.021）</td><td>（0.027）</td><td>（0.005）</td><td>（0.008）</td><td>（0.021）</td><td>（0.028）</td></tr>
<tr><td rowspan="2">Leverage</td><td>0.067</td><td>−0.186 ***</td><td>−0.008</td><td>0.009</td><td>0.075</td><td>−0.195 ***</td></tr>
<tr><td>（0.050）</td><td>（0.066）</td><td>（0.014）</td><td>（0.020）</td><td>（0.051）</td><td>（0.068）</td></tr>
<tr><td rowspan="2">Fixed asset</td><td>0.044</td><td>0.157 *</td><td>0.021</td><td>−0.028</td><td>0.023</td><td>0.185 **</td></tr>
<tr><td>（0.067）</td><td>（0.090）</td><td>（0.019）</td><td>（0.029）</td><td>（0.067）</td><td>（0.093）</td></tr>
</table>

Panel B：以 HHI 作为自变量

变量	Log SO_2	Log SO_2	Log Output	Log Output	Log SO_2 per unit	Log SO_2 per unit
	PI	NPI	PI	NPI	PI	NPI
	（1）	（2）	（3）	（4）	（5）	（6）
ROA	0.548 ***	0.321 ***	0.532 ***	0.563 ***	0.016	− 0.242 *
	(0.098)	(0.123)	(0.030)	(0.044)	(0.098)	(0.126)
SOE	− 0.014	0.214 ***	− 0.024 **	− 0.036 **	0.009	0.250 ***
	(0.043)	(0.053)	(0.012)	(0.014)	(0.044)	(0.055)
Export	0.001	0.035	0.065 ***	0.065 ***	− 0.064 *	− 0.030
	(0.038)	(0.042)	(0.011)	(0.012)	(0.038)	(0.044)
PGDP	− 0.344 ***	− 0.221 *	0.087 ***	0.012	− 0.431 ***	− 0.233 *
	(0.088)	(0.120)	(0.025)	(0.032)	(0.089)	(0.124)
SER	− 0.173 ***	− 0.014	− 0.003	− 0.008	− 0.170 ***	− 0.006
	(0.017)	(0.018)	(0.004)	(0.005)	(0.017)	(0.018)
MI	− 0.200 ***	− 0.028	− 0.011 *	− 0.008	− 0.189 ***	− 0.019
	(0.019)	(0.024)	(0.006)	(0.007)	(0.019)	(0.025)
常数项	10.451 ***	5.176 ***	4.021 ***	4.176 ***	6.430 ***	1.000
	(0.888)	(1.211)	(0.254)	(0.328)	(0.900)	(1.249)
Firm FE	Yes	Yes	Yes	Yes	Yes	Yes
Year FE	Yes	Yes	Yes	Yes	Yes	Yes
观测值	133 943	94 281	133 943	94 281	133 943	94 281
调整后的 R^2	0.770	0.816	0.857	0.857	0.764	0.808

注：回归中的自变量均为滞后一期的值；括号内为聚类到企业个体层面的稳健标准误；＊p < 0.1，＊＊p < 0.05，＊＊＊p < 0.01。

资料来源：根据模型运算结果整理而得。

7.3.3 绿色信贷政策对银行业竞争与企业绿色创新关系的影响

本小节探讨绿色信贷政策对银行业竞争与企业绿色创新之间关系的影响。根据实施绿色信贷政策的年份和企业是否属于污染行业进行分组估计，考察绿色信贷政策在银行业竞争影响企业绿色创新中扮演的角色。

表 7.9 汇报了分组估计结果。在污染行业组中银行业竞争与 Post2007 的

交互项显著为正，表明绿色信贷政策削弱了银行业竞争对污染行业企业绿色创新的促进作用。在非污染行业组中银行业竞争与 Post2007 的交互项不显著，表明绿色信贷政策并没有增强银行业竞争对非污染行业企业绿色创新的促进作用。陆菁等（2021）和丁杰（2019）的研究都没有发现绿色信贷政策的波特效应，本节的实证结果与他们的研究结论具有一致性。

表 7.9　　　银行业竞争与企业绿色创新：绿色信贷政策的作用

变量	PI	NPI	PI	NPI
	（1）	（2）	（3）	（4）
CR3	−0.552* (0.317)	−1.026*** (0.248)		
CR3 × Post2007	1.503*** (0.454)	−0.054 (0.315)		
HHI			−0.681 (0.673)	−1.407*** (0.476)
HHI × Post2007			3.250*** (0.934)	−0.433 (0.605)
Size	0.283*** (0.040)	0.460*** (0.020)	0.284*** (0.040)	0.460*** (0.020)
Age	0.034 (0.040)	−0.167*** (0.023)	0.033 (0.040)	−0.166*** (0.023)
Leverage	−0.381*** (0.140)	−0.188** (0.083)	−0.389*** (0.142)	−0.195** (0.083)
Fixed asset	−0.173 (0.165)	−0.814*** (0.106)	−0.186 (0.165)	−0.833*** (0.106)
ROA	0.228 (0.332)	1.098*** (0.183)	0.182 (0.334)	1.105*** (0.183)
SOE	0.051 (0.094)	0.092 (0.077)	0.059 (0.094)	0.088 (0.077)
Export	−0.040 (0.077)	−0.145*** (0.042)	−0.039 (0.077)	−0.145*** (0.042)
PGDP	−0.040 (0.066)	0.298*** (0.044)	−0.026 (0.066)	0.321*** (0.045)

变量	PI	NPI	PI	NPI
	(1)	(2)	(3)	(4)
SER	0.146 *** (0.044)	0.039 (0.026)	0.152 *** (0.045)	0.040 (0.025)
MI	0.082 (0.076)	0.086 ** (0.042)	0.092 (0.076)	0.085 ** (0.042)
常数项	− 4.848 *** (1.143)	− 8.867 *** (0.719)	− 4.981 *** (1.076)	− 9.432 *** (0.708)
Year FE	Yes	Yes	Yes	Yes
Industry FE	Yes	Yes	Yes	Yes
Province FE	Yes	Yes	Yes	Yes
观测值	62 717	188 970	62 717	188 970

注：回归中的自变量均为滞后一期的值；圆括号内为稳健标准误； $*p < 0.1$ ， $**p < 0.05$ ，$***p < 0.01$ 。

资料来源：根据模型运算结果整理而得。

7.3.4 绿色信贷政策对银行业竞争与企业绿色全要素生产率关系的影响

银行业竞争对企业绿色全要素生产率的影响效应可能受到绿色信贷政策实施的影响。本小节通过引入银行业竞争与是否 2007 年以后的交互项，以及根据是否污染行业企业分组估计，考察绿色信贷政策在银行业竞争与企业绿色全要素生产率之间关系中的作用。结果汇报在表 7.10 中。在非污染行业企业组中，CR3 与 Post2007 的交互项和 HHI 与 Post2007 的交互项均与绿色全要素生产率 GTFP 显著负相关，表明绿色信贷政策加强了银行业竞争对非污染行业企业绿色全要素生产率的推动作用。在污染行业企业组，银行业竞争与 Post2007 的交互项的估计系数不显著，说明绿色信贷政策对银行业竞争与污染行业企业绿色全要素生产率的关系没有影响。本节实证结果与陆菁等（2021）的结论一致，均没有发现绿色信贷政策的波特效应。

表 7.10 银行业竞争与企业绿色全要素生产率：绿色信贷政策的作用

变量	PI	NPI	PI	NPI
	（1）	（2）	（3）	（4）
CR3	-0.010 (0.033)	-0.055 (0.057)		
CR3 × Post2007	-0.020 (0.036)	-0.214*** (0.058)		
HHI			-0.036 (0.057)	-0.123 (0.098)
HHI × Post2007			-0.020 (0.055)	-0.361*** (0.090)
Size	0.022*** (0.007)	0.081*** (0.011)	0.022*** (0.007)	0.081*** (0.011)
Age	-0.018*** (0.005)	-0.045*** (0.009)	-0.018*** (0.005)	-0.045*** (0.009)
Leverage	-0.006 (0.013)	0.055** (0.023)	-0.006 (0.013)	0.055** (0.023)
Fixed asset	-0.126*** (0.018)	-0.154*** (0.032)	-0.126*** (0.018)	-0.154*** (0.032)
ROA	0.448*** (0.029)	0.628*** (0.048)	0.448*** (0.029)	0.629*** (0.048)
SOE	-0.002 (0.012)	-0.057*** (0.017)	-0.002 (0.012)	-0.057*** (0.017)
Export	0.020* (0.010)	-0.010 (0.015)	0.020* (0.010)	-0.010 (0.015)
PGDP	0.069*** (0.026)	0.147*** (0.038)	0.069*** (0.026)	0.144*** (0.038)
SER	0.005 (0.004)	0.014** (0.006)	0.005 (0.004)	0.015** (0.006)
MI	0.005 (0.005)	-0.027*** (0.008)	0.005 (0.005)	-0.027*** (0.008)
常数项	2.976*** (0.255)	2.231*** (0.388)	2.979*** (0.254)	2.229*** (0.387)

续表

变量	PI	NPI	PI	NPI
	(1)	(2)	(3)	(4)
Firm FE	Yes	Yes	Yes	Yes
Year FE	Yes	Yes	Yes	Yes
观测值	127 381	86 968	127 381	86 968
调整后的 R^2	0.651	0.650	0.651	0.650

注：回归中的自变量均为滞后一期的值；括号内为聚类到企业个体层面的稳健标准误；＊p＜0.1，＊＊p＜0.05，＊＊＊p＜0.01。
资料来源：根据模型运算结果整理而得。

7.4 本章小结

本章研究在第4章、第5章和第6章研究的基础上进一步将环境规制和绿色信贷政策纳入分析，探究环境规制和绿色信贷政策在银行业竞争与企业绿色发展中的作用。企业的绿色发展从企业污染物排放、绿色创新和绿色全要素生产率三个方面衡量。本章的研究结果有三点。第一，环境规制和绿色信贷政策均对银行业竞争的污染减排效应有促进作用。具体而言，环境规制程度越强，银行业竞争加剧越能促进企业减少污染物排放；实施绿色信贷政策以后，银行业竞争加剧对污染企业的减排效应更明显。第二，一定的环境规制水平可以促进银行业竞争对企业绿色创新的正向影响，而过多的环境规制则会阻碍银行业竞争对企业绿色创新的正向影响；绿色信贷政策阻碍了银行业竞争对污染行业企业绿色创新的推动作用，而对非污染行业企业的这种推动作用没有显著影响。第三，环境规制低于最低门槛值和超过最高门槛值时，都能加强银行业竞争对企业绿色全要素生产率的促进作用，而处于最低门槛值和最高门槛值之间的环境规制程度则会弱化这种促进作用；绿色信贷政策增加了银行业竞争对非污染行业企业绿色全要素生产率的推动效应，而对于污染行业企业，绿色信贷政策对这种推动效应没有明显影响。

总的来说，一定的环境规制强度可以显著增强银行业竞争对企业绿色发展（包括污染减排、绿色创新和绿色全要素生产率）的推动作用，具体而言，环境规制强度对银行业竞争的企业污染减排效应呈现出单调的线性增强作用、对银行业竞争的企业绿色创新效应呈现出倒"U"型作用、对银行业竞争的企业绿色全要素生产率效应呈现出正"U"型作用。绿色信贷政策在促进银行业竞争的污染减排效应时有显著作用，但对于银行业竞争的企业绿色全要素生产率效应则没有表现出显著的促进作用，甚至阻碍了银行业竞争的企业绿色创新效应。

第8章

研究结论与展望

我国金融体系以银行为主，为了提升金融服务实体经济的能力，过去四十多年银行业进行了一系列改革，这些改革使银行分支机构迅速扩张、银行之间的竞争急剧增加。此外，随着经济发展到了一定程度，政府、企业和民众都越来越关注环境问题，希望在发展经济的同时最小化对环境造成的伤害。银行业结构的变迁对实体经济的影响近年来吸引了大量学者对其进行研究，但他们主要从企业融资可得性、创新水平、投资效率等方面入手，而对银行业竞争可能影响企业绿色发展涉及较少。本书从企业污染物排放、绿色创新和绿色全要素生产率三方面探讨了银行业竞争对企业绿色发展的影响，补充了现有文献的研究空白。本章首先总结本书的研究内容和研究结论，其次根据研究结论提出其政策含义，最后指出本书研究的不足之处和与本书相关的未来可能的研究方向。

8.1 研究结论

在金融对环境影响的大框架下，本书基于银行业结构不断变迁和企业对绿色发展的迫切需要的现实背景，构建了银行业竞争影响企业绿色发展的分析框架。本书的第 1 章介绍了研究背景、提出了研究问题，第 2 章回顾了与本书研究相关的理论和文献，第 3 章总结了我国银行业的发展阶段并陈述了本书对银行业竞争的测度方法。这 3 章的内容是后续实证研究的基础，为实证研究部分提供了理论和文献支撑。本节主要总结第 4 章、第 5 章、第 6 章和第 7 章，即实证研究部分的研究结论。

第一，银行业竞争显著抑制了企业二氧化硫的排放总量，即银行业竞争污染减排的总效应显著。将总效应进行分解后，发现银行业竞争显著抑制了企业单位产出的二氧化硫排放量，但对企业总产出没有显著影响，即银行业竞争污染减排的治理效应显著但规模效应不显著。企业污染物换用化学需氧量后，以上结论依然成立。信息机制、融资机制、信贷资源配置机制和购置污染治理设施机制是银行业竞争影响企业污染物排放背后的具体路径。就银行类型而言，国有商业银行分支机构占比显著弱化了银行业竞争的污染减排效应，股份制商业银行和外资银行分支机构占比则对银行业竞争的污染减排效应没有明显影响，而地方性商业银行分支机构占比显著强化了银行业竞争的污染减排效应。股份制商业银行和地方性商业银行分支机构数量与企业二氧化硫排放总量和单位产出二氧化硫排放量显著负相关。就企业的异质性而言，银行业竞争的污染减排效应在国有企业、非污染行业企业和绿色行业企业中更明显。

第二，银行业竞争显著促进了企业绿色专利申请量。这种促进效应主要得益于融资机制、信贷资源配置机制、资产组合机制以及增加企业进入绿色创新部门的概率和绿色创新部门在位企业绿色专利申请数量。银行业竞争还显著增加了企业绿色专利占专利总数的份额。就银行类型而言，股份制商业银行分支机构占比显著增强了银行业竞争对企业绿色创新的促进效应，股份制商业银行分支机构数量与企业绿色创新显著正相关。就企业的异质性而言，银行业竞争对企业绿色创新的促进效应在国有企业和非国有企业之间没有显著差异，但在非污染行业企业和绿色行业企业中更强烈。就专利类型而言，银行业竞争同时显著促进了绿色发明专利和绿色实用新型专利，表明银行业竞争对绿色专利的质量和数量均有正向影响；银行业竞争对绿色创新的促进作用大于对非绿色创新的促进作用。

第三，银行业竞争显著提升了企业绿色全要素生产率水平。融资机制和信贷资源配置机制是银行业竞争提升企业绿色全要素生产率的主要路径。

就银行类型而言，股份制商业银行和外资银行分支机构占比显著加强了银行业竞争对企业绿色全要素生产率的促进效应，外资银行分支机构数量与企业绿色全要素生产率显著正相关。就企业异质性而言，银行业竞争对企业绿色全要素生产率的促进效应在非污染行业企业和绿色行业企业中更明显。

第四，一定的环境规制强度可以促进银行业竞争对企业绿色发展的正向影响，但过度的环境规制则会削弱这种正向影响。绿色信贷政策可以加强银行业竞争的污染减排效应，但对银行业竞争与企业绿色全要素生产率之间的关系没有影响，甚至阻碍了银行业竞争促进企业绿色创新，即没有发现绿色信贷政策的波特效应。

8.2　政策含义

我国银行业历经改革后，银行的效率和信贷资源配置能力已经有了大幅度提升，这保证了银行系统健康平稳地发展。基于实证部分的研究结论，本节提出如下政策建议，为经济可持续发展提供银行业竞争方面的驱动力。

第一，继续推进银行业市场化改革，降低银行业进入壁垒，鼓励银行间的竞争，让银行业更好地为企业污染治理、绿色技术升级和绿色生产率提高提供资金支持。政策制定者可能会担心银行业竞争增加会提高企业融资可得性和融资金额，企业获得资金支持后会扩大生产进而排放出更多的污染物。本书的研究结果表明银行业竞争的提高减少了企业污染物排放总量和单位产出污染物排放量，对企业总产出没有显著影响。因而，政策制定者不需要担心银行部门更多的竞争可能导致企业排放更多的污染物。此外，银行业竞争对企业绿色创新和绿色全要素生产率也有正向影响。为了减少企业污染物排放、帮助企业升级绿色技术、提高企业绿色全要素生产率，应增加银行业的竞争。

第二，鼓励地方性商业银行和股份制商业银行的发展，完善对外资银行的监管。本书的研究表明在支持企业污染物减排方面，地方性商业银行发挥主要作用，而在支持企业绿色创新和提高绿色全要素生产率方面，股份制商业银行能发挥更大的作用。地方性商业银行扎根当地，对当地企业有更深入的了解，在获取企业软信息上具有相对优势，有利于服务当地中小企业的发展。股份制商业银行由于其产权属性，较少受到政府干预，更能遵循市场化原则，其在支持企业绿色创新和绿色全要素生产率上比其他类型的银行表现更好。研究结果也支持了外资银行在提高企业绿色全要素生产率方面的重要作用，这也为金融行业的开放提供了经验证据，减少对外资银行不必要的管控可能是下一步银行业改革的方向。

第三，改变国有银行垄断发展的局面，适度降低国有银行市场份额，以增加银行业竞争；同时，优化国有银行体制，提升国有银行运行效率。本书的实证结果表明国有银行分支机构占比会弱化银行业竞争对企业绿色发展的促进作用，且国有银行分支机构数量本身也与企业绿色发展负相关。近年来，银行业改革的重点之一就是增加股份制商业银行和地方性商业银行的市场份额，减少国有商业银行的市场份额，改革的成果也很显著，国有商业银行总资产份额下降至 40.2%，但仍然占据较大的市场份额。未来应继续改变此局面，增加银行业竞争，同时提升国有银行的运作效率。

第四，随着互联网的发展，越来越多的银行开始放缓线下分支机构的扩张速度，甚至选择关闭一些线下网点，转向发展线上银行。本书的银行业竞争基于企业附近一定范围的银行分支机构数量构建，表明发展线下分支机构仍然是必要的，通过分支机构扩张占领市场份额仍然是银行间的竞争策略。线下分支机构至少有两方面的好处，一是地理距离的接近便于银行收集企业的软信息，有利于放贷前的决策；二是地理距离的接近有利于银行放贷后对借款人实施监督。

第五，应坚持实施一定的环境规制，同时完善绿色信贷政策。本书的研究结果表明适度的环境规制可以加强银行业竞争对企业绿色创新的推动作用，但绿色信贷政策削弱了这种推动作用。对污染企业信贷融资实行环境表现一票否决增加了污染企业的环境合规成本，加剧了污染企业的融资约束，在合规成本和融资约束的双重高压下，污染企业更多的是被动减产，而不是主动进行环境技术升级，这违背了实行绿色信贷政策的初衷。应继续完善绿色信贷政策，细化绿色融资准则，推进碳排放权交易、排污权交易、环境税等市场激励型环境政策，银行应针对不同企业制定不同的绿色信贷政策以实现环境与经济的均衡发展。

8.3 研究展望

基于银行和企业的地理坐标，本书构建出企业个体层面的银行业竞争指标，并将其与工业企业数据库、工业企业污染数据库、WIPO 发布的 IPC 绿色专利清单合并构建了本书研究所需的综合数据库，从污染物排放、绿色创新和绿色全要素生产率三个方面对银行业竞争影响企业绿色发展进行了细致地分析。但本书的研究在机制分析、内生性分析和数据代表性上仍然存在一些不足。基于本书的不足和现有文献的研究，本书指出以下可能的研究方向。

第一，虽然本书采用了企业层级的银行业竞争，但由于该方法是基于分支机构数量构建的，并没有捕捉到各分支机构的存贷款金额，因而无法衡量真实的银行业竞争水平。后续研究可以采用其他度量方法来衡量银行业竞争，如每家银行的存贷款金额、银行的定价话语权。第二，本书在机制分析上主要检验了融资机制和信贷资源配置机制，银行业竞争影响企业绿色发展的机制还没有被充分挖掘，如监督机制、治理机制。后续研究可以进一步挖掘银行业竞争影响微观企业的机制。第三，由于工业企业数据库的限制，本书的研究区间为 1998～2012 年，后续研究可以尝试利用其他近期数据进行研究。第四，近年来受到互联网金融的冲击，许多银行开始关闭、撤销、合并一些网点，对于银行网点关闭对企业造成的冲击尚且缺乏文献研究。未来的研究可以探讨银行分支机构关闭对于企业的影响，反向分析银行业竞争的影响，并为银行线上和线下发展策略提供参考。

参 考 文 献

［1］［德］阿尔弗雷德·韦伯. 工业区位论［M］. 李刚剑, 等译, 北京: 商务印书馆. 2010.

［2］［德］奥古斯特·勒施. 经济空间秩序: 经济财货与地理间的关系［M］. 王守礼, 译, 商务印书馆. 2010.

［3］蔡竞, 董艳. 银行业竞争与企业创新——来自中国工业企业的经验证据［J］. 金融研究, 2016 (11): 96 - 111.

［4］蔡庆丰, 陈熠辉, 林焜. 信贷资源可得性与企业创新: 激励还是抑制?——基于银行网点数据和金融地理结构的微观证据［J］. 经济研究, 2020, 55 (10): 124 - 140.

［5］蔡卫星. 银行业市场结构对企业生产率的影响——来自工业企业的经验证据［J］. 金融研究, 2019 (4): 39 - 55.

［6］韩超, 孙晓琳, 李静. 环境规制垂直管理改革的减排效应——来自地级市环保系统改革的证据［J］. 经济学 (季刊), 2021, 21 (1): 335 - 360.

［7］陈超凡. 中国工业绿色全要素生产率及其影响因素——基于ML生产率指数及动态面板模型的实证研究［J］. 统计研究, 2016, 33 (3): 53 - 62.

［8］陈峻, 郑惠琼. 融资约束、客户议价能力与企业社会责任［J］. 会计研究, 2020 (8): 50 - 63.

［9］陈诗一. 中国的绿色工业革命: 基于环境全要素生产率视角的解释 (1980—2008)［J］. 经济研究, 2010, 45 (11): 21 - 34.

［10］陈文汇, 牛娜娜, 王忠昆, 张鑫. 我国国民经济行业绿色度测定分析［J］. 林业经济, 2015, 37 (8): 7 - 13.

[11] 崔兴华，林明裕. FDI 如何影响企业的绿色全要素生产率？——基于 Malmquist – Luenberger 指数和 PSM – DID 的实证分析 [J]. 经济管理，2019，41（3）：38 – 55.

[12] 戴静，杨筝，刘贯春，许传华. 银行业竞争、创新资源配置和企业创新产出——基于中国工业企业的经验证据 [J]. 金融研究. 2020.

[13] 丁杰. 绿色信贷政策、信贷资源配置与企业策略性反应 [J]. 经济评论，2019（4）：62 – 75.

[14] 范子英，赵仁杰. 法治强化能够促进污染治理吗？——来自环保法庭设立的证据 [J]. 经济研究，2019，54（3）：21 – 37.

[15] 方芳，蔡卫星. 银行业竞争与企业成长：来自工业企业的经验证据 [J]. 管理世界，2016（7）：63 – 75.

[16] 葛永波，姜旭朝. 企业融资行为及其影响因素——基于农业上市公司的实证研究 [J]. 金融研究，2008（5）：151 – 162.

[17] 龚强，张--林，林毅夫. 产业结构、风险特性与最优金融结构 [J]. 经济研究，2014，49（4）：4 – 16.

[18] 关海玲，武祯妮. 地方环境规制与绿色全要素生产率提升——是技术进步还是技术效率变动？[J]. 经济问题，2020（2）：118 – 129.

[19] 郭庆旺，贾俊雪. 中国全要素生产率的估算：1979—2004 [J]. 经济研究，2005（6）：51 – 60.

[20] 胡玉凤，丁友强. 碳排放权交易机制能否兼顾企业效益与绿色效率？[J]. 中国人口·资源与环境，2020，30（3）：56 – 64.

[21] 黄大为. 金融发展与城市全要素生产率增长——以长三角城市群 26 个城市为例 [J]. 经济地理，2021，41（6）：77 – 86.

[22] 黄宪，熊福平. 外资银行在中国发展的经营动机和经营策略分析 [J]. 金融研究，2005（2）：82 – 93.

[23] 剑褚，胡诗阳. 利率市场化进程中的银企互动——上市公司购买银行理财产品的视角 [J]. 中国工业经济，2020，387（6）：155 – 173.

[24] 姜付秀，蔡文婧，蔡欣妮，李行天. 银行竞争的微观效应：来自融资约束的经验证据 [J]. 经济研究，2019，54（6）：72 – 88.

［25］姜付秀，石贝贝，马云飙．信息发布者的财务经历与企业融资约束［J］．经济研究，2016，51（6）：83－97．

［26］孔东民，徐茗丽，孔高文．企业内部薪酬差距与创新［J］．经济研究，2017，52（10）：144－157．

［27］寇宗来，刘学悦．中国企业的专利行为：特征事实以及来自创新政策的影响［J］．经济研究，2020，55（3）：83－99．

［28］李长青，李鑫，逯建．出口影响企业绿色生产率的门槛效应［J］．科研管理，2018，39（3）：59－68．

［29］李健，贾玉革．金融结构的评价标准与分析指标研究［J］．金融研究，2005（4）：57－67．

［30］李鹏升，陈艳莹．环境规制、企业议价能力和绿色全要素生产率［J］．财贸经济，2019，40（11）：144－160．

［31］李青原，肖泽华．异质性环境规制工具与企业绿色创新激励——来自上市企业绿色专利的证据［J］．经济研究，2020，55（9）：192－208．

［32］李延喜，郑春艳，包世泽，王阳．权衡理论与优序融资理论的解释力研究：来自中国上市公司的经验证据［J］．管理学报，2007（1）：108－113．

［33］李志辉，崔光华．中国银行业三十年改革变迁与未来发展趋势［J］．现代财经－天津财经大学学报，2009，29（4）：3－8．

［34］李志生，金凌，孔东民．分支机构空间分布、银行竞争与企业债务决策［J］．经济研究，2020，55（10）：141－158．

［35］李志生，金凌．银行竞争提高了企业投资水平和资源配置效率吗？——基于分支机构空间分布的研究［J］．金融研究．2021．

［36］梁进社．经济地理学的九大原理［J］．地理研究，2008（1）：75－84．

［37］林毅夫，姜烨．经济结构、银行业结构与经济发展——基于分省面板数据的实证分析［J］．金融研究，2006（1）：7－22．

［38］林毅夫，孙希芳，姜烨．经济发展中的最优金融结构理论初探［J］．经济研究，2009，44（8）：4－17．

[39] 林毅夫, 孙希芳. 银行业结构与经济增长 [J]. 经济研究, 2008, 43 (9): 31 – 45.

[40] 刘畅, 张景华. 环境责任、企业性质与企业税负 [J]. 财贸研究, 2020, 31 (9): 64 – 75.

[41] 刘培森, 尹希果. 银行业结构、空间溢出与产业结构升级 [J]. 金融评论, 2015, 7 (1): 51 – 63.

[42] 刘强, 王伟楠, 陈恒宇.《绿色信贷指引》实施对重污染企业创新绩效的影响研究 [J]. 科研管理, 2020, 41 (11): 100 – 112.

[43] 刘锡良, 文书洋. 中国的金融机构应当承担环境责任吗?——基本事实、理论模型与实证检验 [J]. 经济研究, 2019, 54 (3): 38 – 54.

[44] 鲁晓东, 连玉君. 中国工业企业全要素生产率估计: 1999—2007 [J]. 经济学 (季刊), 2012, 11 (2): 541 – 558.

[45] 陆菁, 鄢云, 王韬璇. 绿色信贷政策的微观效应研究——基于技术创新与资源再配置的视角 [J]. 中国工业经济, 2021 (1): 174 – 192.

[46] 吕铁, 王海成. 放松银行准入管制与企业创新——来自股份制商业银行在县域设立分支机构的准自然试验 [J]. 经济学 (季刊), 2019, 18 (4): 1443 – 1464.

[47] 马微, 惠宁. 金融结构对技术创新的影响效应及其区域差异研究 [J]. 经济科学, 2018 (2): 75 – 87.

[48] 马妍妍, 俞毛毛. 绿色信贷能够降低企业污染排放么?——基于双重差分模型的实证检验 [J]. 西南民族大学学报 (人文社科版), 2020a, 41 (8): 116 – 127.

[49] 马妍妍, 俞毛毛. 出口企业更"绿色"吗?——基于上市公司绿色投资行为的分析 [J]. 经济经纬, 2020b, 37 (3): 71 – 80.

[50] 聂辉华, 江艇, 杨汝岱. 中国工业企业数据库的使用现状和潜在问题 [J]. 世界经济, 2012, 35 (5): 142 – 158.

[51] 彭小辉, 王静怡. 高铁建设与绿色全要素生产率——基于要素配置扭曲视角 [J]. 中国人口·资源与环境, 2019, 29 (11): 11 – 19.

[52] 齐兰, 王业斌. 国有银行垄断的影响效应分析——基于工业技术

创新视角 [J]. 中国工业经济，2013（7）：69－80.

[53] 祁毓，卢洪友. 污染、健康与不平等——跨越"环境健康贫困"陷阱 [J]. 管理世界，2015（9）：32－51.

[54] 邱洋冬. 开发区设立、区域偏向与企业绿色创新 [J]. 上海财经大学学报，2020，22（4）：49－63.

[55] 尚洪涛，祝丽然. 提升新能源企业环境研发补贴绩效的内外规制研究 [J]. 科学学研究，2019，37（10）：1825－1835.

[56] 沈国兵，袁征宇. 企业互联网化对中国企业创新及出口的影响 [J]. 经济研究，2020，55（1）：33－48.

[57] 沈坤荣，金刚，方娴. 环境规制引起了污染就近转移吗？[J]. 经济研究，2017，52（5）：44－59.

[58] 盛安琪，耿献辉. 银行业竞争与企业全要素生产率 [J]. 财经论丛，2021，1－11.

[59] 宋凯艺，卞元超. 银行业竞争对企业投资效率的影响——基于债务治理与融资约束的双重视角 [J]. 北京理工大学学报（社会科学版），2020，22（3）：99－110.

[60] 宋文昌，童士清. 关于信贷拥挤的理论探讨 [J]. 金融研究，2009（6）：175－185.

[61] 孙会霞，倪宣明，钱龙. 银行业改革、信贷配置与产业结构升级 [J]. 系统工程理论与实践，2019，39（2）：298－310.

[62] 唐清泉，巫岑. 银行业结构与企业创新活动的融资约束 [J]. 金融研究，2015（7）：116－134.

[63] 陶锋，胡军，李诗田，韦锦祥. 金融地理结构如何影响企业生产率？——兼论金融供给侧结构性改革 [J]. 经济研究，2017，52（9）：55－71.

[64] 瓦尔特·克里斯塔勒. 德国南部中心地原理 [M]. 常正文，王兴中，译. 北京：商务印书馆，2010.

[65] 王兵，吴延瑞，颜鹏飞. 中国区域环境效率与环境全要素生产率增长 [J]. 经济研究，2010，45（5）：95－109.

[66] 王小鲁，樊纲，刘鹏. 中国经济增长方式转换和增长可持续性 [J]. 经济研究，2009，44（1）：4-16.

[67] 王晓祺，郝双光，张俊民. 新《环保法》与企业绿色创新："倒逼"抑或"挤出"？[J]. 中国人口·资源与环境，2020，30（7）：107-117.

[68] 巫岑，黎文飞，唐清泉. 银企关系、银行业竞争与民营企业研发投资 [J]. 财贸经济，2016，37（1）：74-91.

[69] 吴磊，贾晓燕，吴超，彭甲超. 异质型环境规制对中国绿色全要素生产率的影响 [J]. 中国人口·资源与环境，2020，30（10）：82-92.

[70] 吴尧. 中国金融结构演变对企业创新的影响研究 [D]. 南京：南京大学，2020.

[71] 谢乔昕，张宇. 绿色信贷政策、扶持之手与企业创新转型 [J]. 科研管理，2021，42（1）：124-134.

[72] 熊爱华，丁友强，胡玉凤. 低碳门槛下绿色创新补贴对全要素生产率的影响 [J]. 资源科学，2020，42（11）：2184-2195.

[73] 徐飞. 银行信贷与企业创新困境 [J]. 中国工业经济，2019（1）：119-136.

[74] 许和连，金友森，王海成. 银企距离与出口贸易转型升级 [J]. 经济研究，2020，55（11）：174-190.

[75] 杨汝岱. 中国制造业企业全要素生产率研究 [J]. 经济研究，2015，50（2）：61-74.

[76] 杨兴全，申艳艳，尹兴强. 外资银行进入与公司投资效率：缓解融资约束抑或抑制代理冲突？[J]. 财经研究，2017，43（2）：98-109.

[77] 杨玥，江春. 银行结构性垄断对企业全要素生产率的影响——来自中国工业企业的微观证据 [J]. 三峡大学学报（人文社会科学版），2021，43（2）：99-104.

[78] 杨振宇，李富有，张中岩. 外资银行进入对我国信贷资本配置效率的影响——基于面板门限模型的实证分析 [J]. 当代经济科学，2021，43（2）：48-57.

［79］余静文，惠天宇，矫欣蕊．银行业"松绑"与企业"走出去"：基于中国工业企业数据的分析［J］．统计研究，2021，1－14．

［80］喻微锋，曾茹苑．银行业结构对产业结构升级的影响研究——基于最优金融结构理论与门槛模型的分析［J］．金融理论与实践，2020（2）：33－44．

［81］约翰·冯·杜能．孤立国同农业和国民经济的关系［M］．吴衡康译，北京：商务印书馆，1986．

［82］翟淑萍，顾群．融资约束、代理成本与企业慈善捐赠——基于企业所有权视角的分析［J］．审计与经济研究，2014，29（3）：77－84．

［83］张华，魏晓平．绿色悖论抑或倒逼减排——环境规制对碳排放影响的双重效应［J］．中国人口·资源与环境，2014，24（9）：21－29．

［84］张健华，王鹏，冯根福．银行业结构与中国全要素生产率——基于商业银行分省数据和双向距离函数的再检验［J］．经济研究，2016，51（11）：110－124．

［85］张杰，郑文平，新夫．中国的银行管制放松、结构性竞争和企业创新［J］．中国工业经济，2017（10）：118－136．

［86］张敏，刘耀淞，王欣，何萱．企业与税务局为邻：便利避税还是便利征税？［J］．管理世界，2018，34（5）：150－164．

［87］张伟俊，袁凯彬，李万利．商业银行网点扩张如何影响企业创新：理论与经验证据［J］．世界经济，2021，44（6）：204－228．

［88］张璇，高金凤，李春涛．银行业竞争与资源错配——来自中国工业企业的证据［J］．国际金融研究，2020（6）：54－63．

［89］张璇，李子健，李春涛．银行业竞争、融资约束与企业创新——中国工业企业的经验证据［J］．金融研究，2019（10）：98－116．

［90］张雪兰，龚元．银行业市场结构与产业增长：基于资源再配置与技术进步效应的探析［J］．财贸经济，2017，38（10）：99－114．

［91］张一林，林毅夫，龚强．企业规模、银行规模与最优银行业结构——基于新结构经济学的视角［J］．管理世界，2019，35（3）：31－47．

［92］赵军，张如梦，李琛．金融发展对环境规制提升工业绿色全要素生

产率的创新补偿效应 [J]. 首都经济贸易大学学报, 2021, 23 (1): 38 - 49.

[93] 赵紫剑. 中国银行业结构变迁及其发展趋势 [J]. 中央财经大学学报, 2002 (11): 33 - 37.

[94] 诸竹君, 陈航宇, 王芳. 银行业外资开放与中国企业创新陷阱破解 [J]. 中国工业经济, 2020 (10): 2 - 19.

[95] 祝继高, 李天时, 赵浩彤. 银行结构性竞争与企业投资效率——基于中国工业企业数据的实证研究 [J]. 财经研究, 2020, 46 (3): 4 - 18.

[96] Abramovitz M. Resource and output trends in the United States since 1870 [J]. American Economic Review, 1956, 46 (2): 5 - 23.

[97] Agarwal S, Hauswald R. Distance and Private Information in Lending [J]. The Review of financial studies, 2010, 23 (7): 2757 - 2788.

[98] Ahern K R, Sosyura D. Rumor Has It: Sensationalism in Financial Media [J]. The Review of Financial Studies, 2015, 28 (7): 2050 - 2093.

[99] Akerlof G A. The markct for 'Lemons': Quality, uncertainty, and the market mechanism [J]. Quarterly Journal of Economics, 1970, 84 (3): 488 - 500.

[100] Alegria C, Schaeck K. On measuring concentration in banking systems [J]. Finance Research Letters, 2008, 5 (1): 59 - 67.

[101] Allen F, Qian J, Qian M. Law, finance, and economic growth in China [J]. Journal of Financial Economics, 2005, 77 (1): 57 - 116.

[102] Allen F, Qian J, Zhang C, Zhao M. China's financial system: Opportunities and challenges [J]. In Capitalizing China. Eds. J. Fan and R. Morck. Chicago: University of Chicago Press, 2012.

[103] Almazan A. A Model of Competition in Banking: Bank Capital vs Expertise [J]. Journal of Financial Intermediation, 2002, 11 (1): 87 - 121.

[104] Amore M D, Bennedsen M. Corporate governance and green innovation [J]. Journal of Environmental Economics and Management, 2016, 75: 54 - 72.

[105] Amore M D, Schneider C, Zaldokas A. Credit supply and corporate

innovation [J]. Journal of Financial Economics, 2013, 109 (3): 835 – 855.

[106] Andersen D C. Credit Constraints, Technology Upgrading, and the Environment [J]. Journal of the Association of Environmental and Resource Economists, 2016, 3 (2): 283 – 319.

[107] Andersen D C. Do credit constraints favor dirty production? Theory and plant-level evidence [J]. Journal of Environmental Economics and Management, 2017, 84: 189 – 208.

[108] Bai C, Li D D, Tao Z, Wang Y. A Multitask Theory of State Enterprise Reform [J]. Journal of Comparative Economics, 2000, 28 (4): 716 – 738.

[109] Bai Y, Song S, Jiao J, Yang R. The impacts of government R&D subsidies on green innovation: Evidence from Chinese energy-intensive firms [J]. Journal of Cleaner Production, 2019, 233: 819 – 829.

[110] Barone G, Felici R, Pagnini M. Switching costs in local credit markets [J]. International Journal of Industrial Organization, 2011, 29 (6): 694 – 704.

[111] Barrett S. Strategic environmental policy and intrenational trade [J]. Journal of Public Economics, 1994, 54 (3): 325 – 338.

[112] Barth J R, Lin C, Lin P, Song F M. Corruption in bank lending to firms: Cross – country micro evidence on the beneficial role of competition and information sharing☆ [J]. Journal of Financial Economics, 2009, 91 (3): 361 – 388.

[113] Baumol W J. Contestable Markets: An Uprising in the Theory of Industry Structure [J]. American Economic Review, 1982, 72 (1): 1 – 15.

[114] Becker G S. Human Capital [M]. New York: Columbia University Press, 1975.

[115] Beck T, Demirguc – Kunt A, Maksimovic V. Bank competition and access to finance: International evidence [J]. Journal of Money Credit and Banking, 2004, 36 (3): 627 – 648.

[116] Beck T, Demirguc – Kunt A. Small and medium-size enterprises: Access to finance as a growth constraint [J]. Journal of Banking & Finance, 2006, 30 (11): 2931 – 2943.

[117] Beck T, Levine R, Levkov A. Big Bad Banks? The Winners and Losers from Bank Deregulation in the United States [J]. The Journal of Finance, 2010, 65 (5): 1637 – 1667.

[118] Bellucci A, Borisov A, Zazzaro A. Do banks price discriminate spatially? Evidence from small business lending in local credit markets [J]. Journal of Banking & Finance, 2013, 37 (11): 4183 – 4197.

[119] Benfratello L, Schiantarelli F, Sembenelli A. Banks and innovation: Microeconometric evidence on Italian firms [J]. Journal of Financial Economics, 2008, 90 (2): 197 – 217.

[120] Berger A N, Klapper L F, Turk – Ariss R. Bank Competition and Financial Stability [J]. Journal of Financial Services Research, 2009, 35 (2): 99 – 118.

[121] Berger A N, Udell G F. A more complete conceptual framework for SME finance [J]. Journal of Banking & Finance, 2006, 30 (11): 2945 – 2966.

[122] Berger A, Udell G. Small business credit availability and relationship lending: The importance of bank organizational structure [J]. The Economic Journal, 2002, 112 (477): F32 – F53.

[123] Biggerstaff L, Blank B, Goldie B. Do incentives work? Option – based compensation and corporate innovation [J]. Journal of Corporate Finance, 2019, 58: 415 – 430.

[124] Boone J. A new way to measure competition [J]. Economic Journal, 2008, 118 (531): 1245 – 1261.

[125] Borghesi S, Cainelli G, Mazzanti M. Linking emission trading to environmental innovation: Evidence from the Italian manufacturing industry [J]. Research Policy, 2015, 44 (3): 669 – 683.

[126] Borisova G, Megginson W L. Does Government Ownership Affect the Cost of Debt? Evidence from Privatization [J]. Review of Financial Studies, 2011, 24 (8): 2693 – 2737.

[127] Boyd J H, Nicoló G D. The theory of bank risk taking and competition revisited [J]. The Journal of Finance, 2005, 60 (3): 1329 – 1343.

[128] Brandt L, Li H. Bank discrimination in transition economies: ideology, information, or incentives? [J]. Journal of Comparative Economics, 2003, 31 (3): 387 – 413.

[129] Brevoort K P, Hannan T H. Commercial lending and distance: Evidence from Community Reinvestment Act data [J]. Journal of Money Credit and Banking, 2006, 38 (8): 1991 – 2012.

[130] Bushman R M, Hendricks B E, Williams C D. Bank Competition: Measurement, Decision – Making, and Risk – Taking [J]. Journal of Accounting Research, 2016, 54 (3): 777 – 826.

[131] Caggese A. Financing Constraints, Radical versus Incremental Innovation, and Aggregate Productivity [J]. American Economic Journal: Macroeconomics, 2019, 11 (2): 275 – 309.

[132] Cai X, Lu Y, Wu M, Yu L. Does environmental regulation drive away inbound foreign direct investment? Evidence from a quasi-natural experiment in China [J]. Journal of Development Economics, 2016, 123: 73 – 85.

[133] Cameron A C, Trivedi P KMicroeconometrics Using Stata, STATA Press Publication, College Station, TX. [J]. 2009.

[134] Carbó S, Humphrey D, Maudos J, Molyneux P. Cross – country comparisons of competition and pricing power in European banking [J]. Journal of International Money and Finance, 2009, 28 (1): 115 – 134.

[135] Cetorelli N, Gambera M. Banking Market Structure, Financial Dependence and Growth: International Evidence from Industry Data [J]. The Journal of Finance, 2001, 56 (2): 617 – 648.

[136] Cetorelli N, Peretto P F. Credit quantity and credit quality: Bank

competition and capital accumulation [J]. Journal of Economic Theory, 2012, 147 (3): 967 – 998.

[137] Cetorelli N, Peretto P F. 2000, Oligopoly Banking and Capital Accumulation (December 2000) [J]. FRB of Chicago Working Paper No. 2000 – 2012; Duke Department of Economics Research Paper No. 19. Available at SSRN: https://ssrn. com/abstract = 254343 or http://dx. doi. org/10. 2139/ssrn. 254343.

[138] Cetorelli N, Strahan P E. Finance as a barrier to entry: Bank competition and industry structure in local US Markets [J]. Journal of Finance, 2006, 61 (1): 437 – 461.

[139] Chava S. Environmental Externalities and Cost of Capital [J]. Management Science, 2014, 60 (9): 2223 – 2247.

[140] Chava S, Oettl A, Subramanian A, Subramanian K V. Banking deregulation and innovation [J]. Journal of Financial Economics, 2013, 109 (3): 759 – 774.

[141] Chemmanur T J, Qin J, Sun Y, Yu Q, Zheng X. How does greater bank competition affect borrower screening? Evidence from China's WTO entry [J]. Journal of Corporate Finance, 2020, 65: 101776.

[142] Chen R, Yin P, Meng X, Liu C, Wang L, Xu X, Ross J A, Tse L A, Zhao Z, Kan H, Zhou M. Fine Particulate Air Pollution and Daily Mortality. A Nationwide Analysis in 272 Chinese Cities [J]. American Journal of Respiratory and Critical Care Medicine, 2017, 196 (1): 73 – 81.

[143] Chen S, Chen T, Lou P, Song H, Wu C. Bank Competition and Corporate Environmental Performance [J]. Available at SSRN 3633696, https://ssrn. com/abstract = 3633696 or http://dx. doi. org/10. 2139/ssr n. 3633696, 2020.

[144] Chen W, Chen J, Xu D, Liu J, Niu N. Assessment of the practices and contributions of China's green industry to the socio-economic development [J]. Journal of Cleaner Production, 2017, 153: 648 – 656.

[145] Chong T T, Lu L, Ongena S. Does banking competition alleviate or

worsen credit constraints faced by small-and medium-sized enterprises? Evidence from China [J]. Journal of Banking & Finance, 2013, 37 (9): 3412 –3424.

[146] Claessens S, Laeven L. Financial dependence, banking sector competition, and economic growth [J]. Journal of the European Economic Association, 2005, 3 (1): 179 –207.

[147] Claessens S, Laeven L. What drives bank competition? Some international evidence [J]. Journal of Money Credit and Banking, 2004, 36 (32): 563 –583.

[148] Clerides S, Delis M D, Kokas S. A new data set on competition in national banking markets [J]. Financial markets, institutions & instruments, 2015, 24 (2 –3): 267 –311.

[149] Cohen A J, Brauer M, Burnett R, Anderson H R, Frostad J, Estep K, Balakrishnan K, Brunekreef B, Dandona L, Dandona R, Feigin V, Freedman G, Hubbell B, Jobling A, Kan H, Knibbs L, Liu Y, Martin R, Morawska L, Pope C R, Shin H, Straif K, Shaddick G, Thomas M, van Dingenen R, van Donkelaar A, Vos T, Murray C, Forouzanfar M H. Estimates and 25 – year trends of the global burden of disease attributable to ambient air pollution: an analysis of data from the Global Burden of Diseases Study 2015 [J]. Lancet, 2017, 389 (10082): 1907 –1918.

[150] Cornaggia J, Mao Y, Tian X, Wolfe B. Does banking competition affect innovation? [J]. Journal of Financial Economics, 2015, 115 (1): 189 –209.

[151] Cuerva M C, Triguero – Cano Á, Córcoles D. Drivers of green and non-green innovation: empirical evidence in Low – Tech SMEs [J]. Journal of Cleaner Production, 2014, 68: 104 –113.

[152] Danish, Ulucak R, Khan S U D, Baloch M A, Li N. Mitigation pathways toward sustainable development: Is there any trade-off between environmental regulation and carbon emissions reduction? [J]. Sustainable Development, 2020, 28 (4): 813 –822.

[153] Degryse H, Ongena S. Distance, Lending Relationships, and Competition [J]. The Journal of finance, 2005, 60 (1): 231 –266.

[154] Dell'Ariccia G. Asymmetric information and the structure of the banking industry [J]. European Economic Review, 2001, 45 (10): 1957 –1980.

[155] Deng S, Mao C X, Xia C. Bank geographic diversification and corporate innovation: Evidence from the lending channel [J]. Journal of Financial and Quantitative Analysis: 2020, 1 –32.

[156] Deyoung R, Glennon D, Nigro P. Borrower – lender distance, credit scoring, and loan performance: Evidence from informational-opaque small business borrowers [J]. Journal of Financial Intermediation, 2008, 17 (1): 113 –143.

[157] Dinç I S. Bank Reputation, Bank Commitment, and the Effects of Competition in Credit Markets [J]. The Review of financial studies, 2000, 13 (3): 781 –812.

[158] Di Patti E B, Dell'Ariccia G. Bank competition and firm creation [J]. Journal of Money, Credit, and Banking, 2004, 36 (2): 225 –251.

[159] Du W, Li M. Assessing the impact of environmental regulation on pollution abatement and collaborative emissions reduction: Micro – evidence from Chinese industrial enterprises [J]. Environmental Impact Assessment Review, 2020, 82: 106382.

[160] Du X. Does religion matter to owner-manager agency costs? Evidence from China [J]. Journal of Business Ethics, 2013, 118 (2): 319 –347.

[161] Ebenstein A, Fan M, Greenstone M, He G, Yin P, Zhou M. Growth, Pollution, and Life Expectancy: China from 1991 –2012 [J]. American Economic Review, 2015, 105 (5): 226 –231.

[162] Eichholtz P, Holtermans R, Kok N, Yönder E. Environmental performance and the cost of debt: Evidence from commercial mortgages and REIT bonds [J]. Journal of Banking & Finance, 2019, 102: 19 –32.

[163] Eichner T, Pethig R. Carbon leakage, the green paradox and perfect

future markets [J]. International economic review (Philadelphia), 2011, 52 (3): 767 – 805.

[164] El Ghoul S, Guedhami O, Ni Y, Pittman J, Saadi S. Does information asymmetry matter to equity pricing? Evidence from firms' geographic location [J]. Contemporary Accounting Research, 2013, 30 (1): 140 – 181.

[165] El Ghoul S, Guedhami O, Ni Y, Pittman J, Saadi S. Does religion matter to equity pricing? [J]. Journal of Business Ethics, 2012, 111 (4): 491 – 518.

[166] Fazzari S M, Hubbard R G, Petersen B C. Financing constraints and corporate investment [J]. Brookings Papers On Economic Activity, 1988, (1): 141 – 195.

[167] Fisman R, Svensson J. Are corruption and taxation really harmful to growth? Firm level evidence [J]. Journal of Development Economics, 2007, 83 (1): 63 – 75.

[168] Fungáčová Z, Pessarossi P, Weill L. Is bank competition detrimental to efficiency? Evidence from China [J]. China Economic Review, 2013, 27: 121 – 134.

[169] Fungáčová Z, Shamshur A, Weill L. Does bank competition reduce cost of credit? Cross – country evidence from Europe [J]. Journal of Banking & Finance, 2017, 83: 104 – 120.

[170] Garmaise M. 2001. Informed investors and the financing of entrepreneurial projects [J]. University of Chicago, http: //citeseerx. ist. psu. edu/viewdoc/download? doi = 10. 1. 1. 145. 6468&rep = rep1&type = pdf.

[171] Garmaise M J, Moskowitz T J. Bank Mergers and Crime: The Real and Social Effects of Credit Market Competition [J]. The Journal of finance, 2006, 61 (2): 495 – 538.

[172] Ghisetti C, Mancinelli S, Mazzanti M, Zoli M. Financial barriers and environmental innovations: Evidence from EU manufacturing firms [J]. Climate Policy, 2016, 17 (sup1): S131 – S147.

［173］ Goetz M R. 2019. Financing conditions and toxic emissions ［J］. Available at SSRN 3411137, https：//ssrn. com/abstract = 3411137 or http：// dx. doi. org/10. 2139/ssrn. 3411137.

［174］ Gomez F, Ponce J. Bank Competition and Loan Quality ［J］. Journal of Financial Services Research, 2014, 46 （3）: 215 – 233.

［175］ Gray W B, Shadbegian R J. Plant vintage, technology, and environmental regulation ［J］. Journal of Environmental Economics and Management, 2003, 46 （3）: 384 – 402.

［176］ Greenwood J, Jovanovic B. Financial Development, Growth, and the Distribution of Income ［J］. The Journal of Political Economy, 1990, 98 （5）: 1076 – 1107.

［177］ Guariglia A, Liu X, Song L. Internal finance and growth: Microeconometric evidence on Chinese firms ［J］. Journal of Development Economics, 2011, 96 （1）: 79 – 94.

［178］ Gutiérrez E, Teshima K. Abatement expenditures, technology choice, and environmental performance: Evidence from firm responses to import competition in Mexico ［J］. Journal of Development Economics, 2018, 133: 264 – 274.

［179］ Guzman M G. Bank Structure, Capital Accumulation and Growth: A Simple Macroeconomic Model ［J］. Economic Theory, 2000, 16 （2）: 421 – 455.

［180］ Hadlock C J, Pierce J R. New Evidence on Measuring Financial Constraints: Moving Beyond the KZ Index ［J］. Review of Financial Studies, 2010, 23 （5）: 1909 – 1940.

［181］ Hall B H, Lerner J. The financing of R&D and innovation ［J］. Handbook of the Economics of Innovation, 2010, Volume 1: 609 – 639.

［182］ Hansen B E. Threshold effects in non-dynamic panels: Estimation, testing, and inference ［J］. Journal of Econometrics, 1999, 93 （2）: 345 – 368.

[183] Hao Y, Ye B, Gao M, Wang Z, Chen W, Xiao Z, Wu H. How does ecology of finance affect financial constraints? Empirical evidence from Chinese listed energy-and pollution-intensive companies [J]. Journal of Cleaner Production, 2020, 246: 119061.

[184] Hauswald R, Marquez R. Competition and Strategic Information Acquisition in Credit Markets [J]. Review of Financial Studies, 2006, 19 (3): 967 – 1000.

[185] Hazilla M, Kopp R J. Social cost of environmental quality regulations: A general equilibrium analysis [J]. Journal of Political Economy, 1990, 98 (4): 853 – 873.

[186] He G, Wang S, Zhang B. Watering Down Environmental Regulation in China [J]. Quarterly Journal of Economics, 2020, 135 (4): 2135 – 2185.

[187] He Z, Tong T W, Zhang Y, He W. A database linking Chinese patents to China's census firms [J]. Scientific Data, 2018, 5 (1): 180042.

[188] He Z, Xu S, Shen W, Long R, Chen H. Factors that influence corporate environmental behavior: empirical analysis based on panel data in China [J]. Journal of Cleaner Production, 2016, 133: 531 – 543.

[189] Hombert J, Matray A. The real effects of lending relationships on innovative firms and inventor mobility [J]. The Review of Financial Studies, 2017, 30 (7): 2413 – 2445.

[190] Horbach J, Rammer C, Rennings K. Determinants of eco-innovations by type of environmental impact – The role of regulatory push/pull, technology push and market pull [J]. Ecological Economics, 2012, 78: 112 – 122.

[191] Horváthová E. Does environmental performance affect financial performance? A meta-analysis [J]. Ecological Economics, 2010, 70 (1): 52 – 59.

[192] Hotelling H. Stability in Competition [J]. Economic Journal, 1929, 39 (153): 41 – 57.

[193] Hottenrott H, Hall B H, Czarnitzki D. Patents as quality signals?

The implications for financing constraints on R&D [J]. Economics of Innovation and New Technology, 2016, 25 (3SI): 197 – 217.

[194] Hsieh C. What Explains the Industrial Revolution in East Asia? Evidence From the Factor Markets [J]. The American economic review, 2002, 92 (3): 502 – 526.

[195] Hsu P, Tian X, Xu Y. Financial development and innovation: Cross – country evidence [J]. Journal of Financial Economics, 2014, 112 (1): 116 – 135.

[196] Hu G, Wang X, Wang Y. Can the green credit policy stimulate green innovation in heavily polluting enterprises? Evidence from a quasi-natural experiment in China [J]. Energy Economics, 2021, 98: 105134.

[197] Jaffe A B, Palmer K. Environmental Regulation and Innovation: A Panel Data Study [J]. The review of economics and statistics, 1997, 79 (4): 610 – 619.

[198] Jiang F, Jiang Z, Huang J, Kim K A, Nofsinger J R. Bank competition and leverage adjustments [J]. Financial Management, 2017, 46 (4): 995 – 1022.

[199] Jiménez G, Lopez J A, Saurina J. How does competition affect bank risk-taking? [J]. Journal of Financial Stability, 2013, 9 (2): 185 – 195.

[200] John K, Knyazeva A, Knyazeva D. Does geography matter? Firm location and corporate payout policy [J]. Journal of Financial Economics, 2011, 101 (3): 533 – 551.

[201] Johnson D K N, Lybecker K M. Paying for green: An economics literature review on the constraints to financing environmental innovation [J]. Electronic Green Journal, 2012, 1: 1 – 10.

[202] Jorgenson D W, Wilcoxen P J. Environmental regulation and US economic growth [J]. The Rand Journal of Economics: 1990, 314 – 340.

[203] Kempa K, Moslener U, Schenker O. The cost of debt of renewable and non-renewable energy firms [J]. Nature Energy, 2021, 6 (2): 135 – 142.

［204］ Kesidou E, Wu L. Stringency of environmental regulation and eco-innovation: Evidence from the eleventh Five – Year Plan and green patents ［J］. Economics Letters, 2020, 190: 109090.

［205］ Krugman P. Increasing returns and economic geography ［J］. Journal of Political Economy, 1991, 99 (3): 483 – 499.

［206］ Lanoie P, Laurent Lucchetti J, Johnstone N, Ambec S. Environmental Policy, Innovation and Performance: New Insights on the Porter Hypothesis ［J］. Journal of Economics & Management Strategy, 2011, 20 (3): 803 – 842.

［207］ Lanoie P, Patry M, Lajeunesse R. Environmental regulation and productivity: testing the porter hypothesis ［J］. Journal of Productivity Analysis, 2008, 30 (2): 121 – 128.

［208］ Lee G. Does CEO inside debt promote corporate innovation? ［J］. Finance Research Letters, 2020, 37: 101362.

［209］ Lerner A P. The concept of monopoly and the measurement of monopoly power ［J］. The Review of economic studies, 1934, 1 (3): 157 – 175.

［210］ Leroy A. Banking competition, financial dependence and productivity growth in Europe ［J］. International Economics, 2019, 159: 1 – 17.

［211］ Levine R. Bank – Based or Market – Based Financial Systems: Which Is Better? ［J］. Journal of Financial Intermediation, 2002, 11 (4): 398 – 428.

［212］ Levine R, Lin C, Wang Z, Xie W. 2019. Finance and Pollution: Do Credit Conditions Affect Toxic Emissions ［J］. Working paper. http: //faculty. haas. berkeley. edu/ross_levine/Papers/FinanceandPollution – 12062019. pdf.

［213］ Liberti J M, Petersen M A. Information: Hard and Soft ［J］. The Review of Corporate Finance Studies, 2019, 8 (1): 1 – 41.

［214］ Li K, Lin B. Measuring green productivity growth of Chinese industrial sectors during 1998 – 2011 ［J］. China Economic Review, 2015, 36: 279 – 295.

［215］ Lin J, Tan G F. Policy burdens, accountability, and the soft budget constraint [J]. American Economic Review, 1999, 89 (2): 426 – 431.

[216] Lin J Y, Sun X, Wu H X. Banking structure and industrial growth: Evidence from China [J]. Journal of Banking & Finance, 2015, 58: 131 – 143.

[217] Liu P, Li H. Does bank competition spur firm innovation? [J]. Journal of Applied Economics, 2020, 23 (1): 519 – 538.

[218] Liu P, Li H, Huang S. Bank competition and the cost of debt: The role of state ownership and firm size [J]. Applied Economics Letters, 2018, 25 (13): 951 – 957.

[219] Loughran T. Geographic dissemination of information [J]. Journal of Corporate Finance, 2007, 13 (5): 675 – 694.

[220] Loughran T, Schultz P. Liquidity: Urban versus rural firms [J]. Journal of Financial Economics, 2005, 78 (2): 341 – 374.

[221] Love I, Martínez Pería M S. How bank competition affects firms' access to finance [J]. World Bank Economic Review, 2015, 29 (3): 413 – 448.

[222] Lv X, Qi Y, Dong W. Dynamics of environmental policy and firm innovation: Asymmetric effects in Canada's oil and gas industries [J]. Science of the Total Environment, 2020, 712: 136371.

[223] Marquez R. Competition, adverse selection, and information dispersion in the banking industry [J]. Review of Financial Studies, 2002, 15 (3): 901 – 926.

[224] Mercieca S, Schaeck K, Wolfe S. Bank market structure, competition, and SME financing relationships in European regions [J]. Journal of Financial Services Research, 2009, 36 (2 – 3): 137 – 155.

[225] Modigliani F, Miller M H. Corporate income taxes and the cost of capital: a correction [J]. American Economic Review, 1963, 53 (3): 433 – 443.

[226] Modigliani F, Miller M H. The Cost of Capital, Corporation Finance and the Theory of Investment [J]. American Economic Review, 1958, 48 (3):

261 – 297.

［227］ Myers S C. Determinants of corporate borrowing ［J］. Journal of Financial Economics, 1977, 5 (2): 147 – 175.

［228］ Myers S C, Majluf N S. Corporate financing and investment decisions when firms have information that investors do not have ［J］. Journal of Financial Economics, 1984, 13 (2): 187 – 221.

［229］ Myers S C. The capital structure puzzle ［J］. Journal of Finance, 1984, 39 (3): 575 – 592.

［230］ Palmer K, Oates W E, Portney P R. Tightening Environmental Standards: The Benefit – Cost or the No – Cost Paradigm? ［J］. The Journal of Economic Perspectives, 1995, 9 (4): 119 – 132.

［231］ Panzar J C, Rosse J N. Testing for "Monopoly" equilibrium ［J］. The Journal of Industrial Economics, 1987, 35 (4): 443 – 456.

［232］ Petersen M A, Rajan R G. Does distance still matter? The information revolution in small business lending ［J］. Journal of Finance, 2002, 57 (6): 2533 – 2570.

［233］ Petersen M A, Rajan R G. The benefits of lender relationships: Evidence from small business data ［J］. Journal of Finance, 1994, 49 (1): 3 – 37.

［234］ Petersen M A, Rajan R G. The effect of credit market competition on lending relationships ［J］. Quarterly Journal of Economics, 1995, 110 (2): 407 – 443.

［235］ Petruzzelli A M, Dangelico R M, Rotolo D, Albino V. Organizational factors and technological features in the development of green innovations: Evidence from patent analysis ［J］. Innovation, 2011, 13 (3): 291 – 310.

［236］ Porter M E. America's green strategy ［J］. Scientific American, 1991, 4 (264): 96.

［237］ Porter M E, Van Der Linde C. Toward a new conception of the environment – competitiveness relationship ［J］. The Journal of Economic Perspectives, 1995, 9 (4): 97 – 118.

[238] Poter M E. Competitive strategy: Techniques for analyzing industries and competitors [M]. Free press, 2004.

[239] Rajan R G, Zingales L. Financial Systems, Industrial Structure, and Growth [J]. Oxford Review of Economic Policy, 2001, 17 (4): 467 – 482.

[240] Rennings K. Redefining innovation — Eco-innovation research and the contribution from ecological economics [J]. Ecological Economics, 2000, 32 (2): 319 – 332.

[241] Rice T, Strahan P. Does credit competition affect small-firm finance? [J]. Journal of Finance, 2010, 65 (3): 861 – 889.

[242] Ritter H, Schopf M. Unilateral climate policy: Harmful or even disastrous? [J]. Environmental and Resource Economics, 2014, 58 (1): 155 – 178.

[243] Robichek A A, Myers S C. Problems in the theory of optimal capital structure [J]. Journal of Financial and Quantitative Analysis, 1966: 1 – 35.

[244] Rubashkina Y, Galeotti M, Verdolini E. Environmental regulation and competitiveness: Empirical evidence on the Porter Hypothesis from European manufacturing sectors [J]. Energy Policy, 2015, 83: 288 – 300.

[245] Ryan R M, Toole C M, Mccann F. Does bank market power affect SME financing constraints? [J]. Journal of Banking & Finance, 2014, 49: 495 – 505.

[246] Segev N, Schaffer M. Monetary policy, bank competition and regional credit cycles: Evidence from a quasi-natural experiment [J]. Journal of Corporate Finance, 2020, 64: 101494.

[247] Shaffer S. The Winner's Curse in Banking [J]. Journal of Financial Intermediation, 1998, 7 (4): 359 – 392.

[248] Sharpe S A. Asymmetric information, bank lending, and implicit contracts: A stylized model of customer relationships [J]. Journal of Finance,

1990, 45 (4): 1069 – 1087.

[249] Shi X, Xu Z. Environmental regulation and firm exports: Evidence from the eleventh Five – Year Plan in China [J]. Journal of Environmental Economics and Management, 2018, 89: 187 – 200.

[250] Shyam – Sunder L, Myers S C. Testing static tradeoff against pecking order models of capital structure [J]. Journal of Financial Economics, 1999, 51 (2): 219 – 244.

[251] Simpson R D, Bradford I R L. Taxing Variable Cost: Environmental Regulation as Industrial Policy [J]. Journal of Environmental Economics and Management, 1996, 30 (3): 282 – 300.

[252] Skrastins J, Vig V. How Organizational Hierarchy Affects Information Production [J]. The Review of Financial Studies, 2019, 32 (2): 564 – 604.

[253] Solow R M. Technical change and the aggregate production function [J]. Review of Economics and Statistics, 1957, 39 (3): 312 – 320.

[254] Spence M. Job market signaling [J]. Quarterly Journal of Economics, 1973, 87 (3): 355 – 374.

[255] Stiglitz J E. The Theory of "Screening," Education, and the Distribution of Income [J]. The American Economic Review, 1975, 65 (3): 283 – 300.

[256] Stiglitz J E, Weiss A. Credit rationing in markets with imperfect information [J]. American Economic Review, 1981, 71 (3): 393 – 410.

[257] Sun D, Zeng S, Chen H, Meng X, Jin Z. Monitoring effect of transparency: How does government environmental disclosure facilitate corporate environmentalism? [J]. Business Strategy and the Environment, 2019, 28 (8): 1594 – 1607.

[258] Tang K, Qiu Y, Zhou D. Does command-and-control regulation promote green innovation performance? Evidence from China's industrial enterprises [J]. Science of the Total Environment, 2020, 712: 136362.

[259] Tobler W R. A computer movie simulating urban growth in the Detroit

region [J]. Economic Geography, 1970, 46 (sup1): 234 – 240.

[260] Vuong Q H. Likelihood ratio tests for model selection and non-nested hypotheses [J]. Econometrica, 1989, 57 (2): 307 – 333.

[261] Wahba H. Does the market value corporate environmental responsibility? An empirical examination [J]. Corporate Social Responsibility and Environmental Management, 2008, 15 (2): 89 – 99.

[262] Walheer B, He M. Technical efficiency and technology gap of the manufacturing industry in China: Does firm ownership matter? [J]. World Development, 2020, 127: 104769.

[263] Wang Q. Fixed – Effect Panel Threshold Model using Stata [J]. The Stata Journal, 2015, 15 (1): 121 – 134.

[264] Wang Y, Sun X, Guo X. Environmental regulation and green productivity growth: Empirical evidence on the Porter Hypothesis from OECD industrial sectors [J]. Energy Policy, 2019, 132: 611 – 619.

[265] Welsch H. Environment and happiness: Valuation of air pollution using life satisfaction data [J]. Ecological Economics, 2006, 58 (4): 801 – 813.

[266] Wurgler J. Financial markets and the allocation of capital [J]. Journal of Financial Economics, 2000, 58 (1 – 2): 187 – 214.

[267] Xia F, Xu J. Green total factor productivity: A re-examination of quality of growth for provinces in China [J]. China Economic Review, 2020, 62: 101454.

[268] Xia J, Ma X, Lu J W, Yiu D W. Outward foreign direct investment by emerging market firms: A resource dependence logic [J]. Strategic Management Journal, 2014, 35 (9): 1343 – 1363.

[269] Xiang X, Liu C, Yang M, Zhao X. Confession or justification: The effects of environmental disclosure on corporate green innovation in China [J]. Corporate Social Responsibility and Environmental Management, 2020, 27 (6): 2735 – 2750.

［270］ Xiao S, Zhao S. Financial development, government ownership of banks and firm innovation ［J］. Journal of International Money and Finance, 2012, 31 （4）: 880 –906.

［271］ Xia Y, Liu P. The effects of bank competition on firm R&D investment: an inverted – U relationship ［J］. Chinese Management Studies, 2021, 15 （3）: 641 –666.

［272］ Xu B, Rixtel A, Leuvensteijn M V. 2014. Measuring bank competition in China: A comparison of new versus conventional approaches applied to loan markets ［J］. Banco de Espana Working Paper No. 1404, Available at SSRN: https: //ssrn. com/abstract = 2416742 or http: //dx. doi. org/10. 2139/ ssrn. 2416742.

［273］ Yalabik B, Fairchild R J. Customer, regulatory, and competitive pressure as drivers of environmental innovation ［J］. International Journal of Production Economics, 2011, 131 （2）: 519 –527.

［274］ Yang E, Ma G, Chu J. The impact of financial constraints on firm R&D investments: empirical evidence from China ［J］. International Journal of Technology Management, 2014, 65 （1 –4SI）: 172 –188.

［275］ Young A. The tyranny of numbers: confronting the statistical realities of the East Asian growth experience ［J］. Quarterly Journal of Economics, 1995, 110 （3）: 641 –680.

［276］ Zhang D, Du P, Chen Y. Can designed financial systems drive out highly polluting firms? An evaluation of an experimental economic policy ［J］. Finance Research Letters, 2019, 31.

［277］ Zhang D, Du W, Zhuge L, Tong Z, Freeman R B. Do financial constraints curb firms' efforts to control pollution? Evidence from Chinese manufacturing firms ［J］. Journal of Cleaner Production, 2019, 215: 1052 –1058.

［278］ Zhang D. Green credit regulation, induced R&D and green productivity: Revisiting the Porter Hypothesis ［J］. International Review of Financial Analysis, 2021, 75: 101723.

[279] Zhang D, Li J, Ji Q. Does better access to credit help reduce energy intensity in China? Evidence from manufacturing firms [J]. Energy Policy, 2020, 145: 111710.

[280] Zhang D, Zheng W. Less financial constraints, more clean production? New evidence from China [J]. Economics Letters, 2019, 175: 80 – 83.

[281] Zhang Z, Zhang D, Brada J C, Kutan A M. Does bank competition alleviate financing constraints in China? Further evidence from listed firms [J]. Emerging Markets Finance and Trade, 2019, 55 (9): 2124 – 2145.

[282] Zhu J, Fan Y, Deng X, Xue L. Low – carbon innovation induced by emissions trading in China [J]. Nature Communications, 2019, 10 (1): 4088.

附　　录

污染行业和非污染行业对应的代码

污染行业		非污染行业	
行业	代码	行业	代码
煤炭开采和洗选业	6	林业	2
黑色金属矿采选业	8	石油和天然气开采业	7
非金属矿采选业	10	有色金属矿采选业	9
调味品、发酵制品制造	146	农副食品加工业	13
饮料制造业	15	食品制造业	14
纺织业	17	烟草制品业	16
皮革、毛皮、羽毛（绒）及其制品业	19	纺织服装、鞋、帽制造业	18
纸浆制造	221	木材加工及木、竹、藤、棕、草制品业	20
造纸业	222	家具制造业	21
石油加工、炼焦及核燃料加工业	25	造纸及纸制品业	22
化学原料及化学制品制造业	26	印刷业和记录媒介的复制	23
化学药品原药制造业	271	文教体育用品制造业	24
化学药品制剂制造业	272	医药制造业	27
中成药制造	274	橡胶制品业	29
化学纤维制造业	28	塑料制品业	30
非金属矿物制品业	31	黑色金属冶炼及压延加工业	32
炼铁业	321	有色金属冶炼及压延加工业	33
炼钢业	322	金属制品业	34

续表

污染行业		非污染行业	
行业	代码	行业	代码
有色金属冶炼业	331	通用设备制造业	35
火力发电业	441	专用设备制造业	36
		交通运输设备制造业	37
		电气机械及器材制造业	39
		通信设备、计算机及其他电子设备制造业	40
		仪器仪表及文化、办公用机械制造业	41
		工艺品及其他制造业	42
		废弃资源和废旧材料回收加工业	43
		电力、热力的生产和供应业	44
		燃气生产和供应业	45
		水的生产和供应业	46